新机与新局

宋志平 ◎ 编著

－珍藏版－

中国财富出版社有限公司

图书在版编目（CIP）数据

新机与新局：珍藏版 / 宋志平编著 . —北京：中国财富出版社有限公司，2021.7
（2022.2 重印）

ISBN 978-7-5047-7466-8

Ⅰ.①新…　Ⅱ.①宋…　Ⅲ.①企业经济 – 文集　Ⅳ.① F27-53

中国版本图书馆 CIP 数据核字（2021）第 124610 号

策划编辑	杜　亮		**责任编辑**	王　君	
责任印制	尚立业		**责任校对**	卓闪闪	**责任发行** 董　倩

出版发行	中国财富出版社有限公司	
社　　址	北京市丰台区南四环西路 188 号 5 区 20 楼	**邮政编码**　100070
电　　话	010 – 52227588 转 2098（发行部）	010 – 52227588 转 321（总编室）
	010 – 52227566（24 小时读者服务）	010 – 52227588 转 305（质检部）
网　　址	http://www.cfpress.com.cn	**排　　版**　鼎央阁设计
经　　销	新华书店	**印　　刷**　北京柏力行彩印有限公司
书　　号	ISBN 978-7-5047-7466-8 / F · 3326	
开　　本	710mm×1000mm　1/16	**版　　次**　2021 年 8 月第 1 版
印　　张	22.5	**印　　次**　2022 年 2 月第 3 次印刷
字　　数	379 千字	**定　　价**　89.00 元

当"十四五"大幕拉开时，每一位企业家都要面对未来做出自己的判断。毋庸讳言，新冠肺炎疫情是当前最大的未知数。2020年年初，疫情乍起。面对来势汹汹的疫情，在以习近平同志为核心的党中央领导下，中国人民没有被吓倒，万众一心，以超乎寻常的气魄与努力同病毒展开了殊死斗争，疫情阻击初战告捷，并把可控状态保持至今。中国企业从大面积停工停产到全力生产保障医疗物资供应，从一度出现大范围的物流、人流、资金流阻断到全面复工复产，经历了一段艰苦却难忘的特殊时期。目前，中国是全球少有的企业开足马力生产的国家，但企业家们在集中资源投入生产的同时，心头仍有余悸，不知道面对不确定的未来该如何把握企业的制胜之道。的确，我们必须看到，疫情在全球肆虐的势头还远没有被控制住。在一些发达国家，疫苗接种推进缓慢，而一些发展中国家仍备受疫情煎熬，受到感染以及不幸罹难的人数持续增加，整体防控形势严峻。世界是一个地球村，面对全球疫情和复杂的国际形势，许多企业家感到十分焦虑：在不确定的世界面前，如何带领企业前行？如何把握制胜之道？

我想把这本《新机与新局》推荐给大家，相信它会带给每一位读者不同的感受。《新机与新局》是中国上市公司协会会长、中国企业改革与发展研究会会长宋志平的一部最新力作。熟悉中国企业的读者对宋志平的名字不会感到陌生。他因把分属建材和医药行业的两家中央企业带入世界500强企业的行列之中，而多次受到国家的表彰和奖励。在北京大学、清华大学、中国政法大学、上海交通大学、武汉理工大学、大连理工大学等高校的讲台上不乏他谆谆教导的身影。他撰写的管理学著作已有十余本之多，但他至今仍然没有止步。面对疫情的袭扰，昔日讲台上的教授，一下子又成为互联网上的"明星"。可以说，往日的大忙人在疫情期间丝毫没有放慢脚步，只是从迈上讲台改为走进直播间，并一次又一次受到了观众的热捧。得知宋志平会长的"网红"效果，一时之间，线上平台蜂拥而至。从政策解读到治企之道，从上市公司的质量提升到企业的数字化转型，从经营者如何面对危机到企业制胜的"秘籍"，宋志平会长为观众释疑解惑、指点迷津，袒露心声。《新机与新局》既是这一特殊时期精彩报告的结晶，也是企业家们应对当前汹涌波涛可借助的"定海神针"。

《新机与新局》收录了几十篇宋志平会长授课、演讲的文章。文章独立成篇，要言不烦，用"同心抗疫篇""企业改革篇""资本市场篇""经营发展篇"进行了区分归类，细细品读却可以体会到有一条主线自始至终贯穿其中，那就是如何在不确定的环境中把握企业的制胜之道。

从"同心抗疫篇"看不惧困难、危中寻机。宋志平会长从北新建材的车间技术员起步，到升任北新建材厂长，再到成为中央企业的掌门人，可以说经历的困难挑战无数，但也很少遇到像新冠肺炎疫情这样的问题。他没有怨天尤人，而是凭借以往的经验和对形势的冷静分析，为企业家加油打气，阐释解困的思路和做法。在疫情之初的一次线上演讲中，他敏锐地指出，企业要提高处理特殊问题的三个能力：应对力、抗压力和复原力。为了提振大家与疫情斗争的信心与勇气，他从经历过的一桩桩具体事例讲起，给出了足资借鉴的四个手段：紧盯疫情、紧盯市场、紧盯产业链、紧盯资金链，并详解了以"三精管理"为核心的经营之道。许多企业家听了宋志平会长的演讲之后连呼过瘾，犹如盛夏饮冰水的感觉。

从"企业改革篇"看矢志初心、机制关键。宋志平会长在企业工作40

年，他一直有把国有企业做强做优的志向。他在演讲中每每被问及经营秘诀时，都会毫不迟疑地强调"机制是关键"。在抗击疫情复工复产的过程中，宋志平会长多次向大家传授在推动改革过程中的所感所悟，集中回答"国有企业为什么要改革，改什么，怎么改"的经典"三问"。他反复强调，国企改革三年行动要让国有企业和其他同类企业、同行业的企业有一样的市场化机制；国有企业不光要进行三项制度改革，还要有先进的中长期激励机制，才能具有更强的竞争力。对大型国有企业实行混合所有制改革重组，之所以成为宋志平会长演讲中多次提及的话题，是因为这是他在担任中央企业董事长期间深入思考和大量成功实践的经验总结。

从"资本市场篇"看以质取胜、持续发展。2019 年 5 月，宋志平担任中国上市公司协会会长之后，马上开始了角色的转变。他在和中国证监会领导及有关同志深入沟通之后，大量走访上市公司，了解企业一线情况，传递政策声音，促进上市公司合规经营、健康发展。疫情管控措施刚有松动，宋志平会长就四处奔波，不失时机地组织了对董监高等关键少数的大规模培训，使提高上市公司质量的理念逐渐形成共识，市场化、法治化的监管体系日益完善，上市公司质量的提高迈开了坚实的步伐。这一部分中的演讲充分反映了他这一阶段的工作与思考。

从"经营发展篇"看创新升维、摆脱怪圈。目前如何在波诡云谲的市场中驾驭好企业的航船，是各方面最期望宋志平会长分享的内容，也是这一部分的重点所在。宋志平会长把管理和经营分开阐释，用他的话说，就是管理强调的是正确地做事，而经营强调的是做正确的事。细想起来，很有道理。他用做企业的四个聚焦——聚焦战略、聚焦经营、聚焦资本、聚焦现金流来论述扎扎实实做好企业要从具体环节、具体事务做起的重要性。"企业家精神"是宋志平会长反复强调的主题，他认为，无论是国有企业还是民营企业，都要倡导弘扬企业家精神，"创新、坚守和责任"这三点是不可或缺的。面对迅速变化的经济社会环境，唯有不断地创新升维，才能使众多的企业摆脱无法长大或扩张崩盘的怪圈。

以上个人的一点所思所悟，只是供愿意借助宋志平会长的著作打开一扇智慧之窗的读者参考。我与宋志平会长相识相交已有 20 余年的时间了，最初是因为工作上的交集时有接触，后来完全是兴趣相投而坚持交流。宋志平会长的三个特质让我们成为真正的好同事、好朋友：首先是为人诚笃，坚忍担当；其次是高调做事，低调做人；再者是勤学不辍，诲人不倦。我想，认识宋志平会长的人都会有此感觉，而更多的读者可以从《新机与新局》和他的其他著作中感受到。这本书，除了企业家、企业经营管理人员可以阅读受益，从事经济、社会科学研究的专业工作者和教师、学生也可以从中了解中国企业与企业家情况，想更多知晓中国迈向新的百年征程的底气何在及中国企业家所思所想的广大读者一定会从这本书中有所收获。

朱宏任

中国企业联合会党委书记兼理事长

2021 年 5 月

2020 年真是不平凡的一年，这一年我们经历了突如其来的新冠肺炎疫情，经历了复工复产、复商复市，经历了后疫情时期社会经济的复苏，所有这些，对世界各国、每个企业、每个家庭、每个人，都是前所未有的。

习近平总书记讲"在危机中育新机，于变局中开新局"。危机是客观的，但在危机中可以培育新机；变局也是客观的，但在变局中可以开创新局。对于企业来说，重要的是要坚持用全面、辩证、长远的眼光分析形势，认清当前变化的大环境，同时也要能看到机遇、抓住机遇，积极应对市场变化，适时调整发展战略，创新产品和服务，努力化危为机、守正出新，推动企业改革发展，为我们国家的发展做出应有贡献。

我们在抗击疫情中取得了重大胜利，但新冠病毒并没有远离我们，即使广泛接种疫苗可能使我们最终战胜新冠病毒，公共卫生事件的不确定性也会变成"新常态"。因此，2020 年我们所经历的一切都应该被牢记，我们绝不能"好了伤疤忘了疼"。

这一年，是线上活动最繁忙的一年，无论会议、讲课，还是沙龙等，都采用了线上的方式。记得我和陈春花老师参加的一场线上直播有 300 多万人在线，真是盛况空前。这段日子，我的办公室成了直播间，既打灯光，又做字幕，我从最初的不习惯，到后来习以为常，这段时光已经深深嵌入我的记忆。

在这段时间里，作为中国上市公司协会和中国企业改革与发展研究会的"双料会长"，也作为多所商学院的教授，我为大家讲了不少，在困难中鼓励大家，复工复产时督促大家，同时也在大力推动企业改革和上市公司质量的提高，引导企业健康地经营和发展。这是我的职责，虽然我不能像过去那样"带兵打仗"了，但要竭尽全力为大家摇旗呐喊、出谋划策。

《新机与新局》记述了这一年的时光，再现了这段时间我的所思所想，是十分有意义的珍贵留念，相信大家会有共鸣。我也希望通过这本书告诉大家我对危机之中企业如何更好地发展、开创新的局面的理解，鼓励大家用平常心应对困难，用进取心化危为机，用自信心再造辉煌。

本书分为四个部分。

第一部分是"同心抗疫篇"，主要讲了困难观，企业在困难时期怎样克服困难，怎样提高处理特殊问题的能力，如何在政策中、市场中、经营中、管理中育新机，如何在创新中、改革开放中、经济转型中、双循环下开新局。

第二部分是"企业改革篇"。困难的时候需要改革，往往也是改革的好机会。习近平总书记在中央全面深化改革委员会第十四次会议上强调，"必须发挥好改革的突破和先导作用，依靠改革应对变局、开拓新局"。恰恰在这一年，党中央提出实施国企改革三年行动，积极推动国有企业改革向纵深发展。这一年，我也受邀给不少中央企业、地方国资委、地方国有企业讲解国企改革，为国企改革的深入推进建言献策。

第三部分是"资本市场篇"。2020年3月新修订的《中华人民共和国证券法》正式实施，2020年10月《国务院关于进一步提高上市公司质量的意见》出台，提高上市公司质量被提上了一个前所未有的改革高度；同时，这一年也是资本市场"三十而立"的重要年头。作为中国上市公司协会会长，我频频发声，写文章、做讲座、接受采访，为资本市场的健康发展贡献绵薄之力。

第四部分是"经营发展篇"。这部分是我为广大企业家出谋划策、传道授业的相关内容。我做企业 40 年，疫情前后我也调研了几十家上市公司，我把自己的所思所想讲给大家，希望对大家有用。

在疫情最严重的 3 月，我还在家中认真回忆过去的工作经历，写下了《企业成长的逻辑——学习、创新、责任》，用网上连载的方式分享给大家。

《新机与新局》是在特殊时期、用特殊方式写成的书，它是真实的记录，里面有我们难以忘怀的一段历史。它的付梓凝聚了许多力量，朱宏任理事长多年来一直心系企业，在我过去做企业时给予了大力支持和帮助，可以说，是我带领企业实现跨越式发展的见证者。《新机与新局》出版之际，朱理事长精心为新书作推荐序，在此表示衷心的感谢。此外，这本书是中国企业改革与发展研究会的几位年轻同志归纳整理的，中国财富出版社有限公司悉心编辑出版，谨向大家的辛勤工作致谢！

宋志平

2021 年 6 月于北京

CONTENTS
目录

01 ◎ 疫情之下看中央企业的责任和担当^①

新冠肺炎疫情^②是 1949 年以来在我国发生的传播速度最快、感染范围最广、防控难度最大的重大突发公共卫生事件。面对疫情带来的经济社会冲击，中央企业勇敢承担了责任，成为抗击疫情的保障者、复原经济的带动者、振兴经济的引领者。

抗击疫情的保障者

疫情突如其来，中央企业挺身而出，积极响应习近平总书记的号召，主动投身抗疫一线，充分发挥国家队作用，全力支援疫情防控，成为抗疫大会战的重要保障。

中央企业是保障抗疫工程的主力。抗疫医院的建设是打赢疫情防控阻击战的关键一环，中央企业承担了全国 100 多家医院的设计建设改造任务。中国建筑集团有限公司 2 万多名员工昼夜奋战，10 天左右就建成了武汉火神山医院、雷神山医院，中央企业创造的工程奇迹和中国速度震惊了世界。奇迹背后则是建筑、建材、油、电、工、交、矿业、通信、装备等领域多家中央企业的强强联手、通力合作。

中央企业是保障医疗物资的主力。面对防疫物资紧缺的局面，中央企业展现了"有条件要上，没有条件创造条件也要上"的责任担当，加快转产扩产、多产快产，全力推进医疗防护物资生产，加大生物医药研发力度，发挥专长投

---

① 2020 年 3 月 1 日，《国资报告》刊发了作者署名文章。
② 本书中简称新冠疫情或疫情。

◀ 北新建材
驰援火神山
项目

入会战。中央企业生产的诸多高新技术装备材料深入一线，为防疫抗疫战场解了不少燃眉之急。

中央企业是保障基础产品服务供应的主力。石油石化、煤炭、电网、电信、航空、粮油等行业的中央企业全力保障基础产品服务供应，确保煤、电、油、运经济大动脉的供应和畅通。中央企业累计捐款超过 30 亿元，向湖北和其他各地捐赠大量防护服、口罩等防疫物资及生活用品，从海外采购大批紧缺医疗物资。中央企业海外员工也纷纷自发捐资捐物支援国内抗击疫情。实践证明，在抗击疫情的关键时刻，中央企业英勇拼搏，发挥了重大作用，经受住了考验，也赢得了社会的广泛赞誉。

复原经济的带动者

习近平总书记强调，要在确保疫情防控到位的前提下，推动非疫情防控重点地区企事业单位复工复产，恢复生产生活秩序[①]。国务院国资委积极行动，率先宣布 2020 年年初制定的生产经营目标和改革任务不会改变，极大地提振了士气。

---

① 《习近平：在统筹推进新冠肺炎疫情防控和经济社会发展工作部署会议上的讲话》，2020 年 2 月 23 日，http://www.xinhuanet.com/politics/2020-02/23/c_1125616016.htm。

在国务院国资委的安排下，截至 2020 年 2 月 20 日，中央企业所属 4.8 万户子企业复工率为 86.4%，其中生产及对外经营性子企业 2 万余户，复工率为 88.4%。石油石化、通信、电网、交通运输等行业复工率超过 95%，有的已达到 100%。在抗击疫情和统筹经济发展的"战役"中，中央企业彰显了特殊的应对力、抗压力和复原力。

第一，彰显了中央企业的应对力。企业经营始终面对不确定性，因此必须提高应对各种突发事件的能力。这些年来，面对亚洲金融危机、"非典"、全球金融危机、汶川大地震、中美贸易摩擦等重重挑战，中央企业都会立即行动，拉得出、打得赢，是国家和人民在关键时刻可信赖的一支队伍。新冠疫情出现在我国经济结构调整、中美贸易摩擦刚刚达成第一阶段经贸协议、我国全面建成小康社会收官的关键时刻。疫情的突如其来，增加了企业经营工作的困难和复杂性，也是中央企业锤炼和成长的一次重要机会，中央企业变压力为动力，彰显了对重大危机的应对能力。

我认为当务之急是要做到"四个紧盯"。一要紧盯疫情。在疫情解除前不能有任何松懈，复工复产要做到员工防护万无一失，落实防护型生产经营和无接触型生产经营。充分考虑疫情迁延的多种可能，从心理上做足准备，在人力、物力、财力上做好动员和安排。既要坚定抗疫必胜的信心，又要高度重视疫情防控工作，不获全胜决不轻言成功，坚决打赢疫情防控阻击战。二要紧盯市场。这段时间，市场变化比较复杂。中央企业要认真把握，做好研判，根据市场需要的轻重缓急，妥善安排各项生产经营工作，抓住变化机遇，规避冲击影响。三要紧盯重大项目的实施。国家出台了一系列重大投资计划和投资项目，大多数中央企业处于基建和基础原材料领域，投资拉动将带来重大机遇，中央企业一定要抓住机遇。四要紧盯资金链。中央企业要确保资金链安全。虽然中央企业资金雄厚，但相对而言，有的企业负债率偏高，疫情下不少三、四级企业会出现资金困难，另外，不少民营企业的资金困难可能会转移到中央企业身上。因而中央企业要积极和政府、银行以及上下游企业沟通，充分估计困难，做好公司收入及现金流预判和预案。

第二，彰显了中央企业的抗压力。关键时期，中央企业动员干部员工团结奋斗，共克时艰。面对疫情带来的心理影响，中央企业积极做员工的心理疏导，重视防疫，避免恐慌。大家坚信，疫情不会改变我国经济长期稳中向好的大环境、大趋势。对于做国际业务的企业来说，困难可能会更多一些。但中国经济的定力和韧劲会得到提升，中国企业的经营模式转变和技术创新会提速，在全球分工和国际产业链布局中，中国企业的地位会得到进一步巩固和提升。中国人民抗击疫情的感人故事也会成为加强国际合作的新起点，为中国企业赢得更多的朋友和更大的市场。2008 年金融危机时，我曾经这样鼓励中国建材[①]的干部："一是困难是客观的，你困难别人也困难，可能别人比你还困难，要增强耐力；二是往往到了最困难的时候，困难就快过去了；三是所有的困难我们必须全力面对和认真解决，不能怨天尤人。"中央企业在产业链上占据着重要位置，除自身坚持科学防疫、有序复工外，也通过保障基础供应、在重大项目中发挥带动作用、确保全球产业链稳定、多策并举纾困中小企业等举措，与产业链上下游的各类企业共渡难关、转危为机。

第三，彰显了中央企业的复原力。遇到灾难和危机后，企业尽快恢复经营状态的能力叫企业的复原力。复原力是衡量一个企业生存能力的关键特质。许多企业都经受过大危机的洗礼，一些企业倒下了，另一些企业历经磨难活了下来，活下来的往往发展得越来越好。企业家精神是企业天生的免疫力，关键时刻，百折不挠的精神和企业家的带领特别重要。危机之中，企业家坚定的信心与决心，洞察形势、化危为机的卓越能力意义重大。当然，企业的复原还要靠企业的市场开拓、精细管理和技术创新，需要充满向心力、凝聚力、亲和力的企业文化。这些都是企业应对危机的必修课。中央企业不光自己快速复原，迅速复工复产，还主动帮助中小企业尽快复原。尤其是提供基础供应和保障的中央企业，为整个经济快速复原提供了强有力的支持。比如，国家电网有限公司、中国南方电网有限责任公司落实阶段性降低用电成本政策，为一般工商企业减免电费，有力地支持了各类企业复工复产，促进了经济快速恢复。

[①] 中国建材集团有限公司，本书中简称中国建材。

▲ 复工复产，建材先行，槐坎南方日产7500吨水泥熟料智能化生产线

振兴经济的引领者

2020年是全面建成小康社会和"十三五"规划收官之年。疫情对经济社会造成的较大冲击是短期的，总体上也是可控的。我们要化危为机，深化改革，锐意创新，把企业潜力充分释放出来。中央企业要全力完成全年预定生产经营目标，积极调整产业布局结构，加快企业改革、创新和国际化步伐，在我国经济社会发展中发挥更大的引领作用。

第一，坚定信心，全力完成各项经营任务。虽然要完成各项经济目标的任务是艰巨的，但我们还是要充满信心。虽然疫情对全球经济造成了巨大冲击，但并没有根本性地伤害我国强大的经济体系，我国经济长期向好的大趋势并没有改变。中央企业是国计民生的保障者、重要行业的领军者，这个时刻更要全力以赴，相信中央企业一定会在我国恢复和振兴经济中起到领军作用。

第二，进一步调整布局，加大应对突发事件和公共卫生事件的相关投入。 中央企业要重视自身的应急能力，增设一些安全防护和救援装备；要扩大保障领域，加强在公共卫生领域的布局，并加大投入，从战略高度加大对医药健康领域研发、制造、流通的投入，形成强大的中央企业国家队；要加大应对突发灾难的研发和投入。我国是自然灾害多发国家，我们要研发制造可重复使用的救援移动房屋和相关设备，这既是我们的任务，也是我们的重要商机。

第三，继续加大创新力度，提升企业的整体竞争力。 中央企业担负着国家重大创新任务，也是应对海外技术封锁的主力军。通过这次疫情，我们更加认识到技术创新的重要性。技术创新既能赢得市场、创造财富，又有助于国防建设、保障安全，也是保护人民身体健康、关系民族未来的大事。中央企业要加大对大院大所的投入，改变院所的考核制度，把研发重大关键技术放在首位，像疫苗等生物制品，应该投重资进行研发；要加大对"卡脖子"项目的投入力度，以举国之力，产学研通力配合，尽快攻克难关。疫情促进了线上经营，中央企业也要发挥自身优势，积极开发互联网线上业务，开展 5G、大数据、云计算、人工智能等技术的研发和应用，形成新的平台业务，创造新的商机。

第四，扎实推进改革，焕发企业的活力。 按照党中央的部署，国资委和中央企业加快了改革的步伐，改革使中央企业进一步加深了同市场的融合，改进了企业内部机制。中央企业在这次疫情中的出色表现，展示了国家队形象，提升了社会美誉度。疫情凸显了中央企业在社会保障、应急建设和医疗物资供应上的优势。我觉得下一步改革中，要做好分类指导，把资源多向关系国计民生的各类保障性企业配置。要继续加大科技型企业的改革力度，国资委推出的百户科技型企业深化市场化改革提升自主创新能力专项行动的改革力度是很大的，相信对科技型企业的改革会有强力推动。要开展好国企改革三年行动，全方位解决好国有企业改革的深层问题，对于充分竞争领域的企业，要加大混改力度，加强激励机制建设，弘扬企业家精神。要大力支持和帮助中下游民营企业，加大市场协作力度，创造友好互利的市场生态环境。

第五，做好国际业务，继续抓好"一带一路"工作。 疫情给我国企业开展国际业务带来了一定困难，但困难是短期的，国际业务的产业链上中国企业是最重要的一环，这个状况不会因为疫情而改变。同时，中央企业在"一带一路"上做的大型项目并没有因为疫情受到很大影响，对此我们应该有清醒的认识。我们要做好几件事：一是要积极宣传我国抗疫取得的成就，宣传我国抗疫对于各国控制疫情所做的贡献，提升我国的国际形象和地位；二是要千方百计地维持住市场基本面和客户资源，妥善处理贸易关系，取得客户支持，维护市场和客户关系至关重要；三是要加快外贸企业的复工，要力争外贸业务少受损失，要把外贸工作提到战略高度；四是要深入开展"一带一路"业务，加快重点工程的签约和建设。我相信，疫情过后，我国企业在国际市场上的形象会更好，发展空间会更广阔。

02 ◎ 疫情下如何提高企业的复原力[①]

　　由于新冠疫情，我们通过线上交流，这是我第一次采用这样的方式和大家进行交流。我的情况可能大家有所了解。我做了 40 年的企业，这 40 年里，有 35 年在大型企业，其间也曾同时做过 5 年中国建材和国药集团[②]的董事长。现在我的主要精力是做好两件事：一件是做好中国上市公司协会的会长，另一件是做好中国企业改革与发展研究会的会长。对新冠疫情我非常关心，下面就以"疫情下如何提高企业的复原力"为题，和大家分享四点看法。

▲ 疫情期间，我的办公室也成了直播间

---

① 2020 年 3 月 25 日，清华五道口全球金融 GFD 在线通选课，作者初次进行云端授课，与学员进行线上交流。
② 中国医药集团有限公司，本书中简称国药集团。

疫情下企业如何提高处理特殊问题的能力

2017年我写过一篇文章《企业的格局和能力》，文章里讲了两个问题：一是格局，企业领导者的格局有多大，企业就能做到多大，最重要的是讲了作为领导者应该有的格局；二是能力，这里的能力不是指管理能力和经营能力，而是指一些做企业的特殊能力。当时我提出五种能力：捕抓力、整合力、创新力、承压力、复原力。

新冠疫情暴发之后，我又写了一篇文章，我说其实在疫情面前有三种"力"非常重要，就是处理特殊问题的能力。风调雨顺的时候，可能大家的日子都好过，不一定需要这些能力，但是如果遇到像新冠疫情这样的问题，企业就需要具备处理特殊问题的能力，这三种"力"是指应对力、抗压力和复原力。

应对力就是一件事情发生后，我们能积极去应对，能找到更好的解决办法和生存办法。如疫情期间，餐饮业通过接更多的外卖订单渡过难关，在线教育代替面授逐渐成为受欢迎的学习方式，还有很多企业转产做医疗防护用品等。在困难的情况下，企业不应停在原地观望，也不要坐以待毙，应该寻找机会，采取一些应对措施。春节前我去格力调研，疫情发生后，格力就开始做口罩，而且口罩业务做得还很不错。格力是做白色家电的，特殊情况下转产做口罩，其实这就是企业的应对力，企业应该有这种能力。

抗压力也就是承受力。以前我们讲得比较多的是压力测试，我们当然不希望疫情发生，但它毕竟来了，这个时候对于每个企业来讲就是一场压力测试。企业如何应对？如何渡过难关？疫情下每个企业都面临着非常大的压力，不管是大企业还是小企业。今天在线的很多学员都是董事长、CEO，我过去做董事长多年，特别能理解现在大家面临的压力。

企业面临这样的压力该怎么办？在这个问题上，我想跟大家说一说自己的体会。大家有时候会问："宋总，您这些年有没有遇到过大的问题？"其实，做企业这么多年，我一路上都曾遇过问题。大的问题，像亚洲金融危机时，我在北新建材① 做董事长；"非典"时，我是中国建材的一把手；2008年金融危

---

① 北新集团建材股份有限公司，中国建材集团三级企业，前身为北京新型建筑材料厂，简称北新建材。

机发生时，中国建材已在香港上市……其实一路上遇到不少困难。

我有自己的困难观。一是困难是客观的，它一旦来了，就摆在那里。我们要看到这些困难的客观性，要把心态放平，要知道大家都面临着同样的困难。二是到了最困难的时候，困难也许就快过去了。我们讲否极泰来、黎明前的黑暗，大概指的就是这个意思。所以在最困难的时候，企业应该咬牙熬过去。三是要积极去解决困难，不能因为困难是客观的，就消极对待，我们要用积极的心态对待困难。没有解决不了的困难，新冠疫情来势汹汹，但我们国家发挥优势，基本把疫情控制住了。这段时间大家很担心经济，现在我们看到我国经济正快速复苏。上市公司复工复产率已达到 98%，中小企业员工的复工率也已达到 80% 以上。

复原力是指人遇到打击以后快速恢复的能力。其实企业也一样，不可能一帆风顺，总会遇到这样那样的打击。疫情使很多企业受到了沉重打击，考验着企业的复原能力。

我想重点讲讲复原力。企业如何复原？大家现在压力很大，一边防控疫情，一边复工复产，对于未来也有各种各样的看法。大家都知道这样一些常识：对病人的康复来说，心情很重要，必须保持好的心情，这可能是战胜困难的前提。企业也一样，要看到成绩、看到光明，保持积极乐观的心态。此外，病人想尽快康复就得锻炼。企业也一样，要早点行动，积极复工复产。浙江、广东的一些企业复工复产得很快，第一时间用了各种各样的方法，比如包机、包专列等把务工人员请回，下了很大功夫。这就是复原力，企业要立足于行动。

大家经常会问我："宋总，过去您遇到困难的时候是怎么做的？"记得亚洲金融危机发生的时候，韩国遭受了重创，许多在国外生活的韩国女士向家里寄金戒指来为家庭和国家解决困难。当时不少人认为韩国经历金融危机后没有 10 年恢复不了，觉得韩国经济受到了致命的打击。但其实后来韩国只是用了一两年的时间就基本恢复了，这令我感触颇深。

2008 年金融危机时，大家的压力也非常大，几乎每一天都是惊心动魄的，美国雷曼兄弟和多家银行倒闭，最终引发了全球金融危机。2006 年中国建材在香港上市，因为水泥重组，股价一度涨到 39 港元，当时发公告要发 3 亿 H 股，本来计划融资约 120 亿港元。后来遇到金融危机，市场对中国的基础建设不看好，中国建材的股票价格从 39 港元降到 1.4 港元。怎么办呢？我每天都去中国建材股份有限公司的办公室鼓励大家。我说："我们的企业是不错的，没那么糟糕，现在因为遭遇了金融危机，有人卖空我们，我们知道自己企业的情况，所以大家还是要有信心。"金融危机过去后，中国建材的股票价格很快就升上去了，在那个低位上抄底的人也赚了钱。

当年我推动整合南方水泥，正在整合苏浙沪一带的水泥企业时，金融危机来了，当时与基础建设紧密相关的水泥厂受到很大影响。没活干怎么办呢？我就在杭州把水泥厂的负责人召集起来，进行整合优化方面的培训。我说："外边雷声隆隆，室内书声琅琅，这个时刻我们要下一点功夫，学习培训，整合优化，苦练内功。"有媒体采访时问道："宋总，您觉得这个日子应该怎么过？"我说："问题不大，政府会投资拉动经济。"果不其然，过了一段时间，政府就出台了经济刺激计划。有人问道："您怎么知道政府会拉动经济？"我说："我是凭着规律推测，因为大家都要活下去。"

我和大家一样，几乎每天都会关注疫情变化，也会关注道琼斯指数等信息。这个时候，我们很多人容易受负面新闻的影响，类似"黑天鹅""灰犀牛"这样的说法听多了，实际上用处也不是很大，如果经常听会使我们的压力越来越大。

现在我国在推动新基建，也是在想办法拉动经济。我们下一步还是要积极拉动投资来提升经济。

这三种"力"，是我的困难观，也是我多年来的体会，在这儿分享给大家。我讲这些是要勉励大家，遇到困难哭没用，而且不能哭，做企业哪有不遇到困难的？重要的是努力克服困难。

眼下企业应做好哪些工作

我认为现阶段，企业应做到"四个紧盯"。

第一，紧盯疫情。疫情的变化很快。初期，我们的想法是把国内疫情控制住，要赶紧打开海外市场，开通欧洲班列，等等。随着全球疫情的发展，美欧的市场关闭了，尽管国内有个大市场，但我国的制造业、服务业等对国际市场的依赖度还是挺高的。中国企业有两个市场：一个坐拥 14 亿人口的国内大市场和一个我们经营了多年的国际市场。尽管在一些国家贸易保护主义抬头，但我们的国际市场还是很大的。疫情对各方面的影响很大，企业要紧盯疫情，思考在疫情变化过程中应采取哪些对策。

第二，紧盯市场。对于企业来讲，市场是第一位的，要紧盯市场和订单，这是做企业的前提。如果没有市场和订单，企业就很难活下去。即使情况再糟糕，企业还是要想方设法去开拓市场，还是要盯住订单。现在各地政府在加大投资力度，大企业也在加大投资力度，所以企业的市场、订单都会慢慢恢复。在这个过程中，企业要把抓住市场当作重要的事情，要在做好各项防疫措施的基础上尽早复工复产，进行防护型的复工复产、无接触型的复工复产，这是现在大家要做的。

第三，紧盯产业链。产业的上下游很重要，比如一辆汽车需要很多零部件，不要说少一个关键部件，就是少一个普通的小部件，汽车都没法交工。所以企业要盯住上下游，要盯住整个供应链、产业链，要做非常细致的工作。不像在过剩的情况下，在买方市场上有钱就能买到东西，这个时候可能供应链上会发生一些问题，比如有的企业没复产，或者有些产品很紧俏，导致产生价格压力，企业要能把价格压力传递出去，确保企业良性运转，这点也非常关键。

第四，紧盯资金链。资金是企业的血液，现金为王。这个时候，无论如何都要捍卫资金链。现在政府也看到了这些问题，在贷款、保险、税收等方面先后出台了一些优惠支持政策，比如减少利息、租金缓交免交等，企业一定要用好这些政策。

另外，要将上下游的资金很好地联系在一起，大家共同渡过这一关。大企业要支持中小企业，国有企业要支持民营企业，让更多的企业渡过难关。大企业这个时候也做不到独善其身，事实上每个大企业都有很多外包给中小企业的业务，如果中小企业活不下去，大企业也活不好，这是一个系统问题，大家应该互相帮助，这个时刻企业间尤其应该这样做。

我以前经营企业时也遇到过各类问题，也遇到过资金链、产品断供等问题。所以这"四个紧盯"是我结合多年工作经历梳理的，企业在应对疫情时可做参考。

多年经营企业的心得体会

企业的抗压力和复原力都得益于企业"身强体壮",具有"免疫力",这些都要靠平时的锻炼。以前我们常讲"平时多流汗,战时少流血",企业应对疫情还要靠平时的经营管理。我做过 10 年的工厂厂长,在那之前做过 10 年的销售工作,其中做过 7 年负责销售的副厂长,有过很多基层经历。我认识到管理对于企业来说至关重要,管理是永恒的主题。

"三精管理"是我近几年总结的,也是我这么多年一直在实践的。说到管理,一方面,我们学习了欧美的不少管理理论,比如 Z 理论、Y 理论等。另一方面,我们也向日本学了不少。日本人重视工法。工法就是管理的一些方式方法,或者叫模式。比如打扫卫生,日本人讲"5S",即整理、整顿、清扫、清洁、素养;日本人也讲"零库存",丰田采用的管理模式就是零库存。

这些年,我在企业管理过程中一直希望能够找到一些可供推广的方法。因为中国建材有 1000 多家企业,这么多企业怎样管理?这些年,我先后整理了不少管理工法,像"三五整合""八大工法""六星企业"等,近几年又经过总结,形成了"三精管理"。"三精管理"是中国建材的"武功秘籍",供集团内部员工学习。可以说它是企业的一套"健体操",企业管理者如果能理解其真正内涵,在实践中积极推行,相信能够使企业"强身健体",渡过一些难关,取得良好的经济效益。

◆ 组织精健化

"精健化"是日语,我们讲瘦身健体,日本人讲组织精健化,就是说比较精干。如何实现精健化?

第一,治理规范化。企业首先要有好的治理结构,董事会、监事会的有效规范运作是前提,尤其对于上市公司来讲,当前我们正在推动上市公司高质量发展,新证券法 ① 已经开始实施,核心就是提高规范治理的质量。治理规范化还有一个机制问题,在西方管理理论中,机制被认为是一种治理结构,就是建立企业与干部员工共享的平台,让大家的利益同向。就像面对疫情时,大家要

———————
① 新修订的《中华人民共和国证券法》自 2020 年 3 月 1 日起正式实施,本书中简称新证券法。

万众一心，中间就需要有一个机制纽带，这点很重要。

第二，职能层级化。国有企业很少是由单一的企业层级经营的，可能有好几个层级，如有集团公司、平台公司、基层公司等。企业究竟应该有多少层级？我主张有三级就可以：第一层级是决策中心，决策层往往是集团公司、总部；第二层级是利润中心，即业务平台；第三层级是成本中心，就是工厂，具体负责生产经营的单位。如果还有核心企业，比如股份公司等，设四个层级也是可以的，但层级不能过多。如果企业层级过多，在企业内部信息就很难及时、正确地传递，这会影响效率和效益。

第三，平台专业化。前面讲到平台公司，什么是平台公司？比如，中国建材下边有南方水泥、北方水泥、北新建材等平台公司，而南方水泥下边有100多家水泥厂，也就是我前面讲的成本中心。平台公司是专业化的，南方水泥只做水泥，北新建材只做新型建材，而不是多元化发展。集团也要限制自身的业务，不能什么都做。集团需要多元化的干部，但是平台公司需要专业化的干部，为什么呢？因为专业化都打不赢，还要做多面手，那怎么能行呢？

第四，机构精干化。一是企业的部门要精干化，如中国建筑材料集团有限公司和中国中材集团有限公司于2016年重组（以下简称两材重组），重组之后集团的部门由之前的27个减至12个。二是企业的家数要精干化，两材重组之后，集团二级企业由合并前的三十几家减为13家。三是企业的人员要精干化，要适当减少冗员。企业规模大了以后很容易得大企业病，大企业病的特征就是机构臃肿、人浮于事、效率低下、士气低沉、管理混乱、投资失控。企业如果规模变大了，就要时刻注意这些大企业病，要不停地"剪枝"。我以前插队时做过农业技术员，当时学会了两招：一招是给果树剪枝，果树如果长期不剪枝就会疯长；另一招是玉米和高粱的杂交。后来我开玩笑说，没想到这两招在做企业时都用上了。"剪枝"就是不停地对企业进行精干化的管理。

◆ **管理精细化**

管理精细化的核心就是要提高效率、降低成本，这是管理的主要任务。那么我们如何做好呢？

第一，管理数字化。企业要进行数字化管理，过去很多干部习惯于定性思考问题，不喜欢定量，被问到有关数据时，经常会用大概、也许、可能等回答，说不准确。如果干部连数据都讲不清楚，那么管理也不可能做到精细精准。

我经营企业时就要求干部一定要把企业经营的数字搞清楚，尤其是关键绩效指标（KPI），必须要搞清楚。中国建材给各级企业的管理定的 15 个关键绩效指标包括：价格、成本、单位销售费用、单位管理费用、销量、应收账款、其他应收款、预付账款、存货、货币资金、有息负债、资本开支、压减法人、处僵治困、员工人数。每次集团月度会上，二级企业一把手要能对这些指标倒背如流，因为我们是用这些指标来进行管理的，如果对这些指标不清楚的话，就很难做好管理。

自中国建材股份有限公司在香港上市以来，我每年都参加路演，也会出席路演安排的基金分析师会和媒体会。有一次我在路演时讲到了 KPI，其中有位基金经理说："我觉得内地的企业有希望了。"我问为什么，他说："你看，公司董事长都知道 KPI 了。"我说："你太不了解我们了，我们何止知道 KPI，西方企业知道的我们都知道。"今天中国企业的管理水平有了极大的提高，更应该重视数字化管理。

第二，成本对标化。如何降低成本？对标是个好方法。我常讲"对外对标，对内优化"。关于对外对标，如中国建材就是和海螺水泥对标，我们实行"六对标"：煤耗、电耗、油耗、球耗、砖耗、吨修理费的成本对标。关于对内优化，其实就像袁隆平选稻种一样。集团的企业多了，总有工作做得好的企业，其他企业就可以向好的企业学习，实际上也是内部对标。过去这些年，我在企业中推行辅导员制，这是向日本丰田公司学的，安排集团企业内做得好的优秀管理干部到其他企业去做辅导员。反复对标和优化能降低企业成本。

第三，质量贯标化。管理中很重要的是提高质量。20 世纪 80 年代我去美国时发现，中国产品在超市货架上几乎是看不到的，大都被放在地上的大筐里。现在中国产品的质量得到认可，中国企业也经历了一个学习的过程，最早向日本人学习 TQC（全面质量控制），后来推 ISO 9000 贯标、PEM（卓越绩效模式）。卓越绩效评价体系包含领导、战略、顾客与市场、资源、过程、分析、绩效七个维度，满分是 1000 分，这不是产品质量的标准，而是管理评价的标准。目前我国有些企业还没开始推广卓越绩效评价体系，希望今后大家都能用起来，进一步提高企业的管理水平和质量水平。

第四，"两金"最少化。企业如果出现资金问题，一般来讲就是"两金"的问题：一项是库存的资金占用过多，另一项就是应收账款占用资金过多。这两项占用资金过多就会导致贷款多，这样财务费用就会多，资产负债率就偏高。怎么办呢？我比较推荐丰田模式，就是零库存。丰田所有的零配件只备2小时用量，也就是说零配件没有库存，另外，汽车做完以后就开到港口，产成品也没有库存。中国建材做水泥需要的煤炭等原材料，包括熟料等成品，库存不能超过一周。这样坚持下去就可以把企业做得很精细。

◆ 经营精益化

这里主要说的是企业的经营范畴，为了讲得更清楚，我有时会把管理和经营分开。管理是正确地做事，降低成本，提高效率；而经营是做正确的事，做出正确的选择，提升效益，最终赚到钱。我们说企业管理得不错，往往是指它的现场管理、人机物料管理等做得不错；而说企业经营得不错，是指企业有好的效益。有关经营精益化，我想讲以下几点。

第一，业务归核化。企业一定要有核心业务。关于做企业是要专业化还是要多元化，这些年来人们争论不休。我认为，绝大多数企业还是要倡导专业化，因为没有那么多的人力、物力去做多元化。也就是说，企业要突出核心业务，要清理非核心业务。我做中国上市公司协会的会长以来，接触了不少问题上市公司，我和这些公司的负责人交流到底问题出在哪里，发现不少企业由于盲目扩张，管理跟不上，出现高比例质押等情况，有的企业甚至因此倒闭了。所以说，企业一定要把核心业务做好。当然在这个基础上，我也提倡企业发展"＋"的业务。我们以前讲的"互联网＋"其实提供了一个思路，企业不光要"互联网＋"，还可以尝试各种方式的"＋"。比如做水泥业务也可以"＋"，"＋"什么呢？可以"＋机制砂""＋骨料""＋商混""＋干拌砂浆"等。中国建材在山东青州有一个水泥厂，一年创造了五六亿元的利润，其中水泥业务创造了2亿多元的利润，剩下的利润是由石头子、砂子、混凝土等这些"＋"业务实现的。我倡导企业围绕主业做一些"＋"的业务，这样可以平抑一部分成本。

第二，创新有效化。企业不创新就很容易落后甚至衰亡，而企业盲目创新付出的代价也会很大，因此最重要的是提防盲目创新。德鲁克说有目的的创新可以使风险降低90%，反过来理解，没有目的、盲目的创新会使风险增加90%，所以大家在创新的时候一定不要盲目。企业创新怎么能不盲目呢？我觉得有几点要特别注意。一是要在熟悉的领域创新，不要还不熟悉情况就开始干，最后十有八九会出问题。二是要看看别人在有关行业或者项目里创新时所走过的道路和积累的经验，在爱迪生做灯泡的时候，前人已经做了90%的工作，他只做了剩下的10%，即便是10%的工作还做了大概6000次的实验。也就是说，别人做的这些工作、所遇到的挫折和积累的经验对我们很重要。三是要选择合适的创新模式，在创新模式上我比较主张集成创新，既有自主创新又有借鉴学习的创新。目前很多企业的创新模式，可能既不是原始创新，也不是模仿创新，而是介于原始创新和模仿创新之间的一种创新，其中有他人的经验和教训。四是要选择合适的机遇，机遇非常重要。很多情况下，企业能否成功取决于机会抓得好不好，同样一件事情，如果机会抓得好可能就会成功，如果机会抓得不好，可能就成功不了。

第三，市场细分化。中国的很多产业几乎都有过剩，过剩以后有些企业马上就不想干了，想转行。其实"没有不赚钱的行业，只有不赚钱的企业"。在一个大的行业里，我们可以采用细分市场的方法，把产品做精，从而在过剩的行业里取得好的效益。

过去这么多年来，水泥行业产能过剩很多，但还是有不少企业赚到了钱。日本有一百多种特种水泥，价钱卖得很好，即使产能过剩，每年削减产量，还是很赚钱。过去沃尔沃公司认为汽车工业是夕阳产业，就转去做航空发动机，做得并不成功，结果汽车也没做好，被吉利给收购了。而丰田公司一直做汽车，效益非常好。我看到丰田汽车的内部展示场后很惊讶，展示场里各式各样的汽车做得非常漂亮，有的还豪华至极。所以企业不要轻易就转行，而是要先在原行业里做细分市场看能否赚到钱。

第四，定价合理化。在激烈的市场竞争中，企业容易打价格战，我不赞成这样做。中国建材产品的价格在建材行业里算高的，当然我要求大家把质量做好，我一直倡导"质量上上，价格中上"，不要跟别人打价格战。因为中国建材在行业中发挥着引领作用，如果带头打价格战，必定会导致全行业亏损。在经济下行、产能过剩的情况下企业到底该怎么做？我的想法是要减量稳价，因为放量是不可能的，也放不出去，放量只能导致无休止的价格战。一个行业里如果诱发了价格战，最后是不会有真正的成功者的。

过去，讲企业经营时常讲"量本利"，说的是多销产品能够降低单位固定费用，从而降低成本，取得利润。但量本利有两个前提：一是产品能无限制地销出去，如果生产 20 万辆汽车，有 10 万辆放在仓库里，那就不能实现量本利；二是价格必须不能低于单位变动成本，也就是价格是要有底线的，而盲目降价的时候往往考虑不到成本、费用这些了。中国建材在经营中推行"价本利"，就是稳定价格，不打价格战，同时降低成本，取得效益。这样即使是产能过剩的水泥产品，也取得了良好的效益，同时还对整个行业的健康化发展做出了贡献。

我将"三精管理"分为三个层次，一是组织，二是管理，三是经营，都突出了一个"精"字。当然，每个企业都要根据自身的特点去做，像中国建材所属企业围绕"三精管理"经营的同时也在不断创新。企业如果能将"三精管理"落到实处，相信能做到瘦身健体或者强身壮体，也就能够增强抵御各种风险的能力。

关于企业转型

相信大家这段时间也想了很多，疫情之后企业到底该怎么做？要怎么转型？我认为要"四化转型"。

第一，高端化。我们要从中低端向中高端转型。我国的工业产品达到中高端水平的越来越多，像中国建材的水泥、玻璃等成套装备，华为的 5G 技术，都已经做到全球一流，达到中高端水平了。在这个问题上我们要有自信心，下一步还要推动整个产业向中高端迈进，从重视数量转向重视质量，实现高质量、高技术的发展。

第二，智能化。2019 年我到全球最大的轴承企业——瑞典 SKF 工厂参观，那里是使用 5G 技术的无人工厂。过去做轴承是很复杂的，现在完全智能化了。

实际上，智能化不光是减少了用工，更重要的是提高了产品的质量，降低了消耗。

中国建材最新的水泥厂也是智能化的。一条日产5000吨的水泥生产线，20年前需要几千个人，现在需要300多个人，而智能化的工厂只需要50多个人，三班倒，每班只要十几个人。过去，工厂有一个中央控制室，里面有十几个操作员，每人一台电脑；现在，工厂完全是智能化运作。

第三，绿色化。过去绿色化主要讲的是环境，讲的是可持续发展，着眼于节约资源、保护环境、应对气候变化等。近些年，人类健康受到H1N1、埃博拉、流感以及最近的新冠等病毒的威胁，我觉得下一步，企业的绿色化发展还应该加上健康、防疫的内容。应对疫情企业需要有常态化的防控措施，真正做到安全生产。比如，口罩要备一些、工位之间要保持一定的距离、员工食堂的应急措施等，这些问题我们以前可能想得不多，今后必须考虑清楚。

第四，服务化。服务化讲的就是企业从生产型向生产服务型、从制造业向制造服务业转型。比如，罗尔斯·罗伊斯公司过去做发动机卖引擎，现在卖引擎的运行时间；瑞泰科技过去卖耐火砖，现在卖保窑时间，这些业态都在转化。中国建材在海外建的水泥厂、玻璃厂占全球的65%，输出的技术和成套装备不光发展中国家在用，发达国家也在用。在发展中国家建了工厂之后由谁来管理呢？以前都是找印度人、巴基斯坦人，因为他们的英语比较好，也愿意去搞管理。现在中国建材成立了一家智慧工业公司，专门去管理这些工厂，目前已在全球管理了70多家水泥厂。这有点儿像香格里拉饭店管理集团，将来海外的很多工厂，可能物业不是中国建材的，但是中国建材在管理。

03 ◎ 后疫情时代的上市公司经营策略思考^①

国际货币基金组织（IMF）2020 年 4 月发布报告，下调了 2020 年全球经济增长预期，此次下调的幅度是较大的，从 3.3% 调到了 −3.0%^②，也就是说下调了 6.3%，这就预示着全球经济将出现衰退。国家统计局也发布了 2020 年一季度国民经济运行情况。我国 GDP（国内生产总值）也呈现负增长，比 2019 年下降 6.8%，这也是多年来我国 GDP 第一次出现这样大规模的下降。也就是说，我们面临的国际国内的形势还是比较严峻的，压力也很大。那么，上市公司应该如何调整经营策略，以应对新冠疫情带来的冲击和影响？

当前疫情防控形势

2020 年 4 月 8 日武汉解封，同天中央政治局常务委员会召开会议，听取疫情防控工作汇报，分析当前形势，安排部署下一阶段工作。4 月 17 日，中央政治局召开会议，分析国内外新冠疫情防控形势，研究部署抓紧抓实抓细常态化疫情防控工作，分析研究当前经济形势，部署当前经济工作。以上会议中提出了下一步四项重点工作：一是在落实常态化疫情防控举措的同时，全面推进复工复产，创造复工复产的有利条件；二是要加大对困难行业和中小微企业的扶持；三是要着力扩大内需，扩大居民消费；四是要加快投资项目建设的步伐。这实际上也是对下一步我国经济的发展做出了非常积极的安排。

① 2020 年 4 月 23 日，深圳上市公司协会联合富士康工业互联网股份有限公司举办智造之"变"——疫情后时代下智能制造的思考与机遇云沙龙活动。作者受邀做主题分享。
② 2020 年 6 月和 10 月，国际货币基金组织分别下调 2020 年全球经济增长预期至 −4.9% 和 −4.4%。

4月8日武汉解封标志着我国在抗疫过程中取得了阶段性的成果，现在我们已进入下半程，也就是外防输入、内防反弹，要在常态化疫情防控的情况下快速恢复我国的经济，同时支援国际抗疫和国际复工复产。中央政治局会议上提出了复商复市，复商复市实际上比复工复产还要难一些，因为像中国建材、工业富联、中集集团是制造业企业，复工复产过程中做到防护型生产、无接触型生产比较容易，要想做到复商复市是比较难的，但再难我们也要做。

新冠病毒短时间内不会消失，常态化疫情防控对于企业来说，压力会变大。一方面，企业在复工复产、复商复市的时候，必须注意一些管理细节，将防疫工作落到实处。另一方面，企业还得边走边看，密切观察疫情发展及其带来的影响。

疫情期间上市公司以及中国上市公司协会的工作

现在我国境内的上市公司有3800多家，总市值约59万亿元，占GDP的比例接近60%。深圳有302家境内的上市公司，市值约6.55万亿元，在全国排第二名。同时深圳上市公司的门类也比较齐全，不少是龙头企业，高科技企业也非常多，创新能力很强，是我国上市公司的行业排头兵。

在抗疫和复工复产过程中，上市公司起到了先锋队和主力军的作用。一方面，前期在向武汉捐款捐物时，上市公司做了大量工作，真正起到了排头兵、带头人的作用。如工业富联、比亚迪这些公司，在生产口罩等防护用品方面都起到了带头作用，媒体上都有广泛的报道。另一方面，在复工复产的过程中，上市公司也是最先达到全覆盖的复工复产的，尤其是在复工方面，上市公司积极担当，履行责任。

这段时间中国上市公司协会重点做了以下四项工作。

一是宣传上市公司在抗疫过程中所做出的积极贡献。中国上市公司协会在《证券时报》《证券日报》等很多主流媒体、新媒体上大力宣传上市公司在抗疫、复工复产过程中所做的工作。

二是广泛了解、搜集、归纳上市公司复工复产的情况，包括上市公司遇到的难点、问题，把这些内容汇总起来进行分析，及时上报中国证券监督管理委员会（以下简称证监会）和国家其他有关部门。

三是积极帮助会员单位解决相关问题。通常来说，上市公司在每年的三、四月出年报，可由于疫情，很多会计师事务所进入企业查库存等遇到困难，中国上市公司协会积极反映大家的诉求，帮助一些特别困难的公司适当延迟出年报时间。同时在税务政策等其他问题上，中国上市公司协会也做了大量工作，写了一些专题报告，报给证监会、财政部等相关部门。

四是积极推动上市公司学习贯彻新证券法。2020 年 3 月 1 日新证券法正式实施，这段时间，我们克服疫情带来的困难，将过去的集中式培训改为线上培训，已经培训了上千人。中国上市公司协会在推广、宣传新证券法方面做了大量工作。

简言之，上市公司、中国上市公司协会在过去这几个月里踏踏实实工作，我们的工作也得到了证监会的充分肯定。

疫情下给上市公司的建议

第一，科学防疫，复产复市。我用的是复产复市，因为中央提出复工复产、复商复市。复工我们已经做到了，复产和复市需要一个过程。如果不复商复市，复工复产很难得到支撑，这是一个大逻辑。我觉得这里面有几个问题需要重视。

一是要外防输入、内防反弹。最近大家看到黑龙江、北京的一些地方再次出现了散发疫情，政府非常重视，也就是说反弹的可能性不是没有，大家要密切关注、立即行动。尤其是企业，更要特别注重管理上的细节。目前还比较难预测疫情的走向，要边走边看。在这个问题上，我们不能大意。

二是要积极探索在常态化疫情防控下恢复经济。可能今后在较长时间里疫情会持续，如何复工复产、复商复市，尽快恢复正常的经济生活，是我们要认真思考的。企业要学会在常态化疫情防控的情况下从事生产经营活动。

三是要做好"四个紧盯"。当前情况下，我们做企业，要紧盯疫情；要紧盯市场，抓好订单；要紧盯产业链上下游，尤其是上市公司，还要积极履行责任，帮助产业链上的中小微企业渡过难关；还要紧盯资金链，资金链不能崩断，上市公司的资金链崩断，对社会产生的影响巨大。确保资金链安全方面无非有三点：其一，扩大收入，通过复工复产、复商复市来扩大企业的收入；其二，降低成本，如减税降费等，其实都是降低成本的政策；其三，增加融资。企业要抓住国家政策机遇和市场机遇。我经常在不同的场合给大家讲这"四个紧盯"，这是我们做好企业必须下的功夫。

第二，要强化治理、提高质量。上市公司一定要提高公司的治理质量。上市公司质量主要有两方面：一是治理质量，二是运营质量。2019年5月11日，证监会易会满主席在中国上市公司协会年会上做了重要讲话，讲上市公司质量时提到了"四个敬畏""四条底线"。2020年3月1日实施的新证券法在信息披露、投资者利益保护等方面，对上市公司提出了非常严格的要求。对于新证券法大家一定要入心入脑，一定要好好学习，这非常重要。目前，我国上市公司的治理问题、质量问题还是亟待解决的深层次问题，我们一定要通过强化治理、提高质量把这些问题解决了，只有这样才能更好地提振投资者的信心，资本市场也才能够真正健康发展。

第三，要突出主业、强身健体。疫情期间，不少上市公司的负责人问我："宋会长，我们现在是不是干点别的，我这一行到底行不行啊？"我跟大家讲："其实这段时间企业的压力都很大，在疫情中只有熬得住才能活下来，每个企业都要经历这么一个过程。"我鼓励大家要把自己的主业扎扎实实做好，强身健体，不要遇到点困难就要转行。转行不容易，除非企业所在的那个行业彻底萎缩了，或者企业确实找到了一个像样的行业，自身也有优势。我发现上市公司出问题好多是因为偏离主业，做多元化的经营。疫情期间我们可以看到，那些能够抵御风险的企业，很多都是主业非常突出的。我去格力调研时，珠海市领导就和我讲，格力这家公司这么多年没做过房地产，没跟政府要过一块地，一直在扎扎实实做制造业，一直在做白色家电，市值有3000多亿元，做得很不错。

第四，要有效创新。创新是企业提高竞争力的根本。企业不创新就是"等死"，但是创新又不能盲目，盲目的创新就是"找死"。在创新方面，我提倡企业进行数字化转型，尤其从这次整个抗疫过程来看，数字化业务方兴未艾，几乎已渗入所有领域，包括今天的直播活动也是用了数字化技术。如果在半年前，我们要做这么一场活动，不见得大家都愿意到线上来参加，但现在大家已经习惯了，比起长途跋涉聚到一起开现场会，线上活动更加高效便捷。

不光是这些，其他的，如智能化工厂也是如此。2020 年春节前我去工业富联时参观了"熄灯工厂"，回来后写了一篇小文章《在富士康看到了什么》，介绍了工业富联如何从过去的靠人海战术的低成本代工厂，变成了现在被达沃斯世界经济论坛命名的"制造业灯塔工厂"，从过去一个车间有 300 多个员工，到现在只有 30 多个员工。过去许多工厂迁来迁去，从日本迁到中国台湾，从台湾迁到深圳、昆山、河南、成都，后来又从中国迁到印度、越南等国家，就是因为人工成本问题，但随着智能化的发展，人工成本将不再是问题。

第五，要精细管理、精益经营。管理还是企业的硬功夫，管理要降低成本、提高质量。管理是正确地做事，经营是做正确的事。企业如果把这两件事做好了就没有什么大问题。以中国建材为例，这家企业做建筑材料，属于充分竞争领域，与 IT、医药行业比，称不上有高技术，但就是在这样一个行业里，中国建材这些年一直经营得很好，现金流净额也很高，原因就是企业一直在推行精细化管理，也就是我常讲的"三精管理"。

第六，要全球布局，"两栖化"经营。为什么讲这个？因为现在企业的压力都很大，尤其受疫情的影响，贸易保护主义会加剧。我认为，完全逆全球化其实不可能，因为全球化已经是一个现实，不是哪个国家或者哪个人能够决定的，然而在疫情的影响下，全球化的规则会改变，方式也有可能会变。上市公司对于这一点要特别注意，不能大意。比如深圳的很多外向型企业遇到一个问题：在疫情的上半场，国外要货我们不能供；在下半场，我们生产了，国外的订单却停止了。这也给了我们一个很大的警示，我们要思考企业今后到底该怎么做，怎么去平衡产业链。

在以前的全球化发展中，中国是"两头在外、大进大出"的模式，时间久了肯定不行，因此需要改变。一方面，贸易保护主义抬头，这将会成为常态；另一方面，中日韩、东盟、北美、欧洲都在加快区域化发展。对中国的企业，我提出"两栖化"经营，不再走"两头在外、大进大出"的国际化模式。现在美国要"回归实业"，欧洲要"再工业化"，日本要"去空心化"，实际上都是想加强它们的制造业。在这个过程中，中国企业如果不愿意丢掉客户，也可以去美国、欧洲建厂。如中国建材在美国建了玻璃纤维厂，福耀玻璃在美国建了玻璃工厂，解决了关税偏高的问题。过去我们常讲中国是世界的工厂，未来我们希望世界是中国的工厂；过去我们比较重视 GDP，未来我们更重视 GNP（国民生产总值），这些都是变化。

中国企业实际上有得天独厚的条件，有别人没有的优势，可以做一望一。什么是望一？中国有 14 亿人的大市场，同时还可以有发达国家、新兴国家、"一带一路"沿线发展中国家的市场，没有任何一个国家的企业有我们这样的条件。企业如何"两栖化"经营呢？一方面，我们要继续看全球化的演进，找到自身的合理定位。另一方面，我们要立足于开发本土市场，扩大内需，完善产业链，加大对"卡脖子"技术的研发，以形成内部循环、良性循环的格局。我们中国企业要利用变化的窗口期，加强自身的建设。其实我们每经历一次困难，中国的经济就往前迈进一步，中国的企业就更加成熟一些。困难并不可怕，我们要在困难中历练自己。"不经历风雨怎能见彩虹"，我用这句话作为结束语来勉励上市公司，历经这一场疫情，中国的上市公司会变得更加坚强。

04 ◎ 疫情下，企业如何危中寻机[①]

作为中国企业改革与发展研究会和中国上市公司协会的会长，我想从宏观方面和大家分享目前我国企业面临的主要挑战和机遇，也就是企业面对的"危"是什么，"机"又在哪里。

◀ 疫情期间心系企业，参加中国企业大讲堂，与大家进行线上交流

我国企业面对的主要挑战

我国抗击疫情的上半场取得了阶段性的胜利。2020 年 4 月是关键的月份，

---

① 2020 年 4 月 28 日，作者在中国企业大讲堂中做主旨演讲，本文根据现场记录整理。

党中央和国务院召开了一系列会议，就新形势下推进疫情防控及复工复产进行了部署。我国抗击疫情进入下半场，复工复产达到一定水平。与此同时，国际疫情持续发酵，我国进入支持国际抗疫、支持国际复工复产的阶段。目前，我们依然面对很多挑战，大概可以归纳为以下五个方面。

第一，国际经济下行风险加剧。 中国经济下行的压力也在增加。国际货币基金组织将 2020 年的全球经济增长预期调低了 6.3%（从此前预计的增长 3.3% 下调至收缩 3%），这是史无前例的。根据国家统计局发布的数据，2020 年一季度我国 GDP 呈负增长，与 2019 年同期相比下降 6.8%，这也是破天荒的一次。经济下行压力增加已经成为定局，会带来企业订单减少、贸易困难、资金困难等一系列的问题。

总的来讲，欧美经济下行压力比国内压力还大。大家都看到了美国道琼斯指数多次熔断，包括国际油价、期货市场的暴跌等，这些将极大地影响投资者对经济和企业发展的心理预期。这是我们遇到的一个很大的问题，也是一个普遍性的问题。

第二，我国部分行业和企业面临很大困难。 现在我国企业复工复产率已达到 98% 以上，总体情况很好，但也存在企业间复工复产不平衡的情形，尤其是中小微企业、外贸企业，面临着很大的困难。外贸企业在抗疫中打了全场，上半场是国外企业下订单我们做不了，下半场是我们复工复产了，可它们停摆了。我国经济对外贸依存度较高，外贸产值占 GDP 的比例为 38% 左右，国际疫情的持续给外贸企业带来了很大挑战。此外，聚集性服务业仍然面临难以恢复经营的严峻形势。相对来讲，像水泥、钢铁、新型建材等与基础建设相关的行业的复工复产形势更好一些。但中小微企业，尤其是与市场相关度高、处于服务行业的企业就非常困难。

第三，复商复市的挑战。 企业的复工复产和复商复市紧密相关，如果"商"和"市"不能尽快恢复，最后还会影响到复工复产。复工后产品销售不出去，也会遇到很大的问题。现在我们必须抓紧复商复市，尤其是聚集性服务业企业的复商复市，这需要我们共同攻坚克难、纾困解难。

第四，贸易保护主义加剧及污名化中国抬头。 近几年，中美贸易摩擦一直存在，但疫情加剧了国际贸易保护主义，尤其是美国、欧洲国家等，面临着口罩、医疗设备短缺的问题，这使它们更想回归制造业。美国提出要"回归实业"，欧洲提出"再工业化"，日本提出"去空心化"等，实际上都是想重振制造业。一方面，疫情加重了贸易保护主义情绪，个别企业可能回流，虽然这不是主流，但确实给我们带来了影响。另一方面，一些政客"甩锅"中国、污名化中国，这对我国企业"走出去"也带来了一些影响。

第五，疫情防控常态化。我国的疫情防控取得了很大成绩，但疫情可能不会在短时间内消失。现在主要是外防输入、内防反弹。欧美疫情发展至高峰，印度和一些非洲国家的情况也不甚乐观。比尔·盖茨呼吁，只要一地还有新冠病毒，全球都受威胁。疫情防控常态化确实将带给我们长远的影响。

以上五个方面是疫情给企业带来的挑战。面对困难和挑战，我们要坚持底线思维，不能不在乎，要做好较长时间应对外部环境变化的思想准备和工作准备。

我国企业要抓住哪些机遇

我们在应对困难和挑战的同时，也要在危机中积极寻找机会。这是发挥企业家作用的时刻，企业家就是要发现别人没有发现的机会，抓住别人没有抓住的机会，能够危中寻机，转危为机。在这方面，我也想和大家讲讲我们的机会究竟有哪些。

第一，企业要抓住时间差，下好先手棋。从时间上来看，包括复工复产、恢复经济，我国比欧美国家要早两三个月，这段时间差非常重要，客观上给了我们非常好的机会。对于中国企业来讲，我们要抓住这段时间差，下好先手棋：一方面，要加速企业复原；另一方面，要瞄准欧美的复工复产，快速抓住切入点。这是一个重要的战略机遇期，现在全国成品油用量上升，用电量增幅回正，复工复产速度很快，比如北京的餐饮业等都在恢复。下一步我们要为全球的复工复产、经济恢复做好充分的准备。

第二，企业要抓住政策机遇。疫情后，国家出台了很多政策。习近平总书记在4月8日和4月17日主持召开的中共中央政治局会议上提出要加大复工复产政策落实力度，具体提到了降费、降税、降息等一系列政策，以及提高服务效率等。我们做企业首先要研读这些政策。此外，会议还提出加强对困难行业和中小微企业扶持，着力扩大内需，积极扩大居民消费，加大基建投入，加快推进投资项目建设。投资项目可以分为两大块，一块是重大项目的建设，包括国家在地方投资的项目以及企业投资的大型项目。据统计，现在水泥行业基本上恢复到 2019 年同期水平，到 5 月有可能超过 2019 年同期。我国的基础建设大型项目恢复得比较快，因此水泥、钢铁等行业恢复得都很快。另一块是"新基建"，5G 基站建设、特高压、大数据中心等七个方面，当然也不光是这七个方面，所有和转型升级相关的系统的基础建设都可以放到"新基建"里。"新基建"是一个很大的范围，从长远看，将积少成多，而且"新基建"有利于调整结构，可以为我们未来转型提供基础，这一点非常重要。因此，企业要很好地研究这些政策，抓住机遇。

第三，疫情后，全球产业链包括供应链会有一个重新洗牌的过程。各国企业复工复产的速度有所不同，各种客户关系都发生了变化，这种情况对于我国现金流比较充足的企业来说其实也是一个机会，这类企业可以思考修补产业链、弥补短板、优化分工，甚至收购一些科技企业。像 2008 年金融危机的时候，中国建材重组水泥企业，后来还收购了欧洲的一些高科技企业。危机发生的时候往往也会出现各种机会，疫情使得世界上许多企业，尤其是一些跨国公司受到较大影响，但同时也可能给一些企业带来新的机会。最近中国石化正向新加坡兴隆贸易公司洽购新加坡一处石油仓储码头的股权，这就是在国际原油价格跌幅较大的形势下出现的好机会，值得我国企业尤其是大企业认真研究。大家都面临困难的时候，也许正是我们出击的良好机会，在这种情况下，我国的大企业和现金流比较充足的企业是可以有所作为的。

第四，全球化再布局。欧美国家现在希望重振制造业，这也是一些中国企业的一个机会。全球化的趋势不可阻挡，但是全球化的模式和规则可能会改变，我们要紧盯这些改变。比如欧美国家推动再工业化，中国企业如果在欧美市场有客户的话，也可以顺着形势真正让企业"走出去"，到北美、欧洲等地开设工厂，转变过去很难持续的"两头在外、大进大出"的国际化模式，这是我们要考虑的一点。此外，在全球化的大趋势下，还可以形成区域化的市场，比如北美、欧洲、亚洲区域。4 月 14 日，东盟与中日韩（10+3）抗击新冠肺炎疫情领导人特别会议成功举行，参会各方在经贸合作、保持供应链畅通等方面达成共识，强化了地区国家合作意识。

经历了这次疫情，我们对两个市场的认识也更加深刻。我国企业坐拥14亿人的国内大市场，具有其他国家的企业所没有的得天独厚的条件；同时，我国企业无论是在发达国家，还是在新兴国家、发展中国家、"一带一路"沿线国家都有市场基础。因此，我国企业要"两栖化"发展：一方面，要进一步完善本土化的产业链，解决"卡脖子"的技术创新等难题；另一方面，要提升在国际市场上的影响力。

第五，常态化防疫下企业要转型。过去讲得比较多的是从中低端向中高端转型，向绿色健康化转型，向智能化转型，向服务化转型。经历这次疫情，企业向数字化、智能化、工业互联网方向转型的速度非常之快，包括今天的会议，大家在自己的办公室用线上的方式就可以进行高质量的交流，节省了很多人力、物力、财力。其实不仅会议交流如此，今后数字化转型将在各行各业普及。

以上关于机遇的内容，我只是抛砖引玉，希望对大家有所启发，帮助大家找到更多的机遇。总的来说，企业面临的形势有"危"又有"机"，企业家需要在"危"面前保持平常心，找到"危"中蕴藏的"机"，这是企业家的一大特征，或者说是企业家精神的一部分。这几个月，我国各行各业的压力都不小，很多人只能通过远程或在线的方式关心疫情，关心国际的经济金融局势等。在目前的形势下，我建议大家要聚焦自己的主营业务，发挥自己的核心专长，念好自己的生意经，种好自己的一亩三分地，真正把自己的企业做好。疫情上半场是政府主导，下半场该企业家发力。当前正是需要企业家为国家做贡献的时候，大家应该踏踏实实把自己的事情做好。

对于中小微企业的发展我一直很关心，我给大家的建议总结起来有三点：一是宏观上利用好政策，国家在支持我们；二是中观上迅速融入复工复产、复商复市的进程中，尤其是复商复市；三是微观上还得立足于企业自救，渡过难关。对外贸企业的建议也是三点：一是利用好国家给外贸企业的诸多政策；二是积极备战，迎接国际范围内的复工复市；三是出口转内销，深耕本土市场。将来中国的企业要成为"两栖企业"，既做好本土市场，也做好国际市场，进可攻、退可守。

05 ◎ 2020 年熬得住，活下来，再出发^①

记得 2020 年年初我在正和岛的新年论坛上讲了 2020 年要做正确的事，这次我想讲讲企业如何劫后重生。

中国经济已出现反弹迹象

◆ "四个能力"

大家知道，我们从 2020 年 1 月底进入了全国抗疫阶段，整个 2 月是疫情最严重的阶段。我比较早地提出来，企业抗疫要有"三力"：应对力、抗压力和复原力。后来我又加了一个免疫力。

有的人大病后很快就能复原，而有的人一病不起。我们要保持良好的心态，同时加强锻炼，才能从疫情中走出来。每次大危机都会让一部分企业倒下，但是也会让一部分企业脱颖而出。这符合进化论，这个时刻既有"危"，也有"机"。

◆ "四个紧盯"

3 月，我们一方面抗疫，另一方面开始抓复工复产，统筹抓好抗疫和社会经济的工作。这段时间里，我们要做到"四个紧盯"：一是紧盯疫情，做好防控；二是紧盯市场，抓好订单；三是紧盯上下游的产业链，缺一个部件产品都无法出厂；四是紧盯资金链，因为资金是我们的"血液"，不能断。

① 2020 年 5 月 6 日，正和岛《每周一播》第 6 期邀请作者做主题为"大疫初定，企业如何劫后重生"的线上分享。

◆ "五个抓住"

到了 4 月，大部分企业已经复工复产了，到了复商复市的阶段。同时，国际疫情开始大范围蔓延，国内经济恢复和国际抗疫同时开展。当时我跟大家讲要做好"五个抓住"。抓住什么？抓住一些机遇。

一是要抓住复工复产、复商复市的机遇。争取复原，早恢复经济，同时把握时间差，下好先手棋。在美欧之前率先复工复产，在它们复商复市时我国企业就可以快速切入。 二是要抓住政策机遇。在整个复工复产当中，政府出台了很多政策，企业一定要抓住政策机遇。三是要抓住产业链重新洗牌的机遇。四是要抓住疫情后全球化重新布局的机遇。五是要抓住企业数字化转型的机遇。我觉得这段时间做企业一定不能只看到"危"，也要看到"机"，从"危"中看到"机"、抓住"机"，转"危"为"机"。

4 月，水泥的出货量比 2019 年同期有所提高，很多大企业开始逐渐恢复。进入 5 月后，从全国来看，成品油的销量已经基本上恢复了，发电量也变为正增长。北京道路上车辆又开始多了起来，一些饭店客流增加，恢复得非常快。

还有一个好消息。除了陈薇院士团队研制的疫苗，国药集团中国生物[①] 北京生物制品研究所和武汉生物制品研究所（以下简称北京所和武汉所）的灭活疫苗也都进入了临床试验，这对我们来讲真的是特别好的消息。

我们跟美国比什么？比三点：一是看谁对疫情控制得快，无疑我们走在了美国前面；二是看谁的经济恢复得好，这一点我们也有把握；三是看谁的疫苗出得早。研发疫苗既有科技的问题，也有组织的问题。

回忆 1—5 月我们所经历的这些，可以说是度日如年，但是每个月我们都有一个大的转变。这是我这段时间的思考，希望对大家有所启发。

企业要认清形势

◆ "三个变化"

接下来我们看形势，哪些东西变化了，哪些东西没有变化，对我们做企业

---

① 2011 年 10 月，中国生物技术集团公司更名为中国生物技术股份有限公司，本书中简称中国生物。

的来讲，这些判断特别重要。变化有以下几方面。

▲ 国药集团中国生物建设的全球最大的新冠疫苗生产车间

第一，经济下行史无前例。经济下行对我们做企业的来讲压力非常大。经济下行意味着什么？意味着订单减少、价格下滑等很多方面的问题。我们做企业当然希望经济增长。

我在思考：这次疫情和我们过去遇到的哪一次危机比较相似？比来比去，我认为是 2008 年金融危机。为什么？因为这两次都是美国得了"大病"。由美国次贷危机引发的 2008 年金融危机期间，有的银行倒闭，全世界受到影响。当时我国的外贸出口受到了非常大的影响。后来怎么渡过的？一是靠国内基建投资的拉动；二是美国实行量化宽松，大量资金放出来，美国经济快速恢复。

这次危机也是这样，现在美国成了疫情"震中"，它得了病，对全世界影响很大。我国的外贸企业受到了直接影响，尤其困难。再来看应对方法。我觉得和 2008 年金融危机时也差不多，重要的是要拉动经济。一是"六稳""六保"，保市场主体，就是给企业一些政策，为企业纾困；二是扩大内需；三是加大项目投资力度。

美国的政策还是实行量化宽松，用大量资金增加流动性。现在欧洲已经开始逐渐复工复产，美国的复工复产需求也很强烈。我国外贸企业要尽早做好这方面的准备。

第二，中小微企业经营困难。交通运输业、聚集性服务业等行业前段时间的压力非常大。现在我们不担心大企业，就害怕中小微企业出问题。大企业离不开中小微企业，大河小河都是连在一起的。这时我希望大企业，包括国有企业、大型上市公司，要去支持中小微企业，帮助它们渡过难关。全社会都应该关心中小微企业和外贸企业。

第三，贸易保护主义加剧。什么叫贸易保护主义？我们讲贸易活动是市场化的，全球化是市场规则下进行的贸易活动，但是贸易保护主义是政府干预下进行的贸易活动。现在美国对中国的一些产品增加关税，一些政客"甩锅"中国、污名化中国，这些就是贸易保护主义。

另外大家总在讲外企会不会回迁等问题。我的看法是，大规模的回迁是不可能的，但是一些局部规则的变化肯定是有的。所以全球化的大方向肯定不会逆转，但是全球化的布局、规则会有一些改变。企业要积极地研究这些变化。

◆ 我的四个"心里有底"

哪些东西不会变呢？我们心里有底的是什么？

第一，中国经济的势头不会变。从这次疫情中我们可以看出，中国经济的韧性非常好。虽然经历了几个月惊心动魄的变化，但是中国经济的基本面并没有受到太大冲击。尽管按下了暂停键，复工复产、复商复市以后，总的来讲我们的经济势头还是挺好的，大方向没有改变。

第二，制造中心的地位不会变。关于外国企业回流、回迁的问题，2019年在达沃斯世界经济论坛上，我跟欧洲国家、美国的一些跨国公司的高管交流过。我问他们是否会将工厂迁移到越南或者迁回本国，他们说不会的，亚洲市场就是以中国为中心，而且不光是制造业，绝大部分设计、研发的环节也在中国，不会因为短期的成本问题就迁来迁去。

这些跨国公司的高管讲得非常实在，他们不会因为政客的想法而改变。摩根士丹利的分析认为，这次疫情会暂缓制造业从中国外迁的速度，因为外迁还要再投资。很多跨国公司现在资金也很紧张，让它们迁去别的地方也不是特别现实。

另外，从制造业本身来看，2月初的时候，全国口罩日产量只有2000万只，可是2月29日，日产量突破1亿只。据海关总署公布的数据，3月我国出口的口罩数量约38亿只，4月出口了200多亿只。这是天文数字。这么短的时间内，中国企业能够一下子造出这么多口罩，中国企业家的能力多么强大呀！做口罩其实并不容易，要有口罩机，还要有熔喷布等。这么短的时间内中国企业可以快速组织起来，说明中国的企业家很能干，中国的制造能力很强、配套能力很强。这不是任何一个国家都能做到的。通过这点，我们可以感受到：我国制造业的中心地位不大容易被撼动。

我想，那些跨国公司的高管讲的话并不是客套话。中国有14亿人口的大市场，跨国公司愿意离开这个大市场吗？所以我们大可放心，这些问题不会在短期内就出现。这并不是说我们不需要有危机感，而是说我们要增强信心。

第三，改革开放的政策不会变。最近一段时间，国家出台了很多改革开放的政策，包括海南自由贸易港的建设。春节后美股多次熔断，当时我国关于开不开市有一些争论。最后，我们还是果断按时开市，开市后大家都稳住了阵脚。总的来讲，我们的资本市场还是比较稳定的。3月1日，新证券法正式施行。党中央还决定推出创业板的注册制，资本市场的市场化、法治化以及提高上市公司质量的工作，三管齐下，都在做。

这些都说明疫情不会改变我国改革开放的基本政策，而且改革开放会做得越来越深入。

第四，企业家的精神不会变。中国改革开放40多年靠什么取得成功？靠两点：第一点是党和国家正确的方针政策；第二点是中国的企业、企业家和企业家精神。

我觉得中国的企业家精神的核心是两点：一是坚韧不拔、百折不挠的精神；二是家国情怀、实业报国的精神。这次疫情一方面反映出了企业家的创新能力、坚守能力、坚韧不拔的精神，另一方面反映出了实业家的家国情怀、实业报国的责任感。这些都非常重要。

对企业家的忠告

这段时间大家听了很多消息，压力也挺大，在这个时候，我们应该把精力聚焦在企业上。

我记得在正和岛新年论坛上，有位同志讲道："我们开工了，干活去。"我觉得这句话非常经典。我们现在也开工了，要干活去。用我的话说就是，在疫情中熬得住，活下来，再出发。现在到了再出发的时候，有以下几点要注意。

第一，要聚焦主业。企业要提高核心竞争力，念好自己的生意经，种好自己的一亩三分地。这时企业需要聚焦自己的事，心无旁骛地把自己的事做好。

第二，用好国家的政策。现在国家的政策就是四大政策：一是复工复产的有关政策，减税降费、降息等；二是对困难行业、困难企业的有关政策；三是扩大内需、扩大居民消费的有关政策；四是国家"新基建"投资方面的政策。用好政策也是企业家当前要特别做好的工作。

第三，抓好企业的数字化转型。如果说疫情也带给我们一些收获，那就是企业的数字化转型。过去我们也一直在讲数字化转型，但转型得不彻底。这几个月几乎所有的行业都和线上相交了，包括今天这个活动。

第四，因势利导做好国际化业务。一是要积极支持国际抗疫，积极创造国际化的友好环境；二是要抓住全球复工复产的机会，快速切入，恢复供应链、产业链；三是有条件的企业也可以做一些适时的并购、结构调整，优化资产结构；四是针对欧美的"再工业化"，有条件的企业也可以顺势而为。下一步，我觉得企业都要成为"两栖"企业，进可攻、退可守，这是我们要做到的事情。

最后，我想送给大家一段话：用平常心应对困难，用进取心化危为机，用自信心再造辉煌。

06 ◎ 疫后企业和资本市场[①]

新冠疫情对全球经济包括中国经济的影响是巨大的，在这种影响之下，我觉得企业要思考一些问题，比如下一步该怎么办，我想就这个问题跟大家进行一些交流，提几点建议供大家思考。

抓住机遇，调整发展战略

从国际、国内的经济结构，包括资本市场结构、技术结构来看，我觉得企业应该做一些必要的调整。

第一，我们要适时调整发展战略。疫情导致全球经济形势发生了重大的变化，其中之一就是贸易保护主义抬头。所谓的贸易保护主义就是政府用行政手段来干预贸易活动，这其实已经持续了几年的时间，这次疫情加大了以美国为首的一些西方国家对国际贸易的干预。中国的企业要有相应的对策，在这种情况下要进行一些战略上的思考，因势利导地去调整战略。

我们肯定不能再用过去的那种"大进大出、两头在外"的不可持续的发展模式，而要调整战略，巩固我们的全球制造中心的地位。比如，提高高端或者中高端产品制造的数量和水平，同时减少中低端、低端的产品，这样在贸易平衡的过程中可以保住强大的制造中心的地位。

第二，我们要研究全球布局。目前这种情况下，我们不可能沿用过去那种产品出口的格局，而是要由"产品走出去"向"企业走出去"进行转变。如中国建材旗下的中国巨石，在美国南卡罗来纳州建设了一家玻璃纤维工厂，实现

---

① 2020 年 5 月 9 日，作者参加 2020 凤凰网财经云峰会并做闭幕演讲。

了百分之百的投产、生产；另一个在埃及的工厂辐射整个欧洲，覆盖那里的客户，这样就能够减少贸易保护主义对企业的影响。同时，我们要跟随区域化的趋势，划分北美市场、欧洲市场、亚洲市场等，按照区域市场来进行布局。过去我们总讲中国是世界的工厂，将来世界各地都有中国的工厂。

另外，经历这次疫情后，国内经济恢复需要新一波的扩大内需，拉动居民消费，对中国企业家来讲，这将是机会。中国有 14 亿人的大市场，其中有 4 亿多人是中产阶层，应该说消费能力是挺强的。如果再推动国内大循环，市场会奇大无比。中国企业一方面要做好全球布局，另一方面也要做好本土市场的开发，必须全面开发国内市场，形成进可攻、退可守的格局，构建"两栖"企业。

第三，我们要抓住政策机遇。疫情下，国家对企业的很多支持政策，包括减税降费、减租降息等，其实是企业多年来一直期盼的，这些政策将来会长期化、固定化，实际上可以调整企业未来的负债结构，从而让企业发展实现良性循环。

第四，疫情加速了第四次工业革命也就是数字化革命的来临。各种线上活动迅速地普及，现在大家都开始做线上的会议、教学，很多企业还进行了云上的供应链、产业链布局和调整。除此之外，工业互联网和制造业的智能化也在加速发展。

智能化会大大降低人工成本，改变因人工成本提高而出现的工业迁徙。最重要的是，智能化提高了工艺控制的精准度，提升了产品质量。

加大改革力度，增强企业活力

企业遇到困难的时候也是改革的好时机，往往也只有通过改革增强活力，才能使企业渡过难关，这是一个问题的两个方面。一说到改革，大家自然就想到国企改革，实际上不只国有企业要改革，民营企业也要改革。2019 年 12 月党中央出台的《中共中央 国务院关于营造更好发展环境支持民营企业改革发展的意见》（简称"民企新 28 条"）中，第 14 条指出要引导民营企业深化改革，改革的方向就是治理规范化。国有企业的改革方向是市场化，民营企业的改革方向是治理规范化。

第一，重视机制改革。 国资委最近布置了关于改革的七项任务，其中的一项我认为企业要特别重视，就是市场化经营机制。不管是国有企业还是民营企业，其实有一个共同的工作，就是机制改革。什么是机制？机制就是企业效益和企业员工利益之间正相关的关系，也就是说，企业的效益好了，经营者、骨干、员工的利益能不能相应提高，这之间有没有相关关系。有关系就是有机制，没有关系就是没有机制。其实国企改革就是围绕机制展开的，到今天 40 多年过去了，还是在改这个机制。

当然，现在的机制改革和 40 多年前的有所不同，那个时候围绕"劳动制度、人事制度、分配制度"进行三项制度改革，解决的是"干多干少一个样、干和不干一个样""铁饭碗""大锅饭"的问题。现在机制改革实际上要解决的是人力资源如何参与企业财富分配的问题。科技时代，企业不能只看重厂房、土地、资金，更应该看重人，要看重人的经验、技术、智慧，而且这些要素都应该参与利益分配，这就是现在机制改革的特点。

民营企业同样如此，虽然它具备机制的先天条件，但不见得每一个民营企业的机制都好。华为"财散人聚"的机制很好，就算今天面临这么大的压力，企业也还是众志成城，一路前行，背后的原因除了有任正非这样的企业家和企业家精神，还得益于它有一个非常好的机制。企业如果有好的机制，有好的带头人，就能够有足够的活力。

第二，保护企业家精神。 发挥企业带头人作用，实际上就是企业家精神，这也是我们在改革中要特别关注的。在这次抗疫的过程中，我们也看到企业家精神发挥了重要作用。改革开放以来，中国经济之所以能快速地发展，我觉得最重要的是两点：一是党和国家正确的方针政策，二是企业家和企业家精神。习近平总书记说："市场活力来自于人，特别是来自于企业家，来自于企业家精神。"[1] 这段话强调的就是企业家的作用。在这次抗疫过程中也是这样，企业和企业家发挥了巨大的作用。

---

[1] 《习近平在亚太经合组织工商领导人峰会开幕式上的演讲》，2014 年 11 月 9 日，http://politics.people.com.cn/n/2014/1109/c1001-25999767.html。

所以在改革的过程中，一方面我们要有好的机制，另一方面我们得保护企业家精神。最近一个改革的案例引起了我的兴趣和思考，就是徐工集团的混合所有制改革。徐工集团在混合所有制改革里面引入了机制，同时也保护了企业家精神。我觉得这样的改革非常好，混改不是"为混而混"，而是"为改而混"，如果混合所有制改革没有把机制引入企业里来，其实没太多的意义。所以混合所有制改革要立足于机制的引入，要立足于保护企业家精神。这个时刻企业要有活力，还得靠改革。改革就是解放思想，改革就是解放生产力，现在正是我们加大改革力度的一个宝贵时间窗口。

坚定信心，提高企业的质量

企业的质量主要是指治理质量和运营质量。在疫情中我们发现，质量好的公司往往抗压力、应对力和复原力都很强，所以我们下一步的工作要紧紧围绕如何提高企业质量来做。作为中国上市公司协会会长，我想着重和大家谈一下提高上市公司的质量方面的情况。

这段时间，其实大家讨论和关心比较多的就是资本市场。如何搞好资本市场？我觉得关键在以下四个方面。一是经济的基本面。虽然受到疫情的冲击，但我国大的发展趋势并没有改变，经济基本面从长期来讲还是向好的。二是监管层的监管水平。这几年，尤其是新证券法实施后，市场化、法治化的监管水平有了很大提高。现在我们在一条市场化和法治化监管的道路上越走越稳。三是上市公司的质量。上市公司是资本市场的主体，只有把上市公司的质量搞好了，我们才可能有良性的资本市场。四是投资者的市场生态。整个资本市场是靠大家合力推动的，只有好的上市公司还不够，还必须有投资者的共同努力，以及媒体的正确引导等力量加入。

到 2020 年，中国资本市场正好诞生 30 年，即而立之年。这 30 年里，我们历经了许多的风风雨雨，从无到有、从小到大，从稚嫩到日趋成熟。现在沪深两市上市公司一共有 3800 多家，市值大约是 59 万亿元，占我国 GDP 的近 60%。中国 500 强企业中上市公司的数量约占 70%，上市公司创造的利润占全国规模以上工业企业利润的近 40%，创造的税收约占整个企业税收的 30%。

总体来讲，上市公司是优等生，是国家经济的压舱石。

2019 年上市公司发布的年报显示，2019 年沪深两市上市公司的营业收入同比增加 8.6%，利润同比增加 6.4%。其实 2019 年经济下行的压力很大，另外，去杠杆、中美贸易摩擦等对上市公司的影响也很大。在这种情况下我们还能取得这样的成绩，真的很不容易。2019 年上市公司的分红总额是 1.36 万亿元，约占上市公司净利润总额的 1/3，也就是分红的比例是比较高的。2020 年一季度受疫情的影响，上市公司的营业收入下降 7.9%，净利润下降 63%，虽然说营业收入和净利润都下降了一些，但上市公司有强大的韧性，恢复得非常快。可以说在整个抗疫的过程中，上市公司在困境中确确实实起到了中流砥柱的作用。

在为上市公司取得成绩高兴的同时，我们也要看到上市公司还存在一些问题。我想主要是在治理和运营两方面。个别上市公司在治理上还有些问题，比如信息披露不真实、财务造假、做幕后交易、操纵股价、侵害上市公司的利益等。在运营上，个别上市公司存在四类问题：一是盲目扩张；二是业务分散，主业不突出；三是大股东高比例质押自己的股票，给公司带来了很大风险；四是对外担保，给企业带来不良影响。

2019 年 5 月 11 日，证监会易会满主席在中国上市公司协会 2019 年年会上做了非常重要的讲话，对上市公司提出了"四个敬畏"的要求，要求上市公司的关键少数即董监高，敬畏市场、敬畏法治、敬畏专业、敬畏投资者，形成做上市公司的原则立场。

易会满主席同时提出了"四条底线"，要求上市公司不得击穿这四条底线：一是不得披露虚假信息；二是不得从事内幕交易；三是不得操纵股票价格；四是不得侵害公司的利益。这四条底线实际上都是被纳入《中华人民共和国刑法》的，一旦触犯就要受到严罚。

易会满主席还提出，上市公司质量是资本市场的基石，要推动提高上市公司的质量。证监会之后印发了《推动提高上市公司质量行动计划》，在提升信息披露有效性、督促关键少数勤勉尽责、推进资本市场改革、坚持退市常态化、解决突出问题、提升监管有效性、优化市场生态形成全社会合力这七个方面提出了要求。从 2019 年起，中国上市公司协会紧紧围绕着提高上市公司质量开展各项工作。

2020年3月1日，新证券法正式施行。20世纪90年代，美国的资本市场丑闻不断，到了2001年前后，上市公司世通、安然和会计师事务所安达信同时倒台，触发了《萨班斯法案》的推出，此后美国资本市场投资者的信心重振。新证券法也是旨在解决目前中国资本市场所存在的问题。新证券法提高了对违规上市公司的惩罚力度，也提高了对违规看门人中介机构的惩罚力度。中国上市公司协会一直在加大对上市公司的培训，从2019年5月11日我任职中国上市公司协会会长起，已经在线培训了上市公司的上千名关键少数。

当前，大家对提高上市公司质量这件事已经达成共识，而且已经迈开了提高上市公司质量的步伐。上市公司也逐渐走上了市场化、法治化和国际化的道路。虽然企业因疫情受到不少影响，但是大家对上市公司质量的提高还是抱有信心的，对监管的思路充满了信心，对下一步资本市场迎来春天也充满了期待。

07 ◎ 在危机中育新机，于变局中开新局^①

当前我们还处在疫情之中，有客观不利的情况，又因为刚刚开过两会，有很多有利的情况，两会给我们树立了很大的信心，也给我们指明了方向和工作目标，下面分三部分来谈谈我的认识。

深入学习两会精神，增强开创新局的信心

两会传递出党带领全国人民风雨无阻向前进的坚定信心，体现了应对疫情冲击、克服困难挑战的必胜决心，对于动员全党全国各族人民同心协力、砥砺奋进，确保完成决战决胜脱贫攻坚目标任务，全面建设小康社会有重大意义。习近平总书记发表了重要讲话，站在历史和全局的高度，深刻阐释了我们党坚持人民至上、不断造福人民的立场，为我们进一步指明了方向、提供了遵循。要坚持稳中求进工作总基调，坚持新发展理念，坚持以供给侧结构性改革为主线，坚持以改革开放为动力推动高质量发展，坚决打好三大攻坚战，扎实做好"六稳"工作，全面落实"六保"任务，认真贯彻扩大内需战略，着力构建以国内大循环为主体、国内国际双循环相互促进的新发展格局，深入推进科技创新，加快发展战略性新兴产业，大力推动5G等新型基础设施建设，促进消费回补和潜力释放，形成更多新的增长点、增长极，育新机开新局，努力为完成全年主要工作目标任务、为全国发展大局做出贡献。国务院总理李克强在政府工作报告中对当前形势和下一步工作目标与举措进行了深刻阐述。两会的召开

---

① 2020年6月2日，作者在中国企业改革与发展研究会主办的中国企业大讲堂（第三讲）做主题演讲，本文根据现场记录整理而成。

使我们增强了信心，为我们明确了方向。

两会之前，党中央出台了一份非常重要的文件，5 月 11 日，《中共中央 国务院关于新时代加快完善社会主义市场经济体制的意见》发布，对夯实市场经济基础性制度、要素市场配置、培育更多充满活力的主体、支持民营企业改革发展、国有企业混合所有制改革等做了一系列阐述。所以说最近好消息不断，让我们增强了信心。

习近平总书记讲"在危机中育新机，于变局中开新局"①，危机是客观的，但在危机中可以培育新机会，变局也是客观的，但在变局中可以开新局。企业要按照习近平总书记的要求，用全面、辩证、长远的眼光来分析当前经济形势，努力化危为机、守正出新，推动企业改革发展，在危机中育新机，于变局中开新局，为我们国家的发展做出应有贡献。

全面认识遇到的困难和挑战

困难和挑战就是上面提到的危机和变局。确实，新冠疫情是百年未遇的，在应对这场危机的过程中，企业要面对很多困难。

第一，国内市场需求尚在恢复中，消费动力不足。

我最近看到一则报道称，居民的储蓄存款大量增加，这是挺大的问题，因为拉动内需需要扩大居民消费。同时，这段时间社会融资规模的余额同比增加 12%，为 2018 年 6 月以来最高，而 PPI（生产价格指数）同比下降 3.1%，通货膨胀率也不足 1%。这说明什么问题呢？这说明现在供给远远大于需求，或者说需求没有同步跟上，总需求仍显乏力，消费还不够，这是当前的一个矛盾，所以复商复市还需要大力扩大全社会的需求，刺激消费。

第二，国际疫情蔓延，不确定性增加，外需恢复难，国际关系严峻。

一方面，美国 2020 年 6 月 1 日新增确诊病例约 2 万人，巴西、印度、俄罗斯也呈现确诊病例数走高的态势，虽然欧洲已经开始有限地复工复产，但

---

① 《习近平在看望参加政协会议的经济界委员时强调：坚持用全面辩证长远眼光分析经济形势　努力在危机中育新机于变局中开新局》，2020 年 5 月 24 日，http://cpc.people.com.cn/n1/2020/0524/c64094-31720895.html。

国际市场很快恢复起来比较难，这场危机远远出乎我们的意料，对全球的影响还在持续。另一方面，贸易保护主义抬头，一些西方政客污名化、"甩锅"中国，对我们造成了负面影响，所以国际市场恢复还需要时间。从国际上来讲，疫情还在蔓延，具有极大的不确定性，贸易保护主义抬头，我们的压力还很大。

第三，我国面临经济转型和经济下行压力双重挑战。

近些年，我国处在经济转型的过程中，疫情又带来了巨大的压力。国际环境、国内环境都不甚乐观，这是一个比较大的问题。如大家所知，国际货币基金组织对 2020 年全球经济增长做出了降低 6.3 个百分点的预测，2020 年一季度我国 GDP 也负增长 6.8%，这些问题给我国企业造成了非常大的压力，大家应予以重视。

第四，经营理念和措施亟待改革更新。

最近网联化、数字化、智能化成为企业经营中的重要选项。实际上，每一次危机也是一次机会，过去大家一直想发展数字化、线上业务，疫情使这类业务很快得到普及。但工业互联网和智能化方面，目前的发展还不平衡。可以看到，技术革新在加快，企业如果跟不上就会被淘汰。

以上是我看到的几个问题，或者讲是几个矛盾点，给大家强调一下，希望大家重视。

对育新机、开新局的几点建议

习近平总书记提出，要在危机中育新机，于变局中开新局。如何"育"？如何"开"？我想给大家提几点建议。

第一，调整思路，构建以国内大循环为主体、国内国际双循环相互促进的新发展格局。

对于这次疫情带来的危机，大家要深刻思考。过去，特别是我国加入WTO（世界贸易组织）之后，形成了"两头在外、大进大出"的格局，对外贸依赖度很高。今天面对贸易保护主义，我们要认真思考：在变局中，新机会和新局面是什么？我认为有以下两点。

一是要广泛地开拓内需市场，就是要扩大居民消费。因为中国是一个有 14 亿人的大市场，要在开辟国内市场上下大功夫，以国内大循环为主体。

二是要形成国内国际双循环相互促进的格局，不能放弃国际市场。因为中国是全球制造中心，全球制造中心不可能短期迁移，所以要在双循环模式下进行认真的思考和布局。要构筑"两栖"企业：一方面要立足于国内市场，另一方面要积极开拓国际市场。尤其是欧洲一些国家目前已在复工复产，美国下一步也要复工复产，在它们修复产业链的过程中，中国企业要抢占先机。在疫情的下半场，我国企业要打好国际复工复产之仗，在修复产业链等情况下抓住和创造机会。

第二，用好政策，在"两新一重"中寻找商机。

李克强总理在两会中宣布了一系列政策之后，大家都非常激动。政府工作报告当中提出的规模性政策资金有 6 万亿元，"两新一重"（"两新一重"就是新型基础设施建设、新型城镇化建设和交通、水利等重大工程建设）的重点投资资金有 2 万亿元，共 8 万亿元。根据乘数原理，这 8 万亿元可带动更多投资，所以这 8 万亿元不简单。李克强总理也表示，我们在资金上还有余量，将会适时拉动经济。同时国家也配套了很多政策，过去一段时间，很多中小微企业能活下来，减税、降息等政策起了很大的作用。因此，企业要积极用好这些政策，在国家拉动内需和扩大消费的过程中，抓住属于自己的一些商机。这时候企业不能只看到困难，而要以积极的心态看待这些机会，要认真研究政策，找到各级政府给企业提供的机会。

第三，调整创新，发展"四新经济"，用创新带来新动力。

什么是"四新经济"呢？就是新模式、新业态、新技术、新产品的经济形态。"四新经济"已经融入我们的生活当中。企业要解决当前面临的问题还要靠创新，创新不仅是基础创新，也包括模式的、业态的创新。疫情期间，很多企业都开拓了线上业务，比如北京很多饭馆当时面临着顾客无法上门的困境，那怎么办呢？有的选择做外卖，效果非常好。教育、办公、会议等也都开始线上化了。数字化经济其实就是技术、业态的创新，大家对创新的认识往往局限于技术创新，其实业态的创新也非常重要，这些创新也会给我们提供动力。

第四，锐意改革，保护企业家，弘扬企业家精神，提高经济及企业活力。

关于改革，国家近期出台了不少文件。国务院国资委《中央企业控股上市公司实施股权激励工作指引》令人振奋，股权激励授予价值控制在薪酬总水平的 40% 以内，但对股权激励行权收益不再进行控制。该政策非常好，非常市场化，大家对此盼望已久。前面也提到，《中共中央 国务院关于新时代加快完善社会主义市场经济体制的意见》中提出，对混合所有制企业，探索有别于国有独资、全资企业的治理机制和监管制度；对国有资本不再绝对控股的混合所有制企业，探索实施更加灵活高效的监管制度。《海南自由贸易港建设总体方案》也已出台，涉及的政策非常激动人心。越是困难的时候越要改革，也往往是改革的好机会，国有企业、民营企业都要深化改革，用改革取得活力，激活我们的微观主体。

企业家精神是战胜疫情、发展经济重要的领导力量。此时此刻也是企业家报国立功的时候，大家要带领全体企业职工，克服重重困难。抗疫的上半场是政府领导企业，下半场应该是企业家带领企业克服重重困难，振兴中国经济。我常想，我对中国的企业和经济发展充满信心，最大的信心源自什么？最大的信心源自我们有一大批企业家，他们除了创新、坚守、担当，还有特别能战斗等特质。任正非面对美国的多方制裁，依旧能战斗，董明珠也是特别能战斗的一位企业家。我常讲，中国需要企业家，我们可能有成千上万名企业家，这个时候，企业家精神是非常重要的力量，要发挥好企业家精神的作用，在企业家的带领下，全体企业共同努力，开创经济发展新局面，对此我充满信心。我国有逾 4000 家 A 股上市公司，这是磅礴的力量，这个特殊时刻，中国企业和企业家要为国家立新功。我也相信在疫情、危机之后，中国企业、中国经济会创造新的奇迹，风雨之后一定会出现彩虹。

08 ◎ 保市场主体，稳经济基本盘[1]

近期召开的国务院常务会议上提出要保市场主体，稳住经济基本盘。这非常重要，因为在我国按照公司法[2]注册的公司有3000多万家，个体工商户7000多万家，加起来有约1.1亿个经济主体，这1.1亿个经济主体是就业的支撑盘，保住市场主体也就保住了就业。

"六稳""六保"的核心问题就是保市场主体。在整个市场主体里面，我不太担心大企业，也不太担心上市公司，最担心的就是中小微企业和外贸企业，因为这些企业在疫情中遭受的损失比较大，而且现在看来压力还是很大的。所以如何帮助它们解难纾困是非常重要的问题，也就是我们要保住的市场主体主要是指中小微企业。

继续加大减税降费和降息的力度

减税降费等政策其实已经实施了几年。2018年我国减税降费约1.3万亿元，2019年约2.36万亿元，2020年按照政府工作报告准备降2.5万亿元，如果加上金融系统准备让利给企业的1.5万亿元，2020年减税降费降息规模约为4万亿元。这些让利对中小微企业来讲特别重要，现在要扎扎实实落实、真真正正地把资金用于中小微企业和外贸企业，为它们减负，让它们渡过这个难关。

此外，大企业、上市公司也要在产业链、资金链方面支持中小微企业、外贸企业。这是非常重要的一点，必须要落实这些政策。

---

① 2020年7月9日，作者受邀线上参加中国发展高层论坛"CDF TALK"并做主题演讲。
② 《中华人民共和国公司法》，本书中简称公司法。

扩大内需，增加居民消费，创造良好的市场环境

这段时间，我国企业复工复产、复商复市的速度非常快，效果也非常好。从长远来看，我国经济下行压力大，这是一个必须重视的问题，对此，要加大对"两新一重"的投资，就是对新基建、新型城镇化建设和交通、水利等重大工程建设的投资。根据乘数原理，经济建设会拉动内需。

目前，规模性政策资金释放了 6 万亿元，"两新一重"有 2 万亿元的投资资金，加起来就有 8 万亿元，这 8 万亿元是个不小的盘子，有了这个盘子就会拉动市场，同时各地复商复市、增加居民消费，正好也给企业创造了良好的环境。

内需和消费这两点是企业和市场的基础，所以在这些方面还得下大功夫，为企业的发展创造良好的环境。

加大改革和创新转型的力度

改革为企业增加活力，创新为企业增加动力。这个困难时刻，其实也是倒逼改革的非常好的时机。

最近一段时间，一连串的改革政策接连出台。从资本市场来看，创业板注册制改革、新证券法正式实施，此外，海南自由贸易港政策出台，这些都是利好消息。对于国有企业来讲，国企改革三年行动也在紧锣密鼓地推动着。《中共中央国务院关于新时代加快完善社会主义市场经济体制的意见》出台，提出在混改方面，把充分竞争领域的混合所有制企业和全资、独资的国有企业的治理体制和监管体制区别开来，尤其对于充分竞争领域里非绝对控股的混合所有制企业，要实行更加灵活的治理政策。过去大家一直希望能够在政策上将混合所有制企业区别于全资和独资的国有企业，应该说这个文件给我们指明了方向。同时，国务院国资委《关于进一步做好中央企业控股上市公司股权激励工作有关事项的通知》里面，又明确了股权激励的兑现。这些改革的措施实际上就是要调动管理层、技术骨干、广大员工的积极性，这个时候我们需要大家的活力。

再有一点就是创新。这几年中国的企业在数字化转型方面做得还是比较超前的，所以在我们抗击新冠疫情、复工复产的过程中，线上业务的开展起到了

带头的作用。

大家可能都关注到了，我国的新冠疫苗研发进展得非常顺利，非常振奋人心。我过去做过国药集团的董事长，中国生物技术股份有限公司就是国药集团的成员企业，也是我当年在国药集团推动它们重组的。中国生物有六个研究所，这次参与灭活疫苗研发的是北京所和武汉所。在过去，研发一种疫苗有时候真的需要好几年时间，但是新冠灭活疫苗只用了 90 多天就研发出来了，迅速进入一期、二期临床试验。

通过这两个例子可以看到，创新对我们多么重要。下一步，我们还是要大力推进创新转型。尤其对一些"卡脖子"技术，企业还要下大功夫，要加大实验室的投入，建立起完整的、自主的创新体系，使技术能够配套，避免被"卡脖子"，这也是现阶段非常重要的。

▲ 在国药集团中国生物武汉所调研

在新的格局下充分调整企业的战略

我们要充分利用以国内大循环为主体、国内国际双循环相互促进的新格局。因为疫情加剧了国际逆全球化、贸易保护主义思潮的蔓延。后疫情时代，国际化、全球化模式会发生变化，我们也不能总是想恢复原来的那种"大进大出、两头在外"的模式。企业这个时候要做一些调整。一方面，要充分发挥中国大市场这个大循环的作用，深耕国内的大市场。尤其是一些外贸企业现在非常困难，出口转内销、开发国内市场就非常重要。另一方面，我们也不要放弃国际市场，因为我国是全球制造中心，这个地位我们应该保持和巩固。我们要着力发展中高端制造业，从中低端向中高端转型。我们要看到在"一带一路"沿线国家、日韩等国，我们的国际市场还是很大的。所以在以国内大循环为主体的同时，我们还是要重视国内国际的双循环，形成相互促进的格局。

我以前经常讲，中国建材这个企业，如果要看它的制造业基本上是本土化的，像水泥、玻璃基本不出口。但是如果看它的成套装备和技术，是覆盖全球的，在全球同类产品市场占有率达到65%，这是很难做到的。所以在贸易保护主义比较严重的时候，我们的产品还能够直达客户。

过去中国是世界工厂，今后我们也要加快在全世界建设中国的工厂，也就是说从"产品走出去"逐渐转向"企业走出去"。我们的企业今后要成为"两栖"企业，内需的大市场要做好，国际市场、融入全球产业链也要做好。

09 ◎ 当前局势剖析与企业家应对策略[①]

新冠疫情发生以来，我们共同度过了一段艰难的时期。在经济恢复过程中，企业家应充分认识宏观和微观方面我国面临的主要问题，树立信心，迎难而上，制定对策，把握新机。

▲ 参加中国人民大学商学院新局与新机——对话知名企业家系列活动

我国经济恢复符合预期，发展稳中向好

在党中央的坚强领导下，全国上下共同努力，经过科学统筹的疫情常态化

---

① 2020年7月30日，作者应邀参加中国人民大学商学院新局与新机——对话知名企业家系列活动并做主题演讲。

防控，生产生活秩序逐步恢复，经济发展呈现稳中向好的趋势。2020 年二季度国内生产总值由负转正，同比增长了 3.2%，上半年国内生产总值虽然整体下降 1.6%，但在全球主要经济体中还是最好的，显示了我国经济强大的韧性和抗风险能力。

虽然我国经济仍然处在恢复期，但我国经济对世界经济增长的贡献，在全球主要经济体里仍然是最大的。一些国际经济组织判断，2020 年我国对全球经济增长的贡献率可能达 30% 左右，2021 年可能会超过 50%。2020 年 7 月，世界银行发布了中国经济简报《砥砺前行：应对新冠肺炎疫情影响推进中国改革议程》，报告预测，2020 年中国经济增速将放缓至 1.6%，为 1976 年以来的最低增速，不过预测 2021 年将回升到 7.9%，7.9% 的增速将是 2012 年"破 8"以来的新高。

从实际情况来看，我国经济总体稳中向好，这样的局面与两点有关：一是党和政府正确的领导，这是我们战胜一切的基础和力量源泉；二是企业家的艰苦奋斗，大家共同迎难而上，才能有今天这样的成绩。

我国面临的主要问题

现在谈得比较多的是保市场主体和稳经济基本面。"六稳""六保"的核心是保市场主体，保住市场主体才能稳住经济基本面。

◆ 宏观方面我国面临的问题

第一，全球疫情不断蔓延，未来一段时间仍然存在不确定性。7 月 29 日世界卫生组织发布的疫情报告显示，全球新冠肺炎确诊病例达 1655 万例，死亡病例达 65 万例，单日新增病例超过 20 万例。美洲地区仍然是确诊病例最多的地区。不过也有好消息，疫苗的曙光已经出现。我国现在有多个新冠疫苗获批进入临床研究，我以前工作过的国药集团旗下的中国生物北京所和武汉所的灭活疫苗都已经进入临床三期试验。只有快速推出疫苗，才能阻断新冠疫情传播。

第二，国际关系的不确定性。正如习近平总书记 7 月 28 日在亚洲基础设施投资银行第五届理事会年会视频会议开幕式上讲到的，和平与发展仍然是我们这个时代的主题，中国始终支持多边主义、践行多边主义。这些话使我们增强了信心，让我们心里更有底了。关于中美关系的看法有很多，比如脱钩。我们还得按照习近平总书记提出的"唯有相互支持、团结合作才是战胜危机的人间正道。解决经济全球化进程中出现的矛盾，各国应该努力形成更加包容的全球治理、更加有效的多边机制、更加积极的区域合作"[1]，努力做好。这才是大家要共同践行的人间正道，才能解决共同面临的问题。

第三，我国经济转型的压力。 近年来，我国经济下行压力持续加大，又遭遇全球范围的新冠疫情、中美贸易摩擦等冲击，压力可谓是空前的。但好消息是疫情加快了经济转型，包括数字化转型、经济结构调整等，正如世界银行所评价的，疫情使得中国经济更快转型，使得中国经济增加了包容性。

◆ 微观方面我国面临的问题

从微观上来讲，中小微企业和外贸企业面临着很大的困难，在疫情中，受冲击最大的就是这部分企业。疫情下，中央企业、上市公司等大企业虽然也都受到了冲击，但我最担心的是中小微企业、外贸企业。中小微企业底子不厚、规模不大，占比又较高，外贸企业受疫情影响时间长，所以从微观来讲，这些企业所面临的困难是最大的，危机是最严重的。

育新机，开新局

习近平总书记讲"在危机中育新机，于变局中开新局"。越是在困难的时刻，企业和企业家越要迎难而上。

第一，在"六稳""六保"政策中育新机。 这是疫情下政府政策的主基调。核心是保市场主体，稳经济的基本盘。2020 年政府工作报告中提到减税降费规模超 2.5 万亿元，降息方面金融系统向实体经济让利 1.5 万亿元，给了企业很大的空间。同时政府、国有企业也在减租，支持中小微企业。企业要充分把握

---

[1] 《习近平在亚洲基础设施投资银行第五届理事会年会视频会议开幕式上致辞》，http://www.gov.cn/xinwen/2020-07/28/content_5530696.htm。

这些政策机遇，缓解资金压力，调整资本结构。

第二，靠拉动内需和扩大消费来育新机。经济上有压力，就得拉动内需。拉动内需靠的是"两新一重"，这方面政府出台了大量配套政策。2020 年规模性政策资金有近 6 万亿元，"两新一重"的重点投资资金有 2 万亿元，共约 8 万亿元。7 月 8 日，李克强总理主持召开国务院常务会议，研究部署了 2020—2022 年重点推进的水利项目，大概有 150 项，总投资 1.29 万亿元。

关于扩大消费，疫情来了，市场压力一大，大家就不敢花钱了，再加上旅游、交通等一些聚集性服务行业暂停营业，进一步影响了居民消费。但是我最近去过几个地方，觉得整体上消费在恢复。我国有 14 亿人的大市场，消费的潜力是巨大的，随着疫情逐步被控制住，消费市场也会迅速恢复起来，企业要把握这个机会。

第三，积极应对市场变化，创新产品和服务，在相关领域开新局。疫情之中，市场创造出许多新的需求，比如口罩、消毒液、呼吸机等医疗防护用品的需求量大增。截至 2020 年 6 月，中国向全球出口口罩累计超过 1200 亿只，仅向美国出口就超过 200 亿只，同时出口超过 1.2 亿套防护服。疫情中市场需求在变化，其中也有机会。

中国建材有几个产品现在做得很好，供不应求：一个是制作疫苗瓶的玻璃，这种玻璃叫中性硼硅玻璃。现在全世界都在抢这种玻璃，美国一家企业为生产疫苗囤积了 2.5 亿个小玻璃瓶子。中国生物在北京和武汉分别建成了全球最大、产量上亿只的疫苗生产工厂。现在生产的疫苗不仅供我国使用，也支持全球各国抗疫。中国建材的这种玻璃填补了市场空白，产品供不应求，正加大生产。另一个是碳纤维，用于生产自行车。产品 3 月时卖不出去，到了 5 月时供不应求，因为疫情之后，很多欧洲人不愿意坐公共交通工具出行，开始骑自行车，于是自行车、电滑板车等产品热销。此外，现在都在推广线上教育，平板电脑等电子产品需求量大增，中国建材供应相关产品模组的深圳市国显科技有限公司抓住机会加大生产。

在市场变化的情况下，企业不能仅看到有的产品下行，也要看到有不少产品上行，应该抓住这些新的机会，开创新的局面。

第四，应对"卡脖子"要技术创新开新局。疫情之前，美国对我国大搞技术封锁，限制华为等高科技企业发展。"卡脖子"技术已成为一个大问题，但是也给我们创造了很多的机会。我国企业要加大研发力度，大力投资企业的实验室建设，进一步提升技术水平。

▲ 作为国内面板龙头，京东方又在新一代屏幕显示技术上实现了突破

前几天我到京东方调研，京东方是做液晶显示屏的公司。过去我国一直是"缺芯少屏"，就是缺芯片、少液晶显示屏。过去的电视机用的是 CRT 显示器，也就是彩色电子显像管，后来日本和韩国推出液晶显示屏。最开始液晶显示屏很贵，因为当时是日本、韩国企业垄断市场，我国长期忍受"少屏"之痛。怎么破解这个难题呢？京东方上市之后，2003 年瞄准机会，收购了受亚洲金融危机影响的韩国现代的三条 TFT-LCD（薄膜晶体管液晶显示器）生产线，并派了 120 名技术人员到这三条生产线学习，随后在国内建了第一条 5 代线。通过收购和不断消化吸收再创新，形成了现在生产 10.5 代液晶显示屏的能力。现在全球液晶显示屏 55% 的产能都在中国，其中近一半在京东方，而且都是高世代线、7 代线、8 代线、8.5 代线、10 代线和 10.5 代线全部量产。过去我们长期被困扰的局面扭转了。在液晶玻璃方面，中国建材也打破了垄断，过去液晶显

示屏的玻璃是被美国和日本的公司垄断的，现在中国建材推出了 8.5 代的显示玻璃和 0.12 毫米厚度的超薄玻璃来配套我国的液晶显示屏生产。大家的手机、iPad、电脑和电视机等，无论是电子玻璃还是液晶的整个模组都是我国自产、自主创新的，而且供应全世界。液晶显示屏的例子说明，只要我们努力，一定能够过"卡脖子"这一关。解决"卡脖子"技术的同时，又能推动一大批新的企业发展，像京东方今年上半年的经营情况就非常好，在北京的企业里排在前列。

经济恢复期给企业的对策建议

我做企业 40 年，做大型企业领导者 35 年，做中央企业领导者 18 年，其中还有 5 年同时做两家中央企业的董事长，和超过 1600 家民营企业合资合作过，目前所在的中国上市公司协会的成员中有 2/3 是民营企业，1/3 是国有企业，所以对各类企业都很有感情。在疫情期间，我利用过去的经验给大家出些主意。

◆ 树立信心，沉着应战

这些年中国企业成功应对了"非典"、金融危机等不少危机，不时有外国媒体说中国经济要崩溃了，但我们不但没有崩溃，反而越来越坚强。这一次我们遇到了更大的困难，"温故而知新"，相信我们也能够过这一关。

我在困难的时候常讲一句话，"信心比黄金更重要"。所有的困难都要靠人来克服，我们必须积极主动地去克服困难，争取早点走出困境，要在"危"中看到"机"，要增强信心。

我们做事业需要智商、情商。什么是智商？智商就是辩证分析问题的能力，就像面对魔方时不能只看一面，应该看到六面。要看到问题的全部，才能够找到解决问题的方法。什么是情商呢？情商就是理解别人的能力。但是只有智商和情商还不够，还需要逆商。什么是逆商？逆商就是遇到危机时处理困难、超越困难的能力，这往往更重要。做企业哪有不遇到困难的？任正非、马化腾等国内知名企业家都遇到过非常大的困难。遇到困难怎么办？就需要我们有逆商。毛主席讲过，在战略上藐视敌人，在战术上重视敌人，战略上藐视就是要站得高、看得远，战术上重视就是要认认真真去做事，这些哲学思想都非常重要。

在艰难的情况下，大家要熬得住，还得活下来，早复原，再出发。现在对于很多企业来讲，已经到了早复原、再出发的阶段了。

◆ 稳健经营，强化管理

2020 年年初新冠疫情暴发前，我在正和岛做了一场演讲，讲 2020 年要做正确的事，但此刻我想讲，企业不光要做正确的事，还要正确地做事，不光要经营好，还要管理好，必须要经营、管理两手抓，两方面工作都要做好。

第一，立足于"早细精实"。

早谋划、早下手、早复工复产、早复商复市，都要突出"早"字；细化目标，把工作做细、管理做细；要精心组织，精益生产；重落实和实效，扎扎实实，埋头苦干。

最近我去了宁波，到雅戈尔、奥克斯等几家上市公司进行调研，了解情况后，我很感慨。2020 年上半年，宁波的外商投资和对外贸易比 2019 年同期都有所增加，远远高过全国的平均水平。关键是对美贸易有所增加，过去宁波对美贸易约占整个贸易额的 24%，因为中美贸易摩擦降到 21%，最近因为医疗防护用品出口增多又回到了 24%，这个成绩来之不易，主要原因包括以下几点。一是有良好的政商关系。企业家汇报工作时，政府相关部门的负责人认真倾听并现场解决有关问题，好的政商关系不只是要和和气气，关键是要为企业解决实际的问题。二是民营企业和企业家精神发挥了很大的作用。有一家企业比竞争者早行动了 5 天，现在市场订单几乎都是它的。确实，如果产业链上需要某个产品，只有你能生产供应，那客户自然就跑到你这儿来了。三是"危中抢机"。2 月宁波一些企业就一边抗疫，一边复工复产。其实这是个艰难的选择：早复产，出了问题怎么办？而如果只顾防疫不复产，会严重影响经济发展，所以两者之间需要平衡。

第二，继续"四个紧盯"。

一要紧盯疫情。虽然疫情防控取得了阶段性胜利，但是企业不能放松。企业只有盯住疫情，才能够安全生产。疫情的发展还是比较复杂的，全世界只要有一个地方还有大规模疫情，我们就很难独善其身。疫情随时可能卷土重来，必须有这个风险意识。

二要紧盯市场。做企业没有订单一切都无从谈起，所以要盯订单、盯市场，根据市场需要妥善安排好各项生产经营工作。

三要紧盯产业链。现在尤其要照顾中小微企业，国有企业要照顾民营企业，上市公司要照顾非上市公司。产业链上大家是命运共同体，要共渡难关，正如大河小河都是连通的，没有谁都不行。

四要紧盯资金链。企业资金一旦出问题，可能很快就倒下，因此要通过各种方式确保资金链的安全。

第三，做好"一稳二保三重组"。

"稳"就是稳市场和主业；"保"就是保现金流、保员工就业；"重组"就是万一活不下去了，要多重组、少破产。每次大的经济危机发生的时候都有大规模的重组，大家一起抱团取暖。企业经营，一方面要出奇制胜，另一方面要能够守正创新，能够守住不出错的底线，这也是很关键的一招。尤其是经济下行的时候千万不能出错，平时出点错我们能够对付，但这时出错就很麻烦，因为这就像在汹涌的波涛里航行、在泥沼里行车，方向万一出了问题就可能出不来了。这个时候大家要睁大眼睛，不能出错或者尽量做到少出错。

第四，大力推进"三精管理"。

"三精管理"是我在中国建材提倡的，指的是组织精健化、管理精细化、经营精益化。无论在组织上、管理上还是经营上都突出一个"精"字，要不停地"剪枝"来确保企业的经济效益和稳健成长。

总的来说，面对疫情的压力，企业要稳健经营、强化管理，要俯下身子做好管理，要突出主业做精专业，要量力而行、量入而出。

◆ 创新转型，强化线上业务

得益于这几年大数据和互联网的发展，整个疫情期间，不管是抗疫还是复工复产，数字业务和线上业务起了非常大的支撑作用。可以说，我国在数字革命中扭转了形势，数字化走在了全球前沿。但这个时刻，美国、欧洲国家也都在赶超，所以我国还是要加快数字化普及的步伐。

中国建材在泰安新建的水泥厂只需要 50 多人三班倒，连中央控制室都没有了，全部智能化，而过去一个水泥厂多则需要 2000 人，少则需要二三百人。我国企业在数字化、智能化方面发挥了优势。当然，创新不只包括数字化，也包括新材料、基因工程等很多方面。我们要做好创新方面的"四个结合"。

第一，自主创新和集成创新相结合。

我国解决"少屏"问题就是运用了自主创新和集成创新相结合的方式，既有自己的成果，也有合作的成绩。现在我国正在全力攻"芯"，如中芯国际等企业都在大力发展有关技术，攻"芯"可以采取自主创新和集成创新相结合的方式。

第二，持续性创新和颠覆性创新相结合。

比如北汽集团的汽油车是持续性创新的成果，新能源汽车是颠覆性创新的成果，两种创新相结合，很有意思。

第三，高科技创新和中科技、低科技创新相结合。

不要一提创新就觉得是高科技，中科技、低科技也可以创新。如中国建材构建起新材料、水泥、工程技术服务"三足鼎立"的业务格局。在新材料方面，中国建材有全国最好的碳纤维，这也是打破国外垄断的技术成果，航天、航空都需要高档碳纤维，过去我国做不了，现在中国建材做出来了。同时中国建材也做传统的水泥，是全球的水泥大王，我国一年需要 23 亿吨水泥。所以不能只重视高科技创新，也要重视低科技、中科技创新和高科技创新相结合。

▲ 中复神鹰 T1000 级碳纤维生产线

第四，科技创新和商业模式创新相结合。

我们既要搞科技创新，也要搞商业模式创新。中国在商业模式创新方面也走在了前边，如果在美国要讲线上业务、商业模式创新的案例，没有中国公司的案例几乎没法讲。

◆ 立足国内循环，发展国内国际双循环

第一，建设国内市场，培育国产品牌。

我国有 14 亿人的大市场，其中 4 亿人属于中产阶层，我国企业具有得天独厚的超大规模市场优势。我们要珍惜国内市场，要建设国内市场，培育国产品牌。要提振国内市场，就要系统地去考虑，包括质量、成本、服务等各方面，尤其是品牌。改革开放后，我国实现了以代工方式发展制造业，应该说今天我国产品的质量和服务已经非常有竞争力，很多国外品牌都是"中国制造"，但由于我们过去缺乏打造民族品牌的意识，挣到的都是辛苦钱，下一步要好好去做品牌。

第二，发展国内国际双循环。

以国内大循环为主体，但不能忘了国内国际双循环。中国经济对外贸依存度还是比较高的，中美贸易交易额每年有 5000 多亿美元，我们不能自我封闭起来，而是要把国内国际双循环做好。在这个方面，一是要调整产品结构，从中低端向中高端转变。二是要调整市场布局。对于欧洲、日韩等发达经济体，我们希望能够巩固住出口基本盘，同时在"一带一路"沿线国家争取打造更多新的增长极。三是要构建"两栖"企业，成为进可攻退可守、既国内又国外的"双打冠军"。我主张大企业成为跨国公司，小企业成为隐形冠军，发扬"悍马精神"。"悍马精神"是指用顽强的精神开拓全球市场，温州企业家、宁波企业家就是"悍马精神"的杰出代表，把本土产品推到全世界。

◆ 加大改革力度，弘扬企业家精神

困难的时候需要改革，往往也是改革的好时机。6 月 30 日，习近平总书记在中央全面深化改革委员会第十四次会议上强调，"必须发挥好改革的突破和先

导作用，依靠改革应对变局、开拓新局"①。

国有企业需要改革，其实民营企业也需要改革。2019 年出台的"民企新28 条"中第 14 条专门讲到民营企业也要改革。民营企业改什么？就是规范化。国有企业改什么？就是市场化。各类企业都需要改革。刘鹤副总理在第十二届陆家嘴论坛上提出，资本市场的改革工作和方向就是"建制度、不干预、零容忍"以及"市场化、法治化"。此外，创业板注册制改革也在稳步推进，这些都非常重要。

7 月 21 日，习近平总书记主持召开了企业家座谈会，提出要打造市场化、法治化、国际化（"三化"）营商环境，"三化"也是企业和其他各类市场主体改革的重要方向。企业家精神是推动企业改革的原动力，这次座谈会上习近平总书记也专门讲到了弘扬企业家精神②。新时代的企业家精神至少包含五方面内容：一是爱国情怀，二是勇于创新，三是诚信守法，四是社会责任，五是国际视野。企业家要牢记以上几点，争取成为优秀的企业家。

最后跟大家分享三句话：一是稳健中求进步。这是李嘉诚退休时在给员工的信里讲到的。不稳健就容易跌倒，跌倒后不知道还能不能爬起来；光稳健不进步也不行，所以企业要在稳健中求进步。二是发展中求质量。现在我国经济从高速增长阶段进入高质量发展阶段，不能只满足于造出产品，而要把产品做到最好，不能只求速度和规模，还要求质量和效益。三是变革中求创新。全球正经历新一轮科技和产业革命，互联网、大数据、基因工程、新材料等领域的创新层出不穷，我们要抢抓发展机遇，求新求变，筑牢企业核心竞争力的基石，努力实现赶超。

---

① 《习近平主持召开中央全面深化改革委员会第十四次会议强调：依靠改革应对变局开拓新局 扭住关键鼓励探索突出实效》，2020 年 6 月 30 日，http://www.gov.cn/xinwen/2020-06/30/content_5522993.htm。
② 《习近平主持召开企业家座谈会并发表重要讲话》，2020 年 7 月 21 日，http://www.gov.cn/xinwen/2020-07/21/content_5528789.htm。

10 ◎ 谈企业的"稳、保、机、局"[①]

江西，传承着红军在井冈山革命根据地奋斗的精神，也在抗击疫情、抗击洪灾、复工复产、恢复经济中表现不凡，来到江西我们可以获得智慧和力量。刚刚听说江西的企业在整个疫情过程中表现得还是很稳的，我特别高兴，因为在这个时刻我们的企业需要稳住，需要用平常心面对目前的困难。

信心比黄金更重要

2019 年年底，我在广州参加正和岛新年论坛的时候，有专家说 2020 年将有四只"黑天鹅"向我们飞来。当时我跟大家讲，不管怎么样，我们要做好自己的事。2020 年确确实实有一只"黑天鹅"向我们飞来，它就是新冠疫情。过去 8 个月我们都经历了疫情的考验，过程实属不易，如今我们能够复工复产、经济恢复到现在这个水平，真的很了不起。

2020 年在全球主要经济体里面，中国对世界经济增长的贡献是巨大的。中国经济的增长极大地支持了困难中全球经济的增长。从这一点来看，我们应该为自己取得的成绩而自豪。

同时，我们也要看到困难。从宏观上来讲，现在有三大困难：一是国际经济形势，尤其是美国从各方面打压我们，带给我们不少的困难；二是疫情还在蔓延，在很多国家出现了反弹；三是疫情并没有结束，极大地影响着经济的恢复，我国也仍然处在经济恢复期，我们依然面临很多不确定性、困难

---

① 2020 年 8 月 10 日，正和岛（江西）创变者年会在江西南昌举行，作者在开幕式论坛上做了主题分享。

和挑战。

从微观上来讲，中小微企业和外贸企业抵御风险的能力不是很强，遇到了巨大的困难，包括市场困难、资金困难和职工就业困难。这些困难困扰着我们。在这个时刻，党中央出台了许多的政策，大企业、小企业要携起手来，国有企业、民营企业要携起手来，共渡难关。

我曾经在中央企业"带兵打仗"，从 2019 年年底开始服务于上市公司和企业的改革，这一段时间我主要在线上给大家出谋划策，和大家探讨怎么能够渡过难关。疫情初期，我和大家讲"黑天鹅"来袭时，就是考验我们的四种力：应对力、抗压力、复原力、免疫力。复工复产早期，我讲了要坚持"早细精实""四个紧盯"，后来讲了"一稳二保三重组"和"少出错"，在整个恢复经济的过程中，要按照这些想法做企业，扎扎实实地经营企业。

我们现在既要看到成绩又要看到困难，关键是要增强我们的信心，信心比黄金更重要，关键时刻不能放弃，每个企业家之所以成为企业家，就是因为有这种不怕牺牲、不言放弃的精神。

渡过难关重要的是"稳"和"保"

从眼前的困难来看，我们该怎么做？党中央讲"六稳""六保"，主要是稳经济基本盘，保市场主体。目前，我国注册公司有 3000 多万家，个体工商户有 8000 多万个，共有约 1.23 亿个市场主体。其中绝大多数是中小微企业，而中小微企业又提供广泛的就业，所以我们要帮助中小微企业渡过难关，才能够保住市场主体，才可以稳住经济基本盘。从企业来看，当下的重要工作就是能够熬得住、活下来、早复苏、再出发。

"稳"就是稳市场、稳客户、稳订单、稳产业链，其中稳市场是非常重要的，因为企业没有市场就没有客户，这是不可想象的。"保"就是保企业主营业务和核心竞争力，保资金链和员工就业。主营业务每个企业都有，要保住企业的核心主营业务；保住核心竞争力，是指保住经营骨干、业务骨干，他们是企业的核心竞争力；保资金链不断，资金链断了，企业分分钟就倒下；保员工就业，企业尽量不裁员，和员工共渡难关。

着眼未来，我们要育新机、开新局。育新机需要从以下四个方面入手。

第一，在政策中育新机。一方面是获得国家的财政金融政策的支持，国家在减费降税、减租降息方面对企业会有 4 万亿元的支持；另一方面是抓住国家在扩大内需、"两新一重"方面释放的约 8 万亿元投资资金，在政策中抓住机会。

第二，在市场中育新机。疫情使市场发生了很大变化，有一些产品滞销，但是也有一些产品供不应求，此时企业就要快速转变，随市场的变化而变化，在市场中培育新的机会。2020 年上半年，江西省出口贸易增长了 25%，名列全国第一，就是因为抓住了市场里的机会，我觉得这一点非常重要。

第三，在经营中育新机。企业的机会就是在变化中制定战略，调整目标。经营其实就是抉择，是战略的抉择。

第四，在管理中育新机。在疫情中，我发现管理得好的公司免疫力就强，下一步企业还是要加强管理。具体来讲就是进行"三精管理"——组织精健化、管理精细化、经营精益化。

开新局也需要从以下四个方面入手。

第一，在创新中开新局。创新是我们工作的重中之重。在数字化创新方面，我国企业在电商、移动支付等领域走在了前面，现在在产业的数字化领域也要再进一步。

第二，在改革开放中开新局。越是困难的时候越是改革的好机会。一方面，国有企业需要改革，民营企业也需要改革。国有企业和民营企业互相学习，国有企业学习民营企业的市场精神、企业家精神和拼搏精神，民营企业向国有企业学习团队建设和规范管理，只有互相学习，携起手来才可以把经济发展好。国有企业和民营企业的关系像水和茶，混在一起就是一杯好的茶水，没有必要再分谁是水，谁是茶。另一方面，最近有很多新的开放政策出台，包括海南自由贸易港的建设、金融开放政策等。在美国等国家搞逆全球化、贸易保护的时候，我们的对策是加大开放，用我们的开放，用中国广阔的市场来平抑逆全球化，这个时候不能把门关上，而应该把门打开。

第三，在经济转型中开新局。新能源汽车对汽油车来讲就是转型，全球的汽油车保有量约 14 亿辆，现在全球新能源汽车不超过 2000 万辆，每年新增约

200万辆。最近恒大造新能源汽车成为一个热点，前几天我去北汽集团调研，它的新能源汽车做得非常之好。从各家企业的发展势头来看，我觉得这场转型已经开始。在转型的时候企业要抓住关键时刻去开新局。

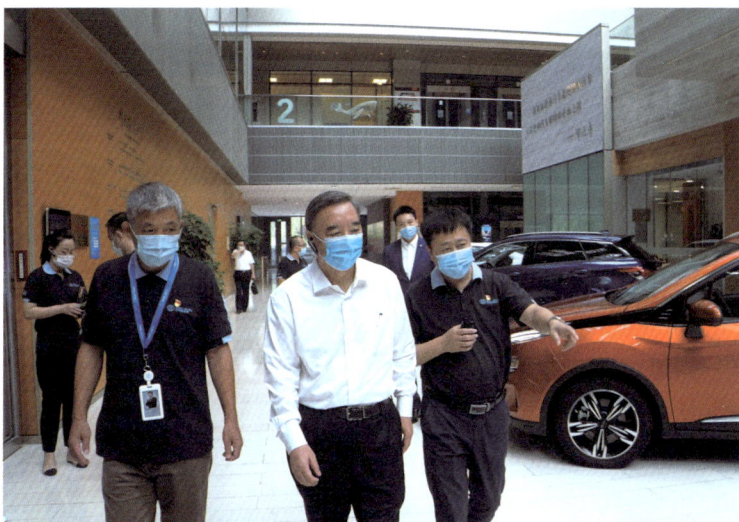

▲ 参观北汽蓝谷新能源汽车让我十分兴奋

第四，在以国内大循环为主体、国内国际双循环相互促进的格局里开新局。在国内市场方面，要扩大消费，同时要提高人民的生活水平，增加社会保障，让大家敢消费。同时，还要提高国内的产品档次，过去我们是先把好产品出口，以后我们也应该考虑把最好的产品留在国内销售。我们还要加强品牌建设。

在国际循环方面，以下两点至关重要。一是不能放弃以制造业为中心的格局，但是要调整结构，减少中低端产品的生产，多做中高端产品。二是全球化的格局在变化，我们要适应这场变化，同时要根据区域化的变化来进行企业的全球布局，从"产品走出去""大进大出、两头在外"，到"企业走出去"，在全球市场进行综合布局。

敢于拼搏、敢于牺牲、敢于胜利

2020 年 7 月 21 日，习近平总书记在企业家座谈会上发表了重要讲话，鼓励全国企业家，这让大家深受鼓舞。他提出要弘扬企业家精神，在爱国、创新、诚信、社会责任和国际视野等方面要求企业家不断提升自己，成为构建新格局的生力军。习近平总书记对企业家有殷切期望。在这个时刻，我觉得最重要的就是弘扬企业家精神。

中国企业家有两点特别重要的特质：一是特别能战斗；二是有家国情怀。

最后我还想说，江西是重要的革命老区，是共和国的摇篮，孕育了井冈山精神和长征精神，就是敢于拼搏、敢于牺牲、敢于胜利的精神。这恰恰是我们企业家所需要的精神。今天我们更需要把这种精神转化为新时代的企业家精神，克服困难，迎接新的胜利！

11 ◎ 后疫情时代，世界水泥产业重塑新格局[①]

自 2017 年 12 月世界水泥协会成立，我们已相携相扶走过了 3 年。2020 年是世界经济特殊的一年，也是充满考验的一年。新冠疫情的冲击，带来世界经济格局的动荡，水泥行业也在变化中寻求新的平衡和新的方向。

疫情下的水泥行业发展

自 2020 年年初以来，新冠疫情已经在全球范围内持续传播了近 1 年，对经济造成了巨大冲击，国际货币基金组织在 10 月 13 日发布的《世界经济展望报告》中预计 2020 年全球经济将萎缩 4.4%，较 2020 年年初的预计扩大 1.4 个百分点。全球经济形势急剧变化使与经济发展节奏息息相关的水泥行业也不可避免地遭遇压力。

面对新冠疫情，中国一方面采取了果断措施控制疫情，另一方面实施了有力的财政、货币政策支持经济复苏。现在中国基本上遏制住了疫情，总体来看，已经从年初疫情带来的负面影响中恢复过来，2020 年前三季度，GDP 同比增长 0.7%，国际货币基金组织也上调 2020 年中国经济增长预期至 1.9%，预计中国将是 2020 年全球唯一实现正增长的主要经济体，成为全球经济的积极推动力。2020 年 1—10 月中国水泥产量达 19.2 亿吨，同比增长 0.4%，转负为正；实现利润 1483 亿元，同比下降 1.58%。

但由于部分国家对疫情响应不够及时，或公共医疗体系欠发达，疫情影响

[①] 2020 年 12 月 10 日，作者线上参加世界水泥协会（WCA）第四届会员大会，本文根据大会致辞整理。

仍在持续，复工复产的进度参差不齐，水泥销量和营收出现了比较大的下降，考验也仍在继续。

世界水泥协会的工作

新冠疫情期间，世界水泥协会年度大会、会员论坛等常规活动无法正常举办，而会员单位面对这场前所未有的危机带来的经济下行、水泥生产的停摆，亟须互相沟通、分享经验。

世界水泥协会创新模式，采用 Zoom 在线会议系统、微信交流平台、钉钉交流平台等工具，围绕"疫情对水泥行业影响""疫情后的生活"两大主题、十余项内容，成功召开了 20 多场在线报告会，与 3500 余名企业高管、专家、协会负责人、业内人士进行直接交流；组织召开了一系列"水泥行业声音"视频对话活动、线上会员论坛活动、直播活动，探讨水泥行业时事和热门话题。世界水泥协会搭建起了一个崭新的交流互通平台体系，持续为会员提供服务，进行信息共享、形势研判，与会员企业共同应对疫情防控工作与企业发展中的问题。

疫情后的世界水泥产业新格局

新冠疫情给世界经济带来极大考验，很多产业的发展模式发生了颠覆性变革，水泥产业在这场大变局中也在考虑如何突破传统发展模式，加快重塑新格局。

◆ 与环境共存：实现生产与环境的和谐共存

世界水泥协会在成立之初就将促进水泥生产与环境的和谐共存、经济和自然的融合发展作为重要任务。2019 年的第三届世界水泥大会上也明确提出"支持水泥工业的可持续发展""关注新兴市场，代表行业未来""无论规模大小、不论来自何处，所有 WCA 会员企业均享有同等权利""为会员企业提供切实服务，帮助会员企业持续进步"四个发展主旨。

新冠疫情再次警示我们，环境在人类生存中有不可替代的重要作用，包括水泥生产在内的所有工业活动都需以与环境和谐共存为首要考虑。在抗击疫情的过程中，很多水泥企业利用水泥窑安全、稳妥、高效地完成医疗废弃物处置，杜绝病毒二次传播，在疫情防控中贡献力量。在疫情缓和后，世界水泥协会开展了会员企业工厂对标、差异分析、巡检服务，指导企业进一步通过工艺、技术、装备的创新和管理的改进降低能源消耗和污染物排放。

促进水泥生产与环境的和谐共存仍将是世界水泥协会下一步的重点工作，也是水泥工业实现长远发展的途径：一要通过技术创新、装备研发实现节能减排，在生产过程中力争更少的消耗、更低的排放；二要及时完善对生态环境的修复，加大矿山复垦，恢复矿山生态；三要充分利用生产线余热及太阳能、风能等清洁能源，进一步减轻环境负荷；四要继续推广水泥窑协同处置、二氧化碳捕捉等先进技术，做人类生活环境的清洁工。

◆ 与市场共存：倡导理性、公平竞争

突发的新冠疫情使水泥需求在短时间内大幅下降，中国 2020 年一季度水泥产量同比下降 29.5%，从 4 月起市场快速恢复，全年运行有序。

在过往多年的产能建设中，世界众多国家和地区已出现产能过剩，新冠疫情加剧了供需矛盾。目前疫情仍在很多国家蔓延，供需矛盾将不断加剧。世界水泥企业需要重塑市场竞争格局，平衡供给与需求、生产经营与市场营销。

水泥工业的发展脉搏必须融入世界发展的脉搏中。世界水泥协会是代表和维护水泥行业及其利益相关者的独立组织，未来将继续致力于推动世界水泥行业的可持续发展，实现水泥生产和环境保护的和谐共存，致力于引领世界水泥行业的价值回归，重塑市场竞争新格局。

第二部分

企业改革篇

01 ◎ 积极稳妥推进混合所有制改革 [①]

混合所有制改革不仅对于国企改革意义重大，而且对于新发展格局也有着重大深远的意义。

▲ 为国企改革鼓与呼是我的一项重要工作

[①] 2020年11月26日，"新发展格局与国有企业"学术论坛暨第20届中国国有经济发展论坛在京召开，中国社会科学院国有经济智库的部分领导、理事和学术委员，以及来自高等院校的专家学者、中央企业与地方国有企业的企业家代表参加会议。作者作为智库理事、学术委员参会并做主题演讲。

混合所有制改革的意义

为什么推进混合所有制改革？因为我国的基本经济制度是以公有制为主体、多种所有制经济共同发展。国有企业、民营企业在市场中共同发展，不可避免地在产权上互相融合。如果我们坚持"两个毫不动摇"，国有企业和民营企业就必然会融合，不可能泾渭分明。

第一，混合所有制是一个好形式。国有企业要在产业链和供应链方面发挥引领作用，国有企业和民营企业之间的关系不是简单的、可以分开的关系。

第二，发展混合所有制能发挥"1+1>2"的作用。国有企业和民营企业的混合实际上是双赢的，"国有企业的实力＋民营企业的活力＝企业的竞争力"，所以两者混合可以起到放大经济效应的作用。

第三，混合所有制是国家基本经济制度的重要实现形式。不能只从经济角度看混改，还要从制度层面看混改。国企改革这么多年，一直有一个难题，就是如何实现政企分开，让企业成为市场主体。如果做到政企分开，混合所有制改革就比较容易推进。

国企改革初期的方向是股份制改革，就是上市，上市是一种比较早的混合所有制形式，国有企业不再是全资或独资企业，而是采取由社会资本进入企业的方法推进改革。当时，企业上市之后，不光把自身推向了市场，也把市场机制引入了企业，改变了过去传统的全资和独资国有企业机制。

不仅国有企业需要改革，民营企业也需要改革，民营企业与国有企业混改，可以促进民营企业规范治理。由此看到，混合所有制改革可以提升企业整体的治理水平。混改过程中，国有企业引入了市场化机制，民营企业形成了规范化治理，所以混改是一种非常好的改革方式。

混合所有制改革要在"宜"字上下功夫

推动混合所有制改革，要遵循"宜独则独，宜控则控，宜参则参"的原则。

"宜独"主要针对公益保障类行业，这类行业以公共服务为主业，很多企业是非营利性的，如北京公交集团，这类行业没有必要让民营企业参与。20世纪 90 年代德国私有化时，把铁路、公交、自来水、发电等行业一股脑儿全私有化了，后来又有一些变化，因为很多行业不适合民营企业运营。

"宜控"主要针对国计民生主导型行业，包括中央企业的集团公司、核心企业等，可能都要采取"宜控则控"的方式进行控股。

"宜独"和"宜控"比较好推进，但"宜参"不太好把握。到底什么需要"参"？"参"了以后怎么管理？这么多年我们已经习惯"独"和"控"的管理了，"参"是需要我们思考的重要问题。但是"宜参"又特别重要，在整个国有企业发展过程中，不可能把无数小企业统统用"控"的方式收到国有企业里。现在大部分国有企业的规模很庞大，三级以下的公司还有不少，企业也要抓大放小，可以采取参股的形式混合。混合所有制也要有进有退，"进"就是对于和主体相关的企业采取控股的方式进入，如中国建材整合水泥、国药集团建立医药分销网等就需要采取控股的方式，如果不采取这种方式就不能构成主干网。但是我们也要学会"参"，抓大放小，这可以起到使国有企业瘦身健体的作用。

民营企业愿意混合，但是民营企业也有担心，怕混合以后被控制，怕失去原来的自由，这也是现实情况。混合的目的应该是让企业更加市场化，而不是让企业非市场化，这件事要好好思考。

我最近到广西建工集团调研其用参股的方式和绿地集团合作的情况，绿地集团取得广西建工集团 51% 的股权，这样的混改模式不错。广西建工集团是一家比较大的公司，为什么要让出控股权？它的说法是，这样做有利于降低公司负债率，和绿地集团混合可以结合对方的优势，因为对方有不少项目。

混合所有制改革的关键在于"改"，而不是"混"

国有企业要改机制，改为市场化机制，民营企业也要规范化治理。不仅国有企业要改，民营企业也要改，通过混合所有制改革让大家都提升治理水平。

混改的关键在于"改"。国企改革三年行动提出要继续完善三项制度改革。当前情况下要注重员工持股、管理层股票计划和超额利润分红权。员工持股政策主要针对科技型轻资产企业，在大企业中推行员工持股比较困难。上市公司要做管理层股票计划，科技公司可以推行科技分红，大量非上市公司可以推行超额利润分红权。

混合所有制改革光"混"不"合"也不行，混改的关键还在于"合"，要形成合力。民营企业找什么样的国有企业混合？我认为，首先要找一个战略上能发挥协同效应的、能够实现"1+1>2"效果的企业混合，这是非常重要的；其次要找一个有包容文化的国有企业混合，还要有一个开明的领导，这点也非常重要。对于国有企业而言，选什么样的民营企业混合？同样是要找一个战略上有协同效应的、能够理解国有企业的管控文化、能够接受国有企业规范治理的民营企业混合，这样双方才能"合"。混合所有制改革就像结婚一样，要谈好、想好后再自愿结合，不要"闪电结婚"，因为混合之后在一起过日子时间比较长，不能今天"结婚"，明天"离婚"。所以要在"合"上下功夫，深入研究到底为什么"合"，怎么"合"，想通了再"结婚"。

02 ◎ 企业改革的一场及时雨[①]

　　《中共中央 国务院关于新时代加快完善社会主义市场经济体制的意见》（本文中简称《意见》），是对新时代加快完善社会主义经济体制的目标、方向、任务和举措进行系统设计，是在更高起点、更高层次、更高目标上推进经济体制改革的行动指南。《意见》把激活微观经济活力放在重要的位置，对充分竞争领域里的国家出资企业提出新改革目标，在加大混合所有制改革方面迈出了实质性的步伐。这些锐意改革像一股春风，唤起了大家的改革热情和激情，在我国经济恢复和国际疫情复杂多变的形势下，对我国企业激发活力、抵御风险来说是一场及时雨。

激发微观主体活力

　　《意见》明确提出，毫不动摇巩固和发展公有制经济，毫不动摇鼓励、支持、引导非公有制经济发展，探索公有制多种实现形式，支持民营企业改革发展，培育更多充满活力的市场主体。《意见》从推进国有经济布局优化和结构调整、积极稳妥推进混合所有制改革、稳步推进自然垄断行业改革、营造支持非公有制经济高质量发展的制度环境四个方面进行论述，观点十分清晰，目标十分明确。

　　我国有海量的企业，按照公司法注册的公司制企业有 3000 多万家，个体工商户有 8000 多万家，也就是说，我国有超 1 亿个微观经济主体，激活这些微观经济主体的活力、激发广大企业家的精神，是我国恢复经济、战胜疫情之

[①]　本文原载于《企业观察报》2020 年 5 月 21 日。

力量所在。在党的十八大、十九大方针政策的指导下，我国的国有经济布局更加清晰，国家出资企业的改革更加深入，自然垄断行业进行了市场改革，民营企业的营商环境也得到了进一步改善。但在取得成绩的同时，我们也看到，一些改革的理论问题还需要破解，一些改革政策还不到位，企业改革的积极性还不够高，企业的干部们存在不敢改革的畏难情绪。因此，这次《意见》的发布给大家指明了方向，使大家增强了信心，必将会掀起一场改革热潮。

要激发微观主体活力，就得奔着问题来，就得抓住"牛鼻子"，消除改革的障碍和企业家的疑惑。国家出资企业要明确政企分开，让企业按着市场规律运营，真正把市场机制引入企业。而对于民营企业，则应该充分保护它们的产权，给予其在市场中公平竞争的地位。无论何种体制的企业，都要保护企业家和弘扬企业家精神，都要加快转换内部市场化经营机制，"党的领导＋企业家精神＋激励机制"是企业兴旺的法宝。

混合所有制仍是突破口

《意见》在《中共中央关于全面深化改革若干重大问题的决定》和中共中央、国务院印发的《关于深化国有企业改革的指导意见》关于混合所有制的论述的基础上，针对发展混合所有制的难点和堵点问题做出了重大改革。《意见》要求，按照完善治理、强化激励、突出主业、提高效率的要求，推进混合所有制改革，规范有序发展混合所有制经济。《意见》指出，对处于充分竞争领域的国有经济，通过资本化、证券化等方式优化国有资本配置，提高国有资本收益。对充分竞争领域的国家出资企业和国有资本运营公司出资企业，探索将部分国有股权转化为优先股，强化国有资本收益功能。这些改革举措既维护了国有资本的权益，又为企业的市场运营提供了空间，为企业真正实现政企分开创造了条件。

《意见》中明确提出，对混合所有制企业，探索有别于国有独资、全资企业的治理机制和监管制度，对国有资本不再绝对控股的混合所有制企业，探索实施更加灵活高效的监管制度。这项改革的意义极其重大，它打破了多年来国企改革的禁锢，将促进政企分开，促进企业市场化，将有利于企业参与国际竞争，将极大地释放企业活力。

长期以来，国有企业上市和混改后，只要相对控股或第一大股东并表就视同国有企业，所有监管都按全资国有企业进行，这既不符合实际情况，也阻碍市场机制进入企业，在国际竞争中也因为不满足竞争中性原则而遇到阻力。这次《意见》没有回避这个问题，而是奔着问题来，这是个牵一发而动全身的重大改革。

机制，还是机制

《意见》中对参与企业分配的要素以及混合所有制的内部机制进行了精准的论述。《意见》重申了党的十九届四中全会关于健全劳动、资本、土地、知识、技术、管理、数据等生产要素由市场评价贡献、按贡献决定报酬的机制的决定。《意见》还明确，支持符合条件的混合所有制企业建立骨干员工持股、上市公司股权激励、科技型企业股权和分红激励等中长期激励机制。这些政策将打开国家出资企业改革的最后一扇门。

何为机制？就是企业效益和经营者、骨干员工利益之间的正相关关系，有关系就有机制，没关系就没有机制。改革开放初期，我们围绕着劳动、人事和分配制度进行三项制度改革，解决的是当时普遍存在的"大锅饭"和"铁饭碗"的问题；而今天，机制改革是要让管理层和员工以他们的能力分享企业创造的财富。

何为资本？在工业时代，土地、厂房、设备和现金是资本；而在今天的高科技时代，人的知识、能力、经验这些都已成为重要的资本，理应参与分配。

机制属于公司治理范畴。市场化经营机制改革并不是国家出资企业独有的，其实民营企业也不见得都有机制，所不同的只是民营企业做机制上的安排并没有规定上的限制。《意见》中提出支持民营企业的改革发展，2019 年 12 月出台的"民企新 28 条"中也提出民营企业要推进治理规范化的改革。因而可以说，无论何种体制的企业都需要改革，都需要用改革增强企业的活力，国家出资企业改革的方向是市场化，而民营企业改革的方向是规范治理，两者共同需要做好的是企业内部机制改革。

03 ◎ 后疫时期经济发展的三个着力点[①]

2020 年经历了疫情的考验，我们取得了一系列的成绩，但仍然面临着许多困难和挑战，同时也有不少的机遇与希望。这个时候，关键是要化危为机，于变局中开新局，向改革要活力，向创新要动力。

用企业改革推动经济发展

国有企业需要改革，民营企业也需要改革，国有企业改革的方向是市场化，民营企业改革的目标是规范化。2019 年出台的"民企新 28 条"里专门讲到了民营企业的改革，使改革有了更宽泛的范围。但目前我们谈的改革主要还是国企改革。国企改革不仅激发国有企业自身活力，国有企业的发展壮大也推动形成更加公平的市场空间，给民营企业提供了更多的商业机会，带动了民营企业的发展，二者相辅相成、相得益彰。国有企业和民营企业是孪生兄弟，在价值链、供应链等各方面都是紧密相连的，一荣俱荣、一损俱损，推动混合所有制改革是国民共进的方向。

混合所有制本来是指国有资本、集体资本、非公有资本等交叉持股、相互融合，现在把国有企业与国有企业、中央企业和地方国有企业之间的混合也称为广义的混合所有制，扩大了混合所有制的范围，也就是股权多元化。产权制度的实践证明，多元化的股份制企业在规范治理和科学管理上都优于单一所有制企业。深化混合所有制改革已成为国企改革的突破口。混合所有

[①] 2020 年 9 月 25 日，中国企业改革与发展研究会联合青岛市人民政府共同举办中国企业改革 50 人论坛暨创意青岛大会，作者出席大会并做主题演讲。

制就是"国有企业的实力＋民营企业的活力＝企业的竞争力"，通过混改把市场化机制引入国有企业中，同时把国有企业的规范管理引入民营企业中，促进企业整体水平的提高。混合所有制改革要遵循"宜独则独，宜控则控，宜参则参"的原则，遵从市场规律，一切从实际出发。

混合所有制为机制改革铺平了道路。企业最重要的是如何把企业的效益和骨干、员工之间的利益建立起正相关的关系，这就是所谓的机制。如果有关系就有机制，没有关系就没有机制。要调动广大职工的积极性，就必须建立机制。改革开放初期推行三项制度改革，今天到了高科技时代，我们要通过员工持股、管理层股票计划、科技分红和超额利润分红权等方式，让人力资本参与最终的财富分配。习近平总书记在视察烟台万华① 工业园的时候讲了一段话，这段话也鼓舞着我们这些改革者。习近平总书记说："谁说国企搞不好？要搞好就一定要改革，抱残守缺不行，改革能成功，就能变成现代企业。"② 万华是怎么改革的呢？万华推行的就是员工持股、科技分红的混合所有制，产生了效益，获得了发展。

▲ 青岛啤酒百年颂雕塑

---

① 万华化学集团股份有限公司，本书中简称万华。
② 《习近平：国企一定要改革，抱残守缺不行》，2018 年 6 月 14 日，http://www.gov.cn/xinwen/2018-06/14/content_5298578.htm。

改革中要弘扬企业家精神。改革开放至今，有两点很重要：一是党和国家正确的方针政策；二是企业家和企业的努力。企业家的作用很关键，企业家是稀缺资源，可遇而不可求，所以要保护和弘扬企业家精神。青岛在保护和弘扬企业家精神方面尤其值得赞赏。"要让企业家舒服"是青岛对待企业家的态度，短短几个字让人倍感温暖，青岛也因此培育了一大批像张瑞敏这样优秀的企业家。

用创新转型带动经济发展

创新是企业发展的动力。尤其是现在，我们要用数字经济、互联网手段来推动经济的发展，同时也要大力发展硬科技，也有人称硬核科技，国家非常重视发展芯片等"卡脖子"的高科技。当然，创新不光是高科技创新，中科技、低科技、商业模式的创新也有巨大的价值。在美国，高科技创新对社会的贡献约占 1/4，中科技、低科技、商业模式的创新约占 3/4。

创新最重要的是资本的支撑。1912 年熊彼特在《经济发展理论》中讲到，资本是企业家用于创新的杠杆，要创新就要有资本，股权直接投资和资本市场的双轮驱动非常重要。过去我们都很重视世界 500 强企业，2020 年的世界 500 强企业中，中国内地及香港有 124 家，超过了美国的 121 家，再加上台湾的企业是 133 家。2020 年胡润全球独角兽排行榜中，美国有 233 家，位居全球第一，中国有 227 家，位居全球第二，两者相差 6 家，中美两国的独角兽企业数量约占全球的 80%，从全球范围看，中国和美国是两个创新大国。中国的独角兽企业主要分布在北京、上海、杭州、深圳四个城市，说明这四个城市创新和资本的结合非常活跃。

青岛要在创新方面走在前列，只关心创新还不够，还要关心资本市场。资本市场是创新的动力，是创新的杠杆。企业发展中，技术、互联网、资本，三者缺一不可。我们既要有技术，也要有互联网；技术解决核心竞争力的问题，互联网解决市场的问题。同时我们还要有资本，资本解决发展基础的问题。总之，我们要用创新转型来带动经济发展。

用"双循环"拉动经济发展

党中央提出构建以国内大循环为主体、国内国际双循环相互促进的新发展格局，既有应对国际贸易摩擦方面的考虑，也是我国经济发展的必然选择。过去我们基本是靠"两头在外、大进大出"，用外贸拉动内贸，"用市场换资本、用市场换技术"的方式发展。经济社会发展到今天，我们必须改变原有的发展方式，我国是有 14 亿人口的消费大国，自身的市场已经足够大，国内市场的自主深度开发至关重要。

企业要继续弘扬企业家精神、创新精神、工匠精神，打造质量一流的产品，同时要创造品牌。过去，我们的品牌建设有所欠缺，大街上看到的是"万国"汽车，真正的自主品牌并不多。但也有做得好的，比如家电行业基本实现了自主品牌化，酒行业也不错。下一步，我们要加大品牌打造力度，塑造有品牌的企业。习近平总书记强调，要推动中国制造向中国创造转变、中国速度向中国质量转变、中国产品向中国品牌转变 [①]。也就是说，过去我们是产品大国，今后要做品牌强国。

要构建以国内大循环为主体、国内国际双循环相互促进的新发展格局，就得重视国内市场品牌的打造，同时要提升服务水平，企业要提供最细致和最优质的服务。同时，国内国际双循环也要加强。我国是产能大国，双循环中我国全球制造中心的地位不能放弃，要从中低端迈向中高端。我国有海量的企业，有海量的产品，产品必须要继续"走出去"。今后的全球化会呈现以区域化为主的特点，如形成欧洲市场、北美市场、亚洲市场和非洲市场等，企业要适应和抓住区域化的机会。我们要想在双循环中占据有利地位，不光产品要"走出去"，企业也要"走出去"，从重视 GDP 转向重视 GNP。

这个时刻我们既要着眼未来，也要着手当下。在目前复杂的环境中，我们要增强信心，相信自己、相信直觉、相信常理、相信未来！

[①] 《习近平在河南考察时强调 深化改革发挥优势创新思路统筹兼顾 确保经济持续健康发展社会和谐稳定》，《人民日报》2014 年 5 月 11 日第 1 版。

04 ◎ 深化混改要在四个字上下功夫[①]

最近大家都非常关注国企改革三年行动，这是未来三年进一步落实国有企业改革"1+N"政策体系和顶层设计的具体施工图。混合所有制改革是国企改革三年行动的重点之一，是我们下一步在改革上下功夫的一个着力点。如何深化混合所有制改革？特别是如何积极稳妥地推进混合所有制改革？

早在党的十四届三中全会时，我国就提出了混合所有制的概念。2013 年，党的十八届三中全会报告中正式提出积极发展混合所有制经济，从那时到现在也有 7 年多了。这段时间，大家根据"1+N"方案，积极推进混合所有制改革，踏踏实实做试点，积极探索，总结经验。过去这些年，我们对混合所有制改革有了一定的经验。如何进一步深化混合所有制改革是我们今天面临的任务，也是国企改革三年行动的重要内容之一。

我在国有企业工作了 40 年，从 1979 年做到 2019 年。1994 年，我在北新建材做一把手，那时候北新建材正好是改革试点单位。到了 2014 年，我任职的两个单位——中国建材和国药集团，又都成为混合所有制的试点单位，而且是当时国务院国资委发展混合所有制经济仅有的两个试点单位。回顾更早一些的时候，北新建材从 1997 年上市起就是混合所有制企业，到现在公司上市已有近 24 年。2006 年，我在中国建材大规模推进与民营企业的混合，到 2020 年也有 14 年的时间了。

结合国企改革三年行动，我想和大家分享我对混合所有制改革的一些体

---

① 2020 年 10 月 29 日，中央企业第八届混改工作暨第六届投资研讨会在北京举行。来自国家发展和改革委员会研究机构、中央企业、地方国有企业及相关企业的 200 余名专家学者、从业人员出席此次研讨会。会上，作者做了主题演讲。

会，我觉得深化混改就要在四个字上下功夫。

在"宜"字上下功夫

混合所有制是指国有企业、集体企业和非公资本交叉持股、相互融合的所有制。混合所有制企业和其他股份公司是一样的，要符合股东共同的目标、战略，符合各个股东的要求才能混好。推动混合所有制改革，要遵循"宜独则独，宜控则控，宜参则参"的原则。

什么企业"宜独"？公共保障、公益保障类的企业，它们不以营利为主要目的，而以为社会提供服务为目的。前几年我去德国访问，和德国议会议员、交通部部长一起交流。他谈到德国 20 世纪 90 年代时一股脑儿把所有企业都私有化了，到后来发现不行，比如公交、自来水等行业的企业。现在柏林和汉堡的这些公共事业企业又收归了国有。这些企业就是"宜独则独"类的，如果单纯追求经济效益就和公益保障的初衷相悖了。

什么企业"宜控"？过去我工作的中国建材和国药集团，实际上是用控股的方式进行混合的。中国建材混合了上千家水泥企业，目的是要把小散乱的水泥企业整合起来，提高市场集中度，避免恶性竞争，形成健康良性的市场。中国建材在水泥行业的混合使得行业集中度从 2006 年的 6% 提高到 2019 年的 70%。通过混合整合水泥行业，中国建材连续 10 年荣登世界 500 强企业榜单。国家对整合钢铁、煤炭行业的企业有一定的资金支持，但整合水泥行业的企业主要靠大企业发挥引领作用。中国建材运用市场的方法推动行业的整合，也就是"正三七"模式，中国建材旗下的中国建材股份在香港上市，在重组的企业里，中国建材股份持 70% 股份，保持一个绝对控股的比例，民营企业持 30% 股份。这就是"宜控则控"，运用这样的模式很巧妙地完成了重组。总体来看，中国建材大规模混合的效果很好。2006 年，整个水泥行业利润只有约 80 亿元，而 2019 年有 1000 多亿元，水泥行业成为健康运行的行业。

国药集团也是用"宜控则控"的方式混合了医药分销体系。过去我国的医药分销体系是由一家一户构成的，虽有 2 万多家公司，但整体市场散乱，有假冒伪劣的情况，也很难有大规模的物流、仓储、冷链设施。当时，政府工作报告中提出要建立国家级的医药物流配送中心。这需要一定的资金，还要考虑由谁来建立，需要有一个主体。我去了国药集团后，就把中国建材整合水泥行业的方式复制了过去，重组了600多家医药分销企业，建立了我国的医药配送网络，形成了国药集团发展壮大的基础。

中国建材、国药集团的混合，实际上都采取了"宜控则控"的方式，以中央企业作为平台来整合和重组民营企业，给民营企业留下一定股份，不是简单收购。我当时提出"三盘牛肉"：第一盘是价格公允；第二盘是股权合作共享，民营企业持股30%；第三盘是留心留人，保留经营团队并吸引创业者成为职业经理人，成为骨干团队。

关于"宜控则控"，说复杂也复杂，说简单也简单。不是为控而控，而是为了一个战略目标，为了整合市场，也为了在整个产业链上大家可以互利共赢。

什么企业"宜参"？举三个例子。第一个是上海绿地集团，它也是混合所有制改革非常成功的企业。绿地集团的股权是由上海国资委下属的三家企业、职工持股公司混合构成的。上海国资委下属的三家企业承诺不做一致行动人，而让员工持股公司占大股，目的就是让张玉良这个创业者、企业家能够做董事长和法人代表。我和上海国资委的领导沟通过为什么要这么设计。他们告诉我，因为好的企业家可遇不可求，张玉良是绿地集团的带头人，混改要保证有优秀的企业家发挥作用。最近绿地又进行了第二轮混改，上海国资委再拿出17.5%的股份对外转让，使员工持股公司成为真正的第一大股东。第二轮深度混改，目的还是要保护和弘扬企业家精神，这点非常重要。

前不久我到广西调研，广西建工集团刚刚和绿地集团完成混改。混改后，广西壮族自治区国资委在广西建工集团的持股比例由100%变为34%，成为参股股东，而绿地集团变为控股51%的第一大股东，同时还有员工持股，核心团队持股15%。广西国资委的持股方式变成了"宜参则参"。为什么这么做？因为广西建工集团这次是增资，这么做较大幅度降低了企业的资产负债率，解决了广西建工集团多年来的高杠杆问题。

第二个是云南白药。云南白药经历了几个改革阶段，最早和红塔集团合作过，后来又和国药集团合作过，但都不太成功。2015年云南白药和福建新华都、江苏鱼跃合作，当时按照 45%：45%：10% 设置股权比例结构。经过第二次混改，云南白药的股权结构变成云南省国资委持 25.14%，福建新华都持 24.37%，江苏鱼跃持 5.59%，混改后云南白药的市值翻了一番，效益很好。混改后，从董事长开始大家都解除了原来的国企干部身份，企业高度市场化，为进一步机制改革、推行员工持股铺平了道路。

▲ 云南白药拥有独特的药用植物园

第三个是万科。大家都知道万科是做房地产的，但万科到底是什么性质的公司呢？很多人说是民营企业。其实不是，万科的第一大股东是国有股（过去是华润，现在是深圳地铁），持股约 29%，万科是无实际控制人的参股混合所有制企业，但它又完全市场化。我曾跟万科的董事长郁亮说："你选了两个'婆婆'，都很开明。"国资在万科的持股比例并不少，但它们作为参股去做，让企业拥有了市场的活力，这个做法非常好。这类企业也不少，平安、联想都属于这一类。我们还得研究参股的混合所有制，国有股如何去参，如何把"宜参"的改革做好。

从以上"宜参则参"的例子中，大家可以看到地方企业混改力度还是很大的。混合所有制是个好东西，特别适合我国社会主义市场经济多种所有制共同发展。在共同发展的过程中，混合所有制把国有企业和民营企业联系在一起。过去我们往往认为，国有企业和民营企业是竞争关系。现在看来，二者有市场上客观的竞争关系，但主要还是合作关系。国企改革三年行动特别强调了国有企业要在整个行业产业链和供应链中发挥引领作用。因此，国有企业和民营企业之间不是简单的竞争关系，国有企业和民营企业的发展是融合的关系。前几年，不少民营企业遇到了高杠杆、高抵押等问题，后来绝大部分通过与中央企业、地方国有企业混合，渡过了难关。这不是"国进民退"，而是"国民共进"，实现优势互补、取长补短。由此我们也看到，国有企业和民营企业互相帮助是我国社会主义市场经济的一大特色。

过去，国企改革比较难的是政企分开，尤其在全资、独资国有企业中更为明显，让企业真正成为独立市场主体有难度。当然民营企业也要改革，改什么呢？就是规范治理。如果用混合所有制把这二者结合起来，既解决了国有企业政企不分、难以成为独立市场主体的问题，又解决了民营企业治理不规范的问题，所以说混合所有制确确实实是好东西。

企业在混合的过程中要分层分类深化混改。中央企业里集团公司主体应"宜控则控"。中央企业正在推动瘦身健体、减少法人户数，减掉了1.4万多家。对于旗下的小企业，今后可以通过混合所有制，吸引社会资本进入。对非主业的企业进行混改时，中央企业可以参股。这些企业在中央企业中规模小，但和民营企业混合后就可能成为大企业。我们在处理这些问题的时候，不能只考虑"独"和"控"，还要学会"参"。

在"合"字上下功夫

搞混合所有制必须有"合"的思想准备。国有企业和民营企业有各自的特点，准备做混合，就要彼此接纳对方。民营企业担心混合后，会被扫地出门，国有企业担心国有资产流失。其实，混合所有制是股权上的合作，不是谁吃掉谁，而是大家优势互补，在市场中组成一个新公司。

民营企业要找什么样的国有企业合作？ 我认为关键有三点：一是要在战

略上有关系，在产业链、供应链之间要有协同效应，这是前提；二是要找一家有包容文化的公司，如果相互间文化格格不入，不要轻易去混；三是要有开明的领导。

国有企业应该找什么样的民营企业进行混合？ 也是三点：一是战略上要有协同效应；二是能够理解国有企业的管控文化，要愿意接受国有企业的文化；三是要接受国有企业的规范治理，包括董事会建设等。过去，民营企业在体制外比较自由，但混合以后就要接受规范治理。

总的来看，"合"主要包括三个方面：一是目标的融合，双方的战略目标要融合；二是产权的融合，股份制公司里大家以股权说话；三是文化的融合，做混合所有制必须互相包容，如果不包容就不要混了，混起来只能是一场乱仗。

在"改"字上下功夫

混合所有制最重要的不是"混"，而是"改"。改什么？

国有企业要改成市场化机制，民营企业要改成规范化治理。国有企业和民营企业各有长处，混合之后就要改，尤其是要将市场化机制引入企业。三项制度改革是改革初期提出来的，至今有些企业仍然存在没解决的问题。国企改革三年行动还要进行三项制度改革，在"三能"上下功夫，即"能上能下、能进能出、能多能少"。三项制度改革是为了解决效率问题，"能多能少"是在工资奖金上下功夫，提高员工的积极性，从而提高效率。在今天的科技时代、新经济时代，光有效率不行，还要讲究公平。在传统经济时代，劳动力是成本；在新经济时代，人力是资本。我们要承认人力资本。所以在整个改革过程中，只进行三项制度改革是不够的，还要推进员工持股、管理层股票计划、科技分红和超额利润分红权，我称为"新三样"改革。"新三样"改革是让人力资本参与分红，进行财富再分配，这是它的要点。国企改革三年行动中提出了超额利润分红权和跟投计划，这些都是非常好的政策。

在"优"字上下功夫

"优"就是效益。发展混合所有制不是为混而混,我们要激发企业员工的活力,提高企业的竞争力,最终获得良好的企业效益,这是我们的出发点。

发展混合所有制,一是要发挥机制的优势,把国有企业的优点和民营企业的优点结合起来,不要把国有企业过去常有的形式主义与民营企业的不规范这些缺点混到一起,如果那样混合就失败了。二是要强化经营和管理。任何企业都要做好主业,突出主业,不要轻易分散经营。三是要进行高质量的创新。创新有风险,企业要进行高质量的创新。把这些方面结合起来,最终才能推动企业高质量发展。

企业混合后,如果经营上做得不够好,企业情况有可能会变得很糟糕。那么,是改得不对,还是混得不对,抑或是经营得不对?作为中国上市公司协会会长,我发现有一些上市公司倒下了,不都是因为违规违法。有的企业负责人本来想做好企业,兢兢业业、勤勤恳恳地工作。出现问题往往是因为偏离了主业,盲目投资,盲目创新,最后企业变得入不敷出,甚至倒闭。企业改革是要解决体制、制度、机制上的问题,但除了这些问题,经营的基本功也是企业必须要修炼的。总之,深化混合所有制改革,既要"混",又要"改",还要"优"。

05 ◎ 混改与并购[①]

国企改革三年行动将积极稳妥推进混合所有制改革作为重点任务之一，推动国有企业和民营企业相互配合，推进兼并重组和战略性组合。《国务院关于进一步提高上市公司质量的意见》中提到，要充分发挥资本市场的并购重组主渠道作用，支持国有企业依托资本市场开展混合所有制改革。这两个文件里有个交叉点，也是这两个文件里重点提到的——用混合所有制的方法、资本市场的方法加大并购重组。中国既有国有企业，也有民营企业，所以在中国并购往往发生在国有企业和民营企业之间，"中国式并购"是我们的一大特点。

我国企业进入大规模并购期

并购是用来优化资源配置、实现价值发现的重要渠道。全世界主要经济体的发展史，很大程度上就是一部产业和企业的兼并重组史。世界上几乎没有一家大公司不是通过并购重组发展壮大的。现在我国也进入了并购期，我国的资本市场市值规模全球第二，也是全球第二大并购市场，这几年我国 A 股上市公司并购重组规模超过 2 万亿元。

并购有以下几方面的理由。

第一，产业过剩需要并购。实际上市场经济本身就是过剩经济，过剩了该怎么办？这一直是市场经济面临的问题。无论是西方还是东方，解决过剩问题的办法就是进行兼并重组，提高产业集中度。中央提出去产能要"多兼并重组，

---

① 2020 年 11 月 9 日，2020 世界并购大会在上海国际会展中心成功召开，作者出席并做主题演讲。

少破产清算"。过去经济过剩出现"倒闭潮",像多米诺骨牌一样,不清楚最后会把谁砸倒。后来出现了"兼并潮",从美国开始,全世界大规模地进行并购,解决产业过剩的问题。西方现在正在经历"第六次兼并潮"。

第二,困难企业需要并购。前段时间在去杠杆过程中,不少民营企业、民营上市公司由于高杠杆和股权高比例质押出现了风险。各地方政府采用并购方式解决问题,一些国有企业都参与了这场并购。有人说这是"国进民退",我认为不是,而是企业碰到了困难,要通过并购帮助其渡过难关。

第三,集成创新需要并购。最近我参观了中国国际进口博览会的六个展位,其中四个展位都是国内大型企业并购的海外高科技企业的,我看了特别高兴。例如,中国建材并购的德国薄膜太阳能电池模组生产商 Avancis 公司、国际知名薄膜太阳能电池装备制造商德国 Singulus 集团和国际药用玻璃装备制造商意大利 Olivotto 公司,哈药集团并购的美国保健品企业,伊利集团并购的新西兰乳制品企业等都参加了这次展览,展位规模都很大。前不久我专门拜访了京东方,中国在全球液晶显示屏市场的占有率约为 55%,其中京东方一家就占有约 25%。京东方在亚洲金融危机之后,从韩国现代收购了三条 TFT-LCD 生产线,随即在国内建设了一条 5 代线,一路建设过来成为全球最大的液晶显示面板供应商。并购使我国很多企业获得了先进技术,在消化、吸收这些技术的基础上再进行大规模集成创新。

第四,做强做优做大企业需要并购。截至 10 月 11 日,2020 年 A 股资本市场上共发生 1625 起并购,其中有企业发生 502 起。资本市场是并购的主战场。同时,资本市场的上市公司股票是非常好的并购工具,很多并购不是用现金进行,而是用股权进行。现在国家支持 A 股上市公司用股权并购的方法并购海外高科技企业。企业要做强做优做大,并购是非常好的途径。中国建材和国药集团就是用并购重组的方式发展成为世界 500 强企业的。

混合所有制是并购的重要途径

中国的基本经济制度是以公有制为主体、多种所有制经济共同发展,在发展过程中,国有企业和民营企业必然会在市场中结合,所以混合所有制是基本经济制度的重要实现形式。国企改革三年行动明确要积极稳妥推进混合所有制改革，将混合所有制改革作为改革的重要任务之一。混合所有制既可以发挥国有企业的优势，也可以发挥民营企业的优势。

第一，国有企业通过混改可以带动民营企业发展。到底国有企业和民营企业之间是什么关系？国有企业和民营企业之间存在一定的客观竞争，但不是单一的竞争关系。国有企业大多是骨干企业、大型企业，而民营企业是配合国有企业的，二者是大河和小河的关系，"大河有水小河满，大河无水小河干"。国有企业的重要任务就是通过产业链和供应链带动民营企业发展，民营企业通过给国有企业提供外包服务实现发展。国有企业和民营企业都是国家经济非常重要的部分，一荣俱荣，一损俱损，国有企业要通过混改带动民营企业发展。

第二，国有企业、民营企业通过混改实现优势互补。国有企业有实力，民营企业有活力。国企改革的方向是市场化，民企改革的方向是规范治理。但坦率地讲，全资、独资国有企业要政企分开难度很大，纯粹的家族企业要进行规范化治理难度也很大。但如果它们混合的话，就可以让国有企业实现政企分开，进行市场化改革，让民营企业实施规范化治理，弥补了两种所有制的短板。这是中国经济的一大特色，西方很难形成像我们这样大规模的混合所有制企业。

第三，混改要坚持"宜独则独，宜控则控，宜参则参"。"宜独"，是指在公共事业、公益保障领域一般宜采用独资方式；"宜控"，是指在商业类国有经济主导的大产业里宜采取控股方式，像中央企业的集团公司、核心企业、重要上市公司要发挥主体作用；"宜参"，是指要抓大放小，尤其是对于商业一类国有企业的三、四级企业，没有必要一控到底，可以采用参股，利用参股调动民营企业的积极性。"宜独"容易做，"宜控"也容易做，但"宜参"不大容易做。而"宜参"恰恰是混合所有制改革要认真研究的，我们要学会怎样参股经营。混改不能只搞控股再铺摊子，不是把民营企业都混到国有企业中来，而是要把国有企业中的一些中小企业混出去，发挥战略协同、技术协同、产业链协同效应，真正做到"1+1>2"，真正把市场机制引入企业。

中国建材和国药集团混合所有制改革的实践

中国建材是靠混合所有制起家的企业，主要做了两件事：行业整合、资本混合。过去中国建材是没有水泥业务的，而现在中国建材是全球最大的水泥公司，年产 5.3 亿吨，占全球水泥产量的 10%，占中国水泥产量的 20%。中国建材混合了 1000 多家民营企业，使得水泥行业的集中度从过去的 6% 提高到 2019 年的 70%。水泥行业的整合没有用国家的钱，而是采用了市场机制、资本混合的办法，整合后行业运行很健康。上海有南方水泥的总部，南方水泥重组了 150 多家水泥企业，年产 1.5 亿吨水泥，这几年效益非常好，这也得益于混合。

国药集团复制了中国建材的经验，没有用国家的钱，而是通过混合所有制的方式、市场的方式混合了 600 多家企业，建立了覆盖全国 290 个地级市的医药分销网。

通过混合，中国建材国有资本占比 25%，社会资本占比 75%；国药集团国有资本占比 35%，社会资本占比 65%。两家企业用少量的资本金撬动、吸引大量社会资金进行发展，关键是整合了行业。两家企业混改的实践给了我们如下启示：一是混改最重要的不是"混"，而是"改"；二是国有企业和民营企业都要认真思考混改中选择企业的双向标准。"混"了之后还得"合"，要合在一起，不能互相算计，不是你吃掉我、我吃掉你，而是将各自的优势合在一起发挥协同效应。

虽说混合所有制是好东西，但是同样需要我们认真思考、比较，要想清楚，把混合所有制真正地做好，做到实处，让它切实实现"1+1>2"的效果，而不是盲目地做。

06 ◎ 国企改革的实践与体会 ^①

回顾国有企业40年的改革历程，历经了放权让利、抓大放小、股份制改造、建立现代企业制度、董事会试点等一系列改革。为了贯彻落实党的十八大关于全面深化改革的战略部署，2013年通过的《中共中央关于全面深化改革若干重大问题的决定》中对国企改革做出了非常精细的描述。应该说，新一轮改革在以前经验的基础上，具备了顶层设计方面的条件，不至于像过去一样完全"摸着石头过河"。

对过去改革的经验和教训进行归纳总结，使得新一轮改革更加系统化、整体化、协同化，不是"八仙过海"，而是加强顶层设计，同时发挥企业基层首创精神。经过七八年的时间，国企改革的顶层设计基本完成了，"1+N"政策体系出台，改革试点工作也取得了一定的成绩。在这种情况下推出国企改革三年行动，实际上是基于两点：一是改革还存在一些不到位、不彻底的地方；二是在新形势下，应该把国企改革进一步推进，带动整个国家的经济发展。

国企改革三年行动有八方面的内容：一是完善中国特色现代企业制度；二是推进国有经济布局优化和结构调整；三是积极稳妥推进混合所有制改革；四是健全市场化经营机制；五是形成以管资本为主的国有资产监管体制；六是推动国有企业公平参与市场竞争；七是推动一系列国企改革专项行动落实落地；八是加强国有企业中党的领导、党的建设，推动党建工作与企业的生产经营深度融合。

---

① 2020年12月26日，国家能源集团举办学习贯彻党的十九届五中全会精神培训班，作者受邀做主题分享。

国有企业为什么要改革

◆ 适应社会主义市场经济的发展要求

国有企业用改革来适应市场经济、新形势的要求，这是改革的根本原因。改革使我们获得了新生、获得了竞争力、获得了发展。我是国企改革的过来人，也是亲历者、见证者。1979 年我大学毕业到北新建材工作，那时国有企业是计划经济的产物。后来随着商品经济、社会主义市场经济的发展，一切都从市场中来，银行变成商业银行，政府不再给银行输血了。当时有个词叫"断奶"，政府不再是靠山了，把企业彻底推下了"海"，当时很多企业不适应。过去北新建材所在的北京西三旗周边的轮胎厂、五金厂等很多工厂都倒闭了，北新建材作为为数不多的企业生存了下来。当时的问题是"人往哪里去、钱从哪里来"。我那时做厂长，经历了整个过程，体会非常深刻。国有企业是怎么一步步走过来的，其实并不像社会上一些批评的声音说的那样"吃了国家的偏饭，国家给了补贴"。

社会主义市场经济必然要求企业改革。企业不改革只有死路一条，因为环境变了，如果还沿用过去计划经济的思路，是行不通的。当时提出了"不靠市长靠市场"，这在那个时代是非常重要的。历练成就了今天国有企业的队伍，它们在大海里学游泳、在战争中学打仗，适应了市场，终于挺了过来走到今天。

耶鲁大学的高级研究员史蒂芬·罗奇曾问我："宋先生，您怎么理解国有企业是市场经济中充分竞争的一员？国有企业现在有这么强的竞争力，是不是得益于 20 年前国有企业上市的这个决定？"我说："罗奇先生，您的问题就是答案，现在中国的国有企业不是西方人以前理解的国有企业，也不是中国计划经济时代的国有企业，是被市场改革了的国有企业，是上了市的国有企业，是混合所有制的国有企业。"现在中央企业超过 60% 的资产在上市公司，而超过 80% 的利润是由上市公司创造的。我们从上述两个数字可以看到国有企业深刻的变化，中国的国有企业是改革了的国有企业、被市场化了的国有企业。

◆ 适应国有资本的战略布局

计划经济时代，国有企业涉足很多领域。市场经济之后有了民营企业，那么国有企业和民营企业到底该如何分工？国有企业在市场经济下到底应该做什么样的业务？国有资本在中国经济中应该承担什么样的角色和任务？这些都是我们要认真思考的问题。国有资本要进行新的战略布局，向着关系国家安全、国计民生的重要行业和关键领域以及前瞻性战略性新兴产业集中，同时带动民营企业发展，国有资本的角色应该是这样的。在商业一类、充分竞争领域要进行混合所有制改革，国有企业要持续加强市场方面的工作，进行资本调整，有所为有所不为，战略性地巩固和发展一些领域，退出一些领域。我国坚持"两个毫不动摇"，即必须毫不动摇地巩固和发展公有制经济，必须毫不动摇地鼓励、支持和引导非公有制经济发展。中国特色社会主义市场经济，既要有强大的国有经济，也要大力鼓励民营企业发展，而且这二者不是泾渭分明的，在产业链和供应链上还要发挥合力作用。

◆ 符合市场化竞争的环境要求

我们在思考布局的时候，一要看到重点，二要站在中国经济的全局上，三要推动国有企业公平参与市场竞争。企业是市场主体、竞争主体，如果在市场竞争中政企不分，打着国家的旗号去竞争就不公平，在国际竞争中也许会被排斥。西方国家实际也有国有企业，国有企业虽然有国有的背景，但在竞争中要保持中性，要和其他所有制企业一样。国企改革就是要求国企公平参与市场竞争，实现政企分开、政资分开。

实际上国企改革到今天，很多企业完全满足市场化竞争的要求。以北新建材为例，中国建材集团在香港上市公司中国建材股份中占股约41%，而中国建材股份持有北新建材约38%的股份，中国建材集团在北新建材占股不到15%，也就是说，在北新建材的股份中真正的国有股不到15%。以中国巨石为例，中国建材股份约持有中国巨石27%的股份，中国建材集团占中国巨石股比约12%。以中材国际为例，中国建材通过这家成套装备公司，在全世界大型水泥厂 EPC[①] 交钥匙工程的市场占有率达65%。中国建材股份持有中材国际约30%的股份，算下来中材国际的国有资本也是很少的。因此，上述这些公司都满足

---

① 工程总承包。

市场化竞争的要求，是公平竞争的股本结构。在经过市场化改革、上市以及混改的企业里，国有资本的占比并没有那么高，而是以一定量的国家资本吸引大量社会资本进行发展。

◆ **提升国有企业的竞争力**

国有企业也是企业，在市场中是竞争主体，会参与一般性的市场竞争，包括国际竞争。竞争是客观的。国有企业在竞争中要避免打败仗，就得靠改革创新提升竞争力。同时国有企业的在岗职工较多，所以必须把国有企业搞好，让员工能够过上美好的生活。国企改革三年行动要让国有企业和其他同类企业、同行业企业有一样的市场化机制。国有企业不光要进行三项制度改革，还要有先进的中长期激励机制，通过机制改革留住优秀的人才。因此，在充分竞争的情况下，企业要想生存发展就要改革，引入最新的市场化机制，提升企业的核心竞争力。

▲ 在中国西电集团就国企改革和发展进行深入交流

经过这些年的持续改革，国有企业确实取得了很大的成就，2012—2018 年全国国有企业资产总额、国有资本权益总额、营业收入、利润总额年均增长率分别达到 15.3%、15.3%、5.7%、7.0%，增幅很大。2019 年的两个数据可以说明我国国企改革取得了巨大的成果：一个是全国国有上市公司收入达 50 多万亿元，另一个是全国国有及国有控股企业营业收入达 62.5 万亿元。这两个数据都超过了 2019 年全国 GDP 的一半。

国企改革改什么

国企改革实际上讲的是国资国企改革。国企改革三年行动里提出了三个改革层面：制度层面、结构层面和机制层面。

◆ 关于制度改革

第一，完善中国特色现代企业制度。

记得我刚当北新建材厂长时，发现工厂经常应对各种检查，久而久之企业的管理非常被动，我认为企业管理不应这样，光有行政管理是管不好企业的，还得靠企业制度。1993 年我写了篇文章，建议建立适应市场的企业制度，《新闻和报纸摘要》节目还播报了文章的内容。一年之后，1994 年我国推行百户现代企业制度工作试点，当时的国家建材局只选了北新建材做试点。

现代企业制度的特征是产权清晰、权责明确、政企分开、管理科学。公司法下公司是企业法人，享有独立的法人财产权。在国有企业的上市公司里，母公司要尊重上市公司的独立性。不管是国有企业还是家族企业，大股东要照顾小股东的权益，不能一股独大，不能超越权利操控公司。以前国有企业"一帮人马、两块牌子"的管理，也不符合现代企业制度对于上市公司独立性的基本要求，不符合公司法的要求。

我们要很好地学习研究公司法中的规定。公司法有两个核心观点：一是有限性，二是独立性。我和万科董事会主席郁亮讨论混合所有制的时候，他讲到一句话："董事是股东提名，经过股东大会选举产生的，要代表所有股东，而不仅仅代表提名股东。"董事是股东派出的，在董事会要代表所有股东的利益，关键是要代表公司的利益，对自己负责、对公司负责。股东在公司承担有限责任，因为"有限"才保护了股东，但同时股东的权利也是有限的，不能把公司当成股东自己的。

股东派出的代表可以参加股东大会，但代表不可以是董事，董事不可以同时有股东代表的权利，董事会是独立的，这点一定要好好厘清。大家要深刻理解公司独立性的重要性，不能以加强集团管控的名义，削弱公司的独立性，要严格按照公司法明晰责任和权利。我自己的一大体会是，现代企业制度的核心就是公司制度，公司制度的核心是有限性和独立性，这两点大家一定要记住。

2016年10月10日，在全国国有企业党的建设工作会议上，习近平总书记做了重要讲话，提出了两个"一以贯之"。建立有中国特色的现代企业制度，"特"在什么地方？"特"在要把党的领导这个重大原则贯彻到国有企业中，必须把党的领导和现代企业制度有机地结合在一起，这里有几项重点工作。一是党建工作要写入公司章程。二是实行"双向进入、交叉任职"的领导体制。三是落实党组织研究讨论前置程序要求。党委（党组）在"把方向、管大局、促落实"这些领域进行研究，包括：贯彻党中央决策部署和落实国家发展战略的重大举措，企业发展战略、中长期发展规划、重要改革方案，企业资产重组、产权转让、资本运作和大额投资中的原则性方向性问题，企业组织架构设置和调整、重要规章制度的制定和修改等。四是支持董事会依法行使权利。在决策方面，党委（党组）支持董事会做出决策，董事会是一人一票制，在执行过程中要不断完善。党委（党组）的主要任务是把方向、管大局、促落实，董事会的主要任务是定战略、做决策、防风险，经理层的主要任务是谋经营、抓落实、强管理。五是健全完善以党内监督为主导的监督体系。六是推动党的领导与企业生产经营更好地融合。

第二，形成以管资本为主的国资监管体制。

过去国有企业经历过"九龙治水"的时期，很多部委都在管，也都不管。直至国务院国资委成立，作为国有出资人代表机构对国有资产集中统一监管。围绕着怎么管的问题，当时采取的是管人、管事、管资产相结合的方式。党的十八届三中全会明确提出"以管资本为主"，这是非常重大的改变。国资委回归到国有资本出资人代表的职责上来，管好资本，将管人、管事更多地交给董事会去做。应该看到，这套治理体系发挥了巨大作用。比如，国资委提出要求，企业主业要突出，不得超过三个；推动董事会建设，使得公司治理更加规范化；推行薪酬制度改革，起到很大的激励作用；鼓励中央企业上市，企业募集了资金。这些成绩都是可圈可点的。

这些年，在国务院国资委的正确领导下，中央企业逐渐发展壮大起来。现在的思路特别好，国资委以管资本为主，中央企业划分为国有资本投资公司、国有资本运营公司和产业集团公司。党的十八届三中全会之后，提出建立国有资本投资公司和国有资本运营公司两类公司，国企改革三年行动又提出了产业集团公司。产业集团公司也是我们需要研究的问题。我们发现，一些企业不具备成立国有资本投资公司和国有资本运营公司的条件，而这类企业恰恰是主业鲜明的实体企业，是个产业集团。这样可以形成既有国有资本投资公司、国有资本运营公司，又有产业集团公司的格局。

现在，国有资本监管结构变为：国资委以管资本为主；下面是国有资本投资公司、国有资本运营公司和产业集团公司，它们主要管股权，不进行市场经营，实际上是很多功能的集合，是管资本的抓手；再往下是投资的竞争主体企业，这些企业是经营主体。如果是上市公司，就是双层次的投资体系。如果在充分竞争领域，就可以推进混合所有制改革。推进混合所有制改革，一是要引入市场机制，这是内在原因；二是要满足公平竞争，这是外在原因。

◆ **关于结构改革**

在结构层面，要推进国有经济布局优化和结构调整。国企改革要服务国家战略，深化供给侧结构性改革，增强国有经济整体功能，聚焦主责主业发展实体经济，以企业为主体、市场为导向，有进有退、有所为有所不为，持续推进国有企业瘦身健体、提质增效，调整优化国有资本布局结构，提高国有资本配置效率。

面对复杂的形势和艰巨的任务，国有资本布局优化和结构调整要坚持"两个毫不动摇"，坚持巩固公有制主体地位，坚持发挥国有经济主导作用，服务国家战略，不断做强做优做大国有资本和国有企业。要推动国有资本向关系国家安全、国民经济命脉的重要行业和关键领域集中，向提供公共服务、应急能力建设和公益性等关系国计民生的重要行业和关键领域集中，向前瞻性战略性新兴产业集中，加大新型基础设施建设投入，巩固和增强在关系国家经济、科技、国防、安全等领域的控制力、影响力。

要有效发挥国有经济在优化结构、畅通循环、稳定增长中的作用。党的十九届五中全会提出加快发展现代产业体系，推动经济体系优化升级。国资国企要更多地向产业链中具有高端引领和基础支撑作用的关键环节布局，不断提升产业基础能力和产业链现代化水平。要服务国家重大产业和区域发展战略，推动"一带一路"走深走实，支撑构建以国内大循环为主体、国内国际双循环相互促进的新发展格局。

要提升国有企业的自主创新能力，加快推动 5G、人工智能、工业互联网、物联网、大数据、区块链等技术创新与实体产业融合应用，加速国有企业数字化、智能化转型升级，建立一批高水平创新联合体、产业技术联盟、公共研发平台和高水平"双创平台"，促进大中小企业融通发展。

国有企业尤其是中央企业做强做精主业，是优化国有资本布局的重要路径。要建立完善中央企业主业和投资项目负面清单动态调整机制，根据外部形势和监管要求对负面清单进行动态调整，引导企业做强做精主业。为此，要重点做好以下三方面工作：一是集中优势发展主业；二是加快布局前瞻性战略性新兴产业；三是逐步退出不具备优势、缺乏发展潜力的非主营业务和低效无效资产。

◆ **关于机制改革**

2019 年我在从法国出差返京的飞机上写了一篇文章《机制革命是推开国企改革的最后一扇门》。机制是企业的核心，是企业效益和经营者、劳动者利益之间的正相关关系。企业的效益好，经营者、劳动者的收益就高，就是有机制；如果干和不干一个样，干多干少一个样，那就没有机制。我刚当北新建材厂长时，员工没有积极性，经常迟到早退，用一个词形容就是"冷漠"。我就问他们："为什么没有积极性？"他们说："好几年没有分过房子了，好几年没有涨过工资了。"我说："房子的钥匙在谁的手里？在大家手里，如果大家好好干，盖一两栋宿舍楼算什么？"我当时安排在厂区上空挂了两个气球，一个气球缎带上写着"工资年年涨"，另一个缎带上写着"房子年年盖"，职工一看新厂长还是有激情的，企业就因此改变了。有一次，我给热烟炉点火，热烟炉就是石膏板的热力来源，是一台烧低质煤的炉子，这炉子经常晚上熄火。点火之后我给大家讲了一段话，我说："其实我最想点燃的是你们心中的火。如果你们心中的火不燃烧，这炉子的火就会灭掉；如果你们心中的火燃烧，这炉子的火就不会灭。"这段话真的就此点燃了员工心中的火，之后炉子的火一年都没有灭过，其实本来也不该灭，以前是因为员工不够认真负责。

北新建材最初的石膏板生产线是从德国公司进口的，设计产能是年产2000万平方米，但从安装后使用的10年左右时间里，实际年产能最多不超过800万平方米，老厂长感慨地说，如果生产线能年产1200万平方米该多好，大家都认为生产不了。我当厂长的第二年这条生产线的年产能就超过了2000万平方米。我常想，其实做企业最核心的是人，而人最核心的是心，改革、管理都离不开这个根本。谁能点燃员工心中的火，谁能调动人的积极性，谁就找到了管理的真谛，机制就是要解决这个问题。

2018年刘鹤副总理出席全国国有企业改革座谈会并讲话，他在会上讲到"伤其十指不如断其一指"。他讲的"断其一指"就是要解决活力的问题，建立调动微观经济活力的经营机制。经过这么多年的实践，我觉得机制改革是件大事，企业改革一定要研究机制。

◀ 其实我最想点燃的是员工心中的火

以华为为例，我觉得华为的崛起是靠两点：一是华为有任正非这样的企业家；二是华为有"财散人聚"的机制，把财富更多地分给干部和员工，从而增强了企业的凝聚力。2018年我专门到华为和任正非进行交流，探讨关于机制的问题。任正非告诉我，华为的机制就是分享，获得的财富，所有者分一份，经营者和技术骨干分三份，所谓的资本都在这些经营者和技术骨干的脑壳里。华为是近乎全员持股的公司，它把股权和能力、贡献和年功工资很好地结合起来，增强了企业的向心力和亲和力，提高了企业的创新力和竞争力。任正非认为"认同""分钱"四个字很重要，"认同"是说干部员工要认同华为的文化，"分钱"是指分好钱就能挣更多的钱，这些并不是复杂的道理。联想的企业文化重视两点：一是"入模"，即进入联想就要"入模"，就要学习、接受联想的文化；二是"复盘"，每做完一件事情就要复一次盘，有时候赢了不见得是因为自己技术高超，可能是因为对方的失误。

如果概括我自己的经历，我认为有两句话：第一句是"做正确的事"，做好战略选择；第二句是"正确地做事"，做好经营管理。这些年，我就是这么做的。在北新建材工作期间，我作为管理者，基本上是正确地做事；在中国建材工作的18年间，我主要是做正确的事，做好战略选择。

有人可能会说，华为是民营企业，国有企业学不了，但其实国有企业也有机制，比如山东万华。万华过去是烟台的一家人造革厂，1978年从日本引进了一条人造革生产线，其中有一种化学品叫MDI（二苯基甲烷二异氰酸酯），主要用于生产聚氨酯。现在MDI已成为其核心产品。万华的董事长廖增太告诉我，万华能发展好，主要是因为有员工持股和科技分红这两点机制。万华采用的是长期激励机制，进行了两次员工持股改革，员工不是直接作为自然人在上市公司持股，而是通过员工持股平台持股，这样可以避免上市后员工把股票全卖掉，今后就没有机制了。员工持股有退出通道，新进入的员工也可以获得持股激励，这个机制挺好。万华的科技分红也很有特点，会拿出效益的一部分奖励相关技术人员。因为有对技术人员的激励，万华的员工充满积极性。中央领导同志视察万华时，专门问廖增太如果万华没有机制会怎么样，他说如果那样万华可能早就不存在了。由此，我们也能看到机制的重要性。

其实机制并不是个新词，很早就有人在用，法国、日本有很多企业实行全员持股。清代的时候，山西的晋商有银股和身股，银股就是金融资本，身股就是人力资本。年底分红时，东家分 50% 的利润，掌柜、账房先生等分 25%，伙计们分 25%，这是比较好的分配机制。机制能否建立，取决于股东是否开明。机制革命是推开国企改革的最后一扇门，必须推开这一扇门。

国企改革怎么改

◆ 央企市营为改革探新路

2002 年我做中国建材的一把手，当时企业非常困难，资不抵债，年轻的干部纷纷出走，下月的工资从哪儿发也不知道，就是那么一个风雨飘摇的企业。像中国建材这样的企业，国家不可能再补资本金，只有市场化经营一条路，我苦思冥想后想到了四个字"央企市营"，也就是说中央企业进行市场化经营。2008 年接受《财富》杂志采访时，我把关于央企市营的心得体会讲了一遍，2011 年《经济日报》刊登了央企市营的观点，后来我还写了《央企市营》一书。

央企市营里，"央企"是企业的属性，主要包括四点：一是坚持企业中党组织的领导作用；二是带头执行党和国家的方针政策；三是主动承担政治责任和社会责任；四是创造良好的经济效益，为国有资本保值增值。

"市营"就是市场化经营，我概括了以下五点。一是股权多元化。大量的企业实践表明，无论是纯国有企业还是纯家族企业，单一的所有制效果都不理想，多元化股份制更利于企业经营。原因是，这种股权结构更适合建立规范的治理结构，经营管理比较透明，从而保证了企业活力和竞争力。二是规范的公司治理和法人治理结构。三是职业经理人制度。现代企业重要的理论基础是委托代理制，逐级委托，股东会委托董事会，董事会委托经理层，高效的委托代理可以让企业降低经营成本，提高效益。完善的董事会制度只解决了国有企业规范治理问题中的一半，只有把职业经理人制度建立起来，才能构成企业委托代理的完整闭环。四是内部市场化机制。国有企业改革的初衷是要建立市场化机制。五是按照市场化机制开展运营。国有企业在市场化竞争中要遵循市场规则，"不吃偏饭"，在市场上和民营企业"同台唱戏"，同台竞争。

后来，中国建材和国药集团的发展都是按照央企市营的大思路做的，形成了公司快速发展的基础，现在两家公司已成为国内外的知名企业。

◆ 积极稳妥推进混合所有制改革

早在党的十四届三中全会上就提出了混合的概念。到党的十五大时，混合所有制经济的概念被正式提出。2013年，党的十八届三中全会通过的《中共中央关于全面深化改革若干重大问题的决定》中指出："国有资本、集体资本、非公有资本等交叉持股、相互融合的混合所有制经济，是基本经济制度的重要实现形式。"这就等于给混合所有制下了定义，且把发展混合所有制上升到基本经济制度重要实现形式的高度，这是革命性的，既是对多年来国企改革实践的总结和认可，也为新形势下深化国企改革指明了大方向、着力点，有利于国有资本放大功能、保值增值、提高竞争力。

党的十八大以来，国有企业采用改制上市、股权转让、增资扩股、合资新设、市场化重组、基金投资等多种方式积极稳妥推进混合所有制改革。2019年，中央企业全年新增混合所有制企业超过1000户。目前中央企业混合所有制企业户数占比超过70%，比2012年提高了约20个百分点；非公资本占中央企业所有者权益比重达37%，上市公司成为中央企业混改的主要载体；中央企业控股上市公司资产总额、营业收入和利润分别占中央企业整体的68%、67%和86%。但我们也应看到，在国有企业推进混合所有制改革取得积极进展的同时，社会上对混合所有制改革还存在片面认识，操作中还存在股权结构设计不合理、股东未发挥有效作用、经营机制转换不到位、管控方式未随股权结构差异化等问题。

积极稳妥推进混合所有制改革，就是要以积极的心态看待混合所有制，要做到实事求是，重点突出。 需重点把握好混合所有制改革的方向，分层分类推进混合所有制改革，合理设计和调整优化混合所有制企业股权结构，稳慎开展混合所有制企业骨干员工持股，推动混合所有制企业深度转换经营机制。

积极稳妥推进混合所有制改革，就是要把握好混合所有制改革的方向。 国企改革三年行动按照完善治理、强化激励、突出主业、提高效率的要求，坚持"三因三宜三不"原则，即"因地施策、因业施策、因企施策，宜独则独、宜控则控、宜参则参，不搞拉郎配、不搞全覆盖、不设时间表"。混合所有制改革中，企业要实事求是，坚决避免"一刀切"。"三因三宜三不"是基本原则，大家要按照这个原则开展混合所有制改革。

中国建材和国药集团的混改实践

中国建材和国药集团发展混合所有制都是基于两点：一是市场资源的联合，二是社会资本的混合。

◆ 中国建材的混改实践

中国建材的混合所有制是被倒逼出来的，当时我认为企业要想在行业排在前三就得做水泥。水泥属于重资产行业，短时间内我们不能靠自己建厂，只能去重组。当时也是个窗口期，水泥企业多散乱，集中度极低，价格战打得一塌糊涂，正好是低价收购的好时机。但没那么多资金收购，我们就推动中国建材股份在香港上市，融资 20 多亿港元。然而这么大规模的重组，上市融来的资金仍然不够，于是我想可以给被重组的企业留点股份，最终确定为 30%，主要是想把水泥市场统一起来。

2006 年我开始推动大规模的联合重组。中国建材混合了上千家水泥厂，使水泥行业集中度提高至 70%。

2007 年 9 月，南方水泥在上海正式宣告成立。南方水泥成立时，时任上海市委书记习近平同志专门发来贺信："欣闻南方水泥有限公司在浦东注册成立，谨向中国建材集团及合作各方致以热烈的祝贺！祝愿南方水泥有限公司早日实现战略整合的既定目标，为国有企业的改革发展不断探索新路，为促进区域合作、联动发展做出更大贡献。"南方水泥成立后，在短短 3 年时间内就重组了近 150 家企业，从不产水泥到快速形成 1 亿多吨的产能。

▲ 南方水泥横空出世，成为哈佛经典案例

中国建材的混改之道是"央企的实力＋民企的活力＝企业的竞争力"。2006年我提出混合的三原则：一是混得适度，也就是今天所讲的"宜独则独，宜控则控，宜参则参"；二是混得规范；三是混出效果。另外还有16字的混合方针，即"规范运作、互利共赢、互相尊重、长期合作"，这些都是在改革实践中摸索出来的。

总结中国建材的混合之术，主要有以下几点。

第一，以"三层混合"深化产权改革。集团公司是国资委管理的全资企业，不能混，具备条件的可以搞国有的多元持股。那在哪里混？第一层，在上市公司中，中国建材股份等公司吸纳大量社会资本；第二层，在业务平台上，把民营企业的部分股份提上来交叉持股；第三层，在工厂层面，给原所有者留30%左右的股权。"三层混合"既保证了集团公司在战略决策、固定资产与股权投资等层面的绝对控股权，又调动了子公司在精细化管理、技术改造等环节的积极性。在这种分层级模式下，国家资本以小博大、以少控多，国家用一定量的资本，吸引大量社会资本参与发展。

第二，以"三七原则"设计股权结构。中国建材在联合重组、组建混合所有制企业中通常采用"正三七"和"倒三七"的多元化股权结构。"正三七"指中国建材集团持有上市公司中国建材股份不低于30%的股份，保持第一大股东相对控股，其他投资机构及流通股不超过70%。"倒三七"是指中国建材股份持有其所属子公司约70%的股份，给机构投资人和原创业者保留约30%的股份。通过"正三七"与"倒三七"的股权划分，集团形成了一套自上而下的有效控制体系，在保证集团有效管控的前提下，确保了上市公司和子公司的合并利润，同时将市场机制引入企业内部。

第三，以"积极股东"完善公司治理。 国企改革三年行动提出要引入积极股东。我在实践中认识到，企业一股独大不行。一股独大就是除了大股东剩下的全是散户，召开股东大会时这些散户可来可不来，即便来了能发挥的作用也比较小，董事会清一色是大股东的人，这样的结构并不好。与一股独大对应的是，股东高度分散，形成内部人控制。内部人控制在我国是指大股东控制了企业，而在西方是指股东高度分散，权利被以CEO（首席执行官）为主的经理层拿去了，任何股东都说了不算，股东利益极有可能受到侵害。美国公司治理的第一条是要保护股东的利益，所以股东不宜过于分散，否则就会被内部人控制，而在中国，不能只有一个大股东，要有积极股东。比如北新建材和中国巨石，中国建材是第一大股东，但也有第二、第三大股东，所持股份均超过5%，剩下的是散户。这样的结构就有积极负责的股东和大股东共同推动公司治理和公司发展，比一言堂要好。

通过发展混合所有制经济，中国建材实现了多重效益：一是促进了企业快速发展；二是显著放大了国有资本功能；三是推动了行业结构调整与转型升级，在不需要国家投入的情况下，中国建材通过企业自主的混合方式，把众多企业联合起来，推动了水泥行业的供给侧结构性改革；四是培育了一批优秀骨干企业和善打硬仗的企业家队伍；五是开创了国有经济与民营经济共生多赢的局面，实现了包容性成长。

◆ **国药集团的混改实践**

中国建材和国药集团在混改中都采用了"宜控则控"的方式。国药集团的混合是参照中国建材模式开展的。我常讲，我在国药集团用5年的时间做了10年的事。我是2009年6月到国药集团担任董事长的，当年9月就推动国药控股在香港上市，上市后迅速组织建立全国的医药分销网，建立了国家级医药配送中心。抗击新冠疫情期间，国药集团提供的医疗产品占了约80%，武汉方舱医院里的中药有国药集团旗下的中药公司提供的，新冠疫苗研制的主力军有国药集团的两大研究所，这些都是我当年在国药集团推动重组的企业。

混合所有制不是一混就灵，但不混不行。在充分竞争领域，全资的和独资的国有企业混合就不灵，因为政企很难分开。企业如果上了市或者有非公资本权益，就要考虑不同的权益。民营企业搞混合所有制，有助于公司治理进一步规范化，国有企业搞混合所有制，有利于解决政企不分的问题。混合所有制是制度创新，混合所有制企业在制度上有优势，既不同于全资和独资的国有企业，又不同于民营企业和家族企业，是一种新的企业形式。混合所有制使国有企业的优势和民营企业的优势都得到了发挥。

国企改革有三个法宝：一是党的领导，二是混改，三是企业家精神。其中，党的领导是国企改革的"根"和"魂"，也是国有企业的独特政治优势。混改能实现国有、民营两种所有制企业的优势互补，有利于把市场化机制引入国有企业。建设充满活力的企业内部机制是国企改革的着力点和落脚点。企业家是企业创新的灵魂，是企业高质量发展的"火车头"，企业家精神是推动企业改革创新的原动力。

07 ◎ 国企民企是"孪生兄弟"，互相依存不可分割[①]

我国是社会主义市场经济体制，在进入市场经济时，我们面临两个问题：一是在宏观层面上，国有经济如何与民营经济共同发展；二是在微观层面上，国有企业和民营企业如何公平竞争、相互融合。一个关于"国民共进"，一个关于混合所有制；一个是宏观上国有经济和民营经济之间的关系，一个是在微观领域里国有企业和民营企业的深度融合和制度创新。

"国民共进"是我国经济的一大特色

我国的基本经济制度是以公有制为主体，多种所有制经济共同发展，坚持"两个毫不动摇"，毫不动摇巩固和发展公有制经济，毫不动摇鼓励、支持、引导非公有制经济发展。很多西方国家搞过国有化运动，也搞过私有化运动，但是我国的经济体制决定了在我国不可能搞清一色的国有经济，也不可能都做私有化。这么多年来，我们看到中国的国有经济和民营经济并不是此消彼长的关系，而是都获得了长足的发展。我们要看到这一成就。

20 世纪 90 年代末曾经有过一场辩论，当时国有企业抓大放小，把不少中小企业放到市场进行改制，有一种争论认为那是"民进国退"。到 2005 年、2006 年时，产业进行新一轮整合，国有企业起到了平台作用，这时又有一种议

---

① 2020 年 12 月 27 日，大变局时代的企业协同发展——2020 上海国资高峰论坛在中国金融信息中心举行，作者出席论坛并做主旨演讲。

论叫"国进民退"。2005年我在清华大学的一个论坛上提出,其实我们既不是"民进国退",也不是"国进民退",而是"国民共进",后来我还出了《国民共进》一书,厉以宁教授亲作序。从实践中也可看到,我们确确实实在"国民共进",这是我们制度的优势。

▲ 在上海国资高峰论坛分享"国企民企一家亲"

国有企业和民营企业是相互依存、不可分割的

从现实中来看,国有经济和民营经济确实是互相支持、互相补充、互相融合、互相协同的。根据国家对国有资本的布局安排,现在我国的国有企业主要从事关系国民经济命脉、公益保障、大型平台类的工作。国有企业和民营企业之间是大河和小河的关系,大河的水由小河汇集而成,大河为下游的小河供水,"大河有水小河满,大河无水小河干"。也就是说,国有企业主要是大产业,要在提升产业链、供应链水平上发挥引领作用,带动民营企业、上下游各类企业共渡难关。

中国的国有企业和民营企业之间有没有竞争?我觉得有,但是那种竞争

是在市场上的客观竞争，并不是所有制的竞争。国有企业和民营企业主要是融合和协同关系，为什么？国有企业可以做大项目的整体规划，民营企业在国有企业的组织下来做服务，如中国建材有上千个民营企业给它做外包服务。在创新上也是如此，现在民营企业中有不少是高科技企业，可以和国有企业合作创新。过去中国建材做碳纤维就是和连云港的一家民营科技公司合作，合作了十几年，现在公司可以产出T700、T800、T1000等高端碳纤维，2018年获得国家科技进步一等奖，解决了美日在高端碳纤维技术上对我们的"卡脖子"难题。这也是国有企业和民营企业互相结合的实际体现。所以，在中国我们要这样来看国有企业和民营企业：它们是一对"孪生兄弟"，是互相依存、不可分割的。如果去看产业链和供应链之间的关系，就会发现国有企业和民营企业紧紧结合在一起，这也是我们经济的一大特色，是我们多年来的实践和现状。

国企民企一家亲，试看天下谁能敌

这是我在亚布力中国企业家论坛2019年夏季高峰会上说的一个观点。如果国有企业和民营企业能够团结一家亲，我们就能成功。我们不能诱发国有企业和民营企业的矛盾，不能撕裂国有企业和民营企业的关系，大家都应该积极正面地鼓励国有企业和民营企业融合。

国有经济和市场到底怎么接轨？这真的是一个世界难题。我国比较早地提出了建立现代企业制度：产权清晰、权责明确、政企分开、管理科学。在这16个字里，最难的是"政企分开"。实际上用混合所有制的方法就可以成功解决政企不分的问题。这么多年来，国有企业第一轮改革采取了上市的方法。今天我们去看中央企业，上市公司的资产约占中央企业总资产的68%，上市公司的利润约占中央企业总利润的86%，也就是说中央企业进行了大规模的混合所有制改革，和市场高度融合。我们把市场的机制引入国有企业，这真的是一个制度创新。民营企业最大的短板是什么？就是治理不规范。这个问题也可以通过混合所有制解决。我插队时做过农业技术员，学过杂交育种技术，两种物种杂交之后产生的新品种会发挥原来两者的优势，叫杂交优势。我觉得混合所有制企业有相似之处，实现了国有企业的规范治理和民营企业的市场活力的优势结合。

我提出过一个国有企业和民营企业的混合公式："国有企业的实力＋民营企业的活力＝企业的竞争力"。在混合所有制里，资本的混合、产业链的结合等，当然都是应有之义。但我觉得它最大的贡献在于给企业带来了活力。国有企业为什么去混合？因为缺市场化的机制，而混合之后可以实现市场化经营机制的建立。在混合所有制企业中可以实施员工持股等激励计划，弘扬企业家精神。混合所有制改革是我国改革过程中非常重要的一件事情。

积极稳妥推进混合所有制改革

这是国企改革三年行动八大任务里的一个，里面有两大关键词。一是"积极"，我们要以积极的心态去推动它，经过这么多年的实践，不应再去怀疑它了。二是"稳妥"，根据企业的实际情况，该怎么混就怎么混，不设时间表，不搞一刀切。混改不是一混就灵、一混了之，关键在于通过不断深化，把"合"做到位，把"改"改到位。

在推进混合所有制改革里，我们还有很多课题要做。国有企业不可能都用控股的方式，把民营企业统统混进来"摊大饼"，没有那个必要；同时国有企业的二、三级企业要瘦身健体，要更有市场竞争力；国有企业也可以采用和民营企业高度融合的参股方式，让它们获得市场的活力。这些是我们现在要认真思考的问题。

08 ◎ 混合所有制是一场企业制度创新^①

我国国企改革历经 40 年，国有企业大体上和市场经济融合了。党的十八大以来，国企改革从理论到实践都上了一个新台阶，尤其是国企改革三年行动，进一步对国企改革工作进行了细致安排，为国企改革"最后一公里"铺平了道路。在国务院国资委的正确领导下，国企改革三年行动工作正在有条不紊地开展。大家知道，国有经济和市场接轨是个世界性难题。其中有两大问题：一是宏观上怎么解决国有经济和民营经济共同发展的问题；二是微观上如何解决国有企业和民营企业公平竞争、相互融合的问题。

我们成功地实现了"国民共进"

我国的基本经济制度是以公有制为主体，多种所有制经济共同发展，必须毫不动摇巩固和发展公有制经济，毫不动摇鼓励、支持、引导非公有制经济发展。"两个毫不动摇"为我们坚持国有经济为主导、支持和发展民营经济提供了根本遵循。这些年来，我们坚定不移地贯彻这一点，我们既没搞"民进国退"，也没搞"国进民退"，而是"国民"携手实现了"国民共进"，国有经济和民营经济都得到了健康、长足的发展。国企改革三年行动中提出，国有企业要在提升产业链、供应链水平上发挥引领作用，国有企业特别是中央企业要带领中小企业共同发展。国有经济进行了战略性调整，主要向关系国家安全、国民经济命脉、国计民生的重要行业和前瞻性战略性新兴产业集中，有所为有所不为，既做到了瘦身健体，又得到了快速发展。民营经济大力发展服务业、制造业、

---

① 2020 年 12 月 29 日，作者在 2020 中国企业改革发展峰会暨成果发布会上做主题演讲。

互联网和创新经济，展现了巨大的活力。国有经济和民营经济形成了"大河有水小河满"的共同发展的良好局面。

混合所有制是一场企业制度创新

社会主义市场经济总体上有两种微观企业形态，即国有企业和民营企业。在经济发展过程中这两种不同所有制的企业必然会相互融合，形成新型的所有制企业，这就是混合所有制企业。党的十四届三中全会、十五大、十六大都提出了发展混合所有制，党的十八届三中全会通过的决议中把混合所有制作为我国基本经济制度的重要实现形式，充分肯定了它的制度创新的重要意义。

国企改革三年行动中把积极稳妥推进混合所有制改革作为一项重要工作。"积极"就是要充分认识混合所有制对改革的重大意义，对做好混合所有制改革工作要有积极的态度和心态；"稳妥"就是要按照"三因三宜三不"扎扎实实地做好混合所有制改革，不搞一刀切；混合所有制改革要在"改"字上下功夫，最终体现在做强做优企业上。混合所有制要想混好就必须在"合好"和"改好"上下功夫。"合好"就是积极引入高匹配度、高认同感、高协同性的战略投资者，支持商业一类企业引入非国有资本的持股比例超过1/3。高匹配度是指双方具有相同的合作诉求和发展诉求；高认同感是指双方对企业定位、发展战略、经营理念和文化等高度认同；高协同性是指双方在业务开展、产业链布局、管理能力、技术水平、资源配置等方面的协同性高。总之，混合所有制企业双方要在战略上一致、文化上认同、产业链上协同，要有长期合作的打算。

在制度创新上，混合所有制能够解决国有企业政企不分和民营企业治理不规范两大难题。对国有企业最重要的是通过混合所有制引入市场化机制。2020年5月出台的《中共中央 国务院关于新时代加快完善社会主义市场经济体制的意见》中提出，对混合所有制企业，探索有别于国有独资、全资公司的治理机制和监管制度；对国有资本不再绝对控股的混合所有制企业，探索实施更加灵活高效的监管制度。国企改革三年行动中提出的支持国有企业集团公司对国有股权比例低于50%、其他所有制股东能够有效参与公司治理的国有相对控股混合所有制企业，实施更加市场化的差异化管控。我们应该把这些政策落地，让它们具体化、可操作。

在混合所有制的"宜独宜控宜参"中，我们既要把"宜控"的控好，也要认真研究"宜参"的混合所有制。像蒙牛、绿地、万科、平安等企业都是参股的混合所有制企业，既引入了市场机制，实现了快速发展，也强化了规范治理，维护了包括国有股东在内的各方股东权益。

国有企业上市化改造是一种规范的混合所有制改革。2020 年是资本市场三十而立之年，资本市场极大地支持了国有企业的改革发展，不光引入了重要的发展资金，同时引入了市场机制和规范管理。目前在 4100 多家上市公司中国有企业有 1100 家左右，其中中央企业有 400 家左右。2019 年，中央企业控股上市公司资产总额约占中央企业总资产的 68%，利润约占中央企业总利润的 86%。作为国有企业，我们要做提高上市公司质量的模范，积极遵守"三分开两独立"的规范治理要求，解决好一股独大的问题。国企改革三年行动中提出要支持和引导国有股东持股比例高于 50% 的国有控股上市公司，引入持股 5% 及以上的战略投资者作为积极股东参与公司治理，使公司加强内部制衡，公开透明地经营。

改革的重点还是机制

健全市场化经营机制是企业激发活力、提高效率的关键。中央领导多次讲到，国企改革重要的是机制改革，只有机制才能激发企业微观活力。要提高对机制和企业活力、创新力、竞争力、原动力的认识。机制是实打实的东西，要用足政策。我们都要做机制改革的"促进派"，不能做改革的"顶门杠"。

企业机制主要有三条。

一是三项制度，就是人事制度、劳动制度、分配制度。这方面要做到三能：管理人员能上能下，员工能进能出，收入能增能减。其实，这是国企改革的出发点，但这么多年来，一些企业并没有做好做足，甚至有些企业出现回潮，使得国有企业的三项制度改革普遍不到位。在部分国有企业中，收入存在倒挂现象，和民营企业正好相反。这不合乎市场规律，必须改革。所以，国企改革三年行动中仍把三项制度改革放在机制改革的首位。

二是中长期激励机制改革。今天我们已进入高科技和新经济时代，人力资本和金融资本同样都是重要的资本，甚至人力资本是更重要的资本。所以要想留住人才，激发员工长期的积极性，就必须有中长期激励机制，就是国资委领导讲的"3+2"："科技分红、股票计划、员工持股＋超额利润分享、骨干跟投"。国有企业机制改革的标准是什么？就是在机制改革后，国有企业的员工收入待遇和社会同类同等企业的基本相当，对骨干人员的激励水平和社会同类同等企业的基本相当。

三是弘扬企业家精神。党中央文件明确提出了国有企业家的概念，充分肯定了国有企业家的历史贡献。习近平总书记对国有企业领导人员提出了"对党忠诚，勇于创新，治企有方，兴企有为，清正廉洁"的 20 字要求[①]。这就是国有企业家的特质，要大力弘扬。国有企业家是企业宝贵的财富，应该倍加珍惜，应当让他们得到应有的尊重。苏世民在《苏世民：我的经验与教训》中讲到"一个人可以学着做管理，甚至可以学着当领导，却无法通过学习成为企业家"，强调了企业家的可遇不可求。最近，我在山东省参加国企改革述职问询时，山东重工的董事长谭旭光给我的印象极其深刻。他就是李云龙式的企业家，敢作敢为，大刀阔斧地改革，受到了职工的拥护和领导的表扬。

最后，我想说，如今国企改革有最好的环境，我们也有了改革最好的政策。我们应该身体力行，勇于担当，率先垂范，一马当先。

[①] 《习近平在全国国有企业党的建设工作会议上强调：坚持党对国企的领导不动摇》，2016 年 10 月 11 日，http://www.xinhuanet.com/politics/2016-10/11/c_1119697415.htm。

09 ◎ 企业家和企业家精神[①]

改革开放以来我国经济快速发展，在应对新冠疫情等急难险重任务时，我国企业家都发挥了重要作用。那么，什么是企业家精神？如何做好国有企业家？

关于企业家和企业家精神

◆ 企业家的由来

"企业家"这个词是舶来品。200多年前法国人讲的企业家是指商人，他们把物品从 A 地运到 B 地，增加了价值，这样的人就是企业家。后来，英国的新古典经济学家马歇尔在 1890 年出版的《经济学原理》中讲到企业家和组织在企业中的作用及企业家要素。但真正把"企业家"的概念明确了的是熊彼特，他在 1912 年写的《经济发展理论》中提出了"创新"的概念。创新是生产要素和生产条件的新组合，从一辆马车到一万辆马车只是增长，只有从马车变成蒸汽机车才是发展。熊彼特认为企业家是创新的灵魂，同时还提出了资本的作用，资本是企业家用于创新的杠杆。他提到企业家除了创新，还有个特质，就是冒险，他认为企业家是对成功充满渴望、有冒险精神的人。1985 年德鲁克在《创新与企业家精神》一书中提出什么是企业家，他认为企业家是创新并创造了财富的人，企业家不是必然要冒险，企业家要规避风险。熊彼特

① 本文整理自 2021 年 1 月 23 日作者在中国大连高级经理学院新任中央企业领导人员和中央企业中青年高级管理人员培训班上的讲座。

说企业家要冒险，而德鲁克认为企业家不应冒险，到底谁对呢？其实他们讲得都对，熊彼特所在的时代是工业时代早期，遍地是机会，只要冒险就可能取得财富；但到了 1985 年，西方工业已经成熟，这个时候冒险不见得都能够成功。

我国也一样，改革开放初期遍地是机会，那个时候有胆识、敢于冒险，就容易取得财富，就可能成功。今天如果大家都简单地去冒险，就可能会失败。当前无论是创新还是做企业，成本高了很多，不像以前那么容易了。做企业不仅要有高情商、高智商，还有一个很重要的要素，就是高逆商。情商指的是理解他人的能力，智商是辩证思考的能力，逆商是克服困难的能力。企业家不能只习惯于打胜仗，顺势去做。许多成功的企业家在企业发展过程中都遇到过非常大的困难，甚至是灭顶之灾，但最后挺过来成功了，因此逆商非常重要。企业家的特质是能够创新、创造财富，同时能够面对困难、解决困难。

◆ 中国企业家的兴起

中国企业家的出现可以追溯到清朝末年，当时一些仁人志士为了实业救国、科学报国，开始做企业。清朝末年的一群企业家，为了改变国家积贫积弱的状况，掀起了洋务运动；民国初年的民族资产阶级也开展了实业救国，其间出现了像张謇这样的企业家；社会主义建设时期也涌现出一批企业家，比如具备爱国、求实、奉献精神的铁人王进喜；改革开放之后，企业家辈出。

习近平总书记充分肯定广大企业家在促进经济社会发展中的重要作用和贡献。2014 年 7 月，习近平总书记在给福建企业家的回信中鼓励广大企业家要继续发扬"敢为天下先、爱拼才会赢"的闯劲 [1]，极大振奋了广大企业家。2014 年 11 月，习近平总书记在亚太经合组织工商领导人峰会上有一段关于企业家的非常重要的论述："市场活力来自于人，特别是来自于企业家，来自于企业家精神。"

2017 年 9 月，《中共中央 国务院关于营造企业家健康成长环境弘扬优秀企

---

[1] 《习近平给福建企业家回信：敢为天下先 爱拼才会赢》，2014 年 7 月 21 日，http://politics.people.com.cn/n/2014/0721/c70731-25308366.html。

业家精神更好发挥企业家作用的意见》(本文中简称《意见》)出台。在这之前，关于国有企业有没有企业家，社会上有不同的看法，这是第一次以文件形式提出国有企业家，对国有企业家是很大的鼓舞。德鲁克认为企业家和所有制无关，和企业大小无关，只要有创新精神并创造了财富就是企业家。因此国有企业也有企业家。

企业家应该有社会责任感，创新并创造财富，还要回馈社会，这也是今天对企业家的要求，这样的企业家才能够成为中国的现代企业家。如今中国很多民营企业家、上市公司的企业家，积累了不少的财富，但他们也面临一个问题，就是如何做好传承、如何实现可持续发展。

最近我读了曾担任斯坦福大学校长 16 年的约翰·汉尼斯写的《要领》，他在书中讲到 16 年里的一项主要活动是让企业家更多地把钱捐给学校，学校再用这些钱来扶植教育。这样可以保证考上斯坦福大学的优秀学生不会因为没有学费而上不了学，优秀的学生可以获得学校的奖学金，奖学金由社会企业捐助。我也呼吁我国的企业家多支持国内学校，建立一些教育基金，这能使财富发挥更大的作用。我国企业家在履行社会责任方面也在不断进步，比如，福耀集团董事长曹德旺这么多年累计捐款超 120 亿元。我们提倡更多的企业家履行社会责任。

总的来看，我国企业家主要有三种来源：一是国有企业的企业家群体，他们长期奋斗在国有企业一线；二是国有企业转制而成的混合所有制企业或民营企业的领导者；三是民营企业成长过程中培养出来的企业家。

◆ 企业家精神

改革开放以来我国经济快速发展，在应对新冠疫情等急难险重任务时，我国企业家都发挥了重要作用。比如，新冠疫情期间，我国很多企业快速转产，生产口罩、防护服、呼吸机、试剂盒等供应国内需求，也有大量出口，比如华大基因出口试剂盒、迈瑞医疗出口呼吸机，等等。

越是在困难的时候我们越能看到两点：一是中国人民众志成城，二是中国的企业家特别能战斗。中国一大批企业家带领企业克服重重困难，让人既感慨又感动。2020 年面对新冠疫情和中美贸易摩擦的双重压力，我国外贸企业的日子比较难过，但 11 月单月进出口贸易顺差 754.2 亿美元，创有记录 30 年来单月最高。北京有家服装企业，疫情期间利用服装厂房去做防护服，加班加点，成为中国出口量排在前列的大型防护服出口企业。国有企业也一样，在雷神山、火神山医院的建设中，建筑、建材等行业的企业做出了巨大贡献。国药集团研制疫苗，从项目立项到上市仅用了 335 天时间，而以前做同样的疫苗要用 3 ~ 5 年时间。说到疫苗，中国建材旗下凯盛君恒是装疫苗的玻璃瓶的主要生产商之一，产地在河北邯郸的魏县。前几年我去当地参加扶贫调研，决定在那儿建一个填补国内空白的药用玻璃瓶厂，2020 年应对疫情正好有用武之地，充分保障了疫苗生产的需求。或许这就是"但行好事，莫问前程"。

▲"但行好事，莫问前程"，药用玻璃项目在疫情期间发挥了重要作用

　　企业家精神的内涵是什么呢?《意见》将企业家精神概括为 36 个字：爱国敬业、遵纪守法、艰苦奋斗、创新发展、专注品质、追求卓越、履行责任、敢于担当、服务社会。党的十九大报告提出激发和保护企业家精神的明确要求。2020 年 7 月 21 日，习近平总书记主持召开企业家座谈会并发表重要讲话，指出"企业家要带领企业战胜当前的困难，走向更辉煌的未来，就要弘扬企业家

精神，在爱国、创新、诚信、社会责任和国际视野等方面不断提升自己，努力成为新时代构建新发展格局、建设现代化经济体系、推动高质量发展的生力军。"[①] 习近平总书记还提到要学习清末民初的张謇。张謇既是成功的企业家，也是有爱国情怀的企业家。2020 年 11 月 12 日，习近平总书记在江苏考察期间，专程前往南通博物苑，参观张謇生平介绍展陈并强调，广大民营企业家要学习张謇的精神。

◆ 企业家社会

中国有 1 亿多的市场主体，有很多的企业家，现在的社会是企业家社会。康德拉季耶夫的长周期理论提出每 50~60 年是一个经济周期。第二次世界大战后，1945 年到 1965 年这段时间，美国和欧洲都经历了快速增长；但 1965 年之后的 20 年，欧洲开始出现衰退，而美国出现繁荣。德鲁克就研究过到底怎么回事，是康德拉季耶夫理论不对，还是有其他原因。研究发现，1965 年到 1985 年，美国用创新型经济或者企业家经济取代了管制型经济，创新使美国获得了发展，美国就业人数从 7000 万增加到 1.1 亿。美国出现的繁荣，原因可以归结为创新精神和企业家社会。反观我国经济的发展历程，如果把 1992 年邓小平同志南方谈话作为中国市场经济的开始，1992 年到 2012 年我国也经历了 20 年的快速增长，2012 年出现了新常态。新常态就是经济的周期现象，我们的经济不可能长期保持两位数增长，我们应对新常态的办法是"双创"，即大众创新、万众创业，这是有逻辑根据的。

德鲁克在《创新与企业家精神》中提出，北欧国家是高福利社会，如果没有企业家创造财富，这个福利是空中楼阁，会成为坐吃山空的经济模式，必须用企业家社会来代替这种高福利社会。我们要迎接一个企业家社会，让更多的人去创造财富，只有大家都创造财富，社会才可能有福利；如果大家只求福利不创造财富，这个社会将会坐吃山空。到底是应该把饼做大还是应该把饼分好，我觉得二者都很重要，企业家把饼做大，社会再把饼分好，也就是处理好效率和公平问题。

[①] 《习近平：在企业家座谈会上的讲话》，2020 年 7 月 21 日，http://www.xinhuanet.com/politics/leaders/2020-07/21/c_1126267575.htm。

企业家社会有三个特点：一是要把创新创业作为社会的主流意识，我们现在已经有这样的意识了，大家都接受创新创业，无论是国有企业还是民营企业；二是要造就浩浩荡荡的企业家队伍，大企业家顶天立地，中小微企业家铺天盖地；三是企业家时代是创造财富的时代，企业家多了，社会的民主法制进程也会加快，这都是密切联系在一起的。

如何做好国有企业家

到底需不需要国有企业？在 2016 年 10 月 10 日召开的全国国有企业党的建设工作会议上，习近平总书记非常鲜明地回答了这个问题：国有企业是中国特色社会主义的重要物质基础和政治基础，是我们党执政兴国的重要支柱和依靠力量。我国的基本经济制度也决定了国有企业必须做强做优做大，这是我国的政治基础。

习近平总书记对国有企业领导者提出了 20 字要求：对党忠诚、勇于创新、治企有方、兴企有为、清正廉洁。企业家有自身特质，国有企业家也一样，国有企业有经营者、领导者，但不是都有企业家。如果创新并创造财富，就是企业家；如果只扮演管理者的角色，就不完全具备企业家的特征。我们常说要弘扬企业家精神，指的就是大家都要学习企业家创新创业的精神。

我常讲国有企业有三大法宝：一是党的领导，二是混合所有制改革，三是企业家精神。企业家是稀缺资源，可遇而不可求。我们一定要发现企业家、善用企业家、培育企业家、爱护企业家。学习可以培养经营者，可以培养领导者，但不容易培育出企业家，企业家是很难得的。这里有几条需要注意。一要加强对国有企业家的研究。二要强化企业家的经营决策权，给他们一定的自主权。三要容错纠错，出台相应的容错纠错制度。企业经营环境瞬息万变，世上几乎没有常胜将军，企业也没有强者恒强的道理，因此，做企业有时候得对失败宽容。四要加强对国有企业家的培训教育。当然还要给予企业家充分信任，做好相关服务，解决好生活待遇问题，让他们没有后顾之忧。

如何做世界一流企业

国务院国资委成立于 2003 年，那时中央企业除个别企业外，绝大多数规模都不大，经过 18 年时间，中央企业发生了沧桑巨变，有 48 家进入世界 500 强。中国建材从销售收入只有 20 亿元的企业，发展到全球规模最大的建材企业，在七个领域的规模都是全球第一。坦率来讲，过去我们的发展速度、规模增长速度确实惊人，但质量效益还需进一步提高，我们的目标是实现高质量发展，达到世界一流水平，我们要从大企业时代迈向强企业时代。

◆ 三大主义

尽管过去我们取得了非常好的成绩，但展望未来，还是存在许多不确定性。不确定中有没有确定？有，那就是常理，常理没有改变。下面我主要讲三条常理，即三大主义。

第一，**务实主义**。在现在这个信息大爆炸的时代，面对各种各样的观点和声音，我主张我们还是要扎扎实实做好自己的企业。因此我提出了务实主义，仰望星空交给天文学家去做，我们的任务是把望远镜片做好，如果没有人做望远镜片，不把质量提高，怎么仰望星空？经济学家有经济学家的事，科学家有科学家的事，企业家有企业家的事，如果企业家不做好产品，其他的都白说。做企业还得赚钱，长期不盈利，企业就无法生存。"摸着石头过河"是务实主义，"黑猫白猫抓到老鼠就是好猫"也是务实主义，做企业，说一千道一万，最后得赚钱，赚不到钱企业就可能倒闭。我们要更加关心如何做好自己的企业，提高质量、降低成本、开拓市场、赚钱盈利。我提出要聚焦核心主业、聚焦核心专长、聚焦核心市场、聚焦核心客户，这些都是企业非常重要的看家本领。

第二，**专业主义**。中央企业里大多是专业型的公司，个别公司是多元化的。关于专业化和多元化，我主张专业化，因为毕竟人力、财力、物力有限，只有专业化才能做到最好。比如，北新建材 40 年只做石膏板，这几年加了防水和涂料，防水、涂料和石膏板同样属于新型建材，也没有出格；南方水泥只做水泥；中国巨石只做玻璃纤维。中国建材的每一个业务平台都是专业平台，每一个平台只做一种产品，做单打冠军，如果单打都赢不了，怎么做多面手？恰恰因为这样，中国建材培育了一批单打冠军，也就是德国人赫尔曼·西蒙提出的隐形冠军，看起来行业很窄，但是经营得很深。

北新建材的石膏板用于吊顶或者隔墙，大家觉得这有什么技术？但是它的石膏板能做到既轻又硬，很多大型项目选用。能赚钱的技术就是好技术，企业赚了钱才能开展技术创新、改善环境，如果没有效益根本就难以发展。企业就是要专业化经营，北新建材深耕石膏板行业40年，看起来很"枯燥"，但是现在做到在全国拥有约100条生产线，市值800多亿元，成为全球赚钱最多的新型建材石膏板企业，这就是专业化。

稻盛和夫当年做京瓷的时候很多人都离开了，剩下的那些"木讷"的人一起做，最后做成了世界500强，"木讷"的人就是踏踏实实做事的人。这么多年，我在企业选择干部的时候，更注重选择痴迷者，也就是特别精于业务的人。我希望各个平台的干部都是痴迷者，能把自己的事说清楚，能把自己的企业发展好，能种好自己的一亩三分地，不要左顾右盼。我们不需要"万金油""百事通"，而需要扎扎实实的痴迷者。中国建材的干部中就有三位代表。第一位是凯盛集团董事长彭寿。他是中国工程院院士，也是一位专家型的优秀企业家，致力于玻璃材料领域。第二位是南方水泥总裁肖家祥，带领企业取得良好的效益。第三位是北新建材董事长王兵，这么多年就做石膏板，2019年又增加了两项相关业务，采用"一体两翼"的发展模式。

习近平总书记说过这样一段话，"做实体经济要实实在在、心无旁骛地做一个主业，这是本分"①。专业主义就是心无旁骛地做好一个主业，现在那些出了问题的上市公司，绝大多数是因为偏离了主业，盲目扩张。因此，专业主义很重要，企业要做隐形冠军，不要偏离主业。

吉姆·柯林斯在《基业长青》一书中提到了18个高瞻远瞩的公司，到2000年竟然有一大半倒下了。于是他又写了《再造卓越》这本书，研究企业为什么会倒下，发现大部分是因为盲目扩张，正如爬上一座高山也许需要10天，而掉下来只需要10秒。这本书讲述了企业从成功走向衰败的五个步骤：一是

---

① 《习近平：做实体经济要实实在在、心无旁骛做主业》，2019年3月10日，http://www.gov.cn/xinwen/2019-03/10/content_5372653.htm。

狂妄自大；二是盲目扩张；三是漠视危机，危机来了不在乎；四是寻找救命稻草，盲目地求助或希望请一个"无所不能"的 CEO 来救命；五是被人遗忘或濒临灭亡。

第三，长期主义。做企业不一定会马到成功，马到了也许也不能成功。做企业需要坚守，是一个长期的过程，做好一个企业没有 10 年 20 年不行，做到极致需要三四十年，要做到更好，可能需要 50 年。

有一次在中国政法大学商学院的开学仪式上，校方请我去做演讲。当时我讲的是"一生做好一件事"。我做企业 40 年，从 23 岁做到 63 岁退休，中间曾面对不少机会和选择，但始终没有离开企业。我在《改革心路》[1]中讲一切源于责任。我觉得企业的事，反正得有人做，可能我更熟悉一些，就一做做了 10 年厂长、18 年董事长。没有扎扎实实的长期主义，想做好一个企业是不可能的。我希望，我们的企业家能够稳定地工作，一步一个脚印，一张蓝图绘到底，把终身做企业作为自己的使命，不要把做企业变成一个人生跳板。

◆ 三维发展

2015 年，我在法国图卢兹中法工商峰会上做了一次演讲，讲了经济发展应关注的三件事情。企业要重视"技术＋互联网＋资本"的新发展模式，这三个要素缺一不可。

第一，关注核心技术。企业没有技术肯定不行。像北新建材的石膏板，有净醛石膏板、相变石膏板、鲁班万能板等不同产品，都有技术支撑。当然，不见得一讲技术就是区块链、量子技术等高科技，其实，各行各业都有自己的技术。

技术的来源是什么？过去我们走过模仿创新的路线，现在非常重视自主创新，力争突破"卡脖子"技术。自主创新有一个过程，投入较多，周期也较长。过去做一个新药大概需要 10 年时间、10 亿美元的投入，现在据说全球研发一个新药平均需要 26 亿美元。像华为、比亚迪等企业每年在研发方面的投入都很高。也就是说，大企业、中央研究院、大学研究院可以进行高科技、大投入的自主创新。

---

① 《改革心路》是作者 2018 年出版的图书。

那绝大多数企业该怎么办？还有一种重要的方式是集成创新，既有模仿创新也有自主创新。例如电动汽车，全球很多企业都生产，原理是相似的，但不同的设计有不同的功能、体验，最后就成了大家各自的创新，这种创新属于集成创新。中国建材的新产品既强调自主创新，也倡导集成创新，目的是把产品做得更好。企业有核心技术，在竞争中才能有核心竞争力。

第二，关注互联网。互联网最大的好处是去中介，过去我们做生意基本都要靠中介，因为客户和厂家之间信息很难对称，只能通过商人、贸易、物流等这些中介，这就产生了最初企业家的概念，使得产品从 A 地到 B 地增值了。互联网一来，厂家和客户通过平台可以直接联系，中介的作用就没有以前大了，当然互联网的意义远不止于此。

2000 年时，北新建材做过北新数码，当时股票涨了 7 个涨停板，通过增发股票还赚了点儿钱。当时我们的口号叫"水泥＋鼠标"。记得那会儿有很多做互联网的公司，有 B2B（企业对企业的营销关系）也有 B2C（企业对个人的营销关系），但后来好多企业没做下去，因为缺两个条件：一是缺少移动终端，那时候没有智能手机，要想下单需要 PC 机，而现在智能手机就能解决；二是缺少电子支付，现在电子支付解决了很多问题。

当前互联网已逐步进入产业互联网时代。产业互联网有很大的市场，因为我国有 1 亿多个市场主体，是非常庞大的市场。比如海尔卡奥斯工业互联网平台聚集了 390 多万家生态服务商。疫情期间，青岛 4 个女职员通过互联网平台用 4 天时间帮助山西一家企业转型生产口罩，每天产能达 10 万只。产业互联网时代最重要的就是智能化。

2020 年年初我去深圳的工业富联的"熄灯工厂"，过去一个车间需要 318 人，现在只有 30 多个巡回工，一班 10 个人。南昌的江中集团的工厂从熬药到最后做成颗粒，全过程是无人的、智能化的，它的智能化早在 2012 年就完成了。2016 年习近平总书记到那里考察，对自动化生产线给予了充分肯定[①]。我最近去云南白药，它的牙膏市场份额约占全国的 20%，有非常漂亮的工厂，牙膏生产线全部智能化。

---

① 《习近平春节前夕赴江西看望慰问广大干部群众》，2016 年 2 月 3 日，http://www.xinhuanet.com/politics/2016-02/03/c_1117985511.htm。

▲ 江中药谷被称为中国最美工厂

我们要善用互联网思维，不光要研究互联网，还要研究"+"的思维，比如"石膏板+""水泥+""玻璃+"等这些概念，充分利用协同关系，产生更高的效益。2018年我到山东青州中国建材所属的一家水泥厂调研，这算是一个中等企业，有两条日产6000吨的水泥生产线。我问厂长2017年赚了多少钱，他说赚了6.2亿元。我很好奇地问怎么赚了这么多，一般来讲，这样规模的工厂赚2亿元比较正常。他告诉我主要原因就在于采用了"水泥+"的模式，质量好的矿石烧水泥，质量一般的矿石磨石头子变成骨料，再差点的就磨机制砂代替河砂，同时还做商品混凝土。这些"+"出来的业务赚了4.4亿元，水泥本身赚了1.8亿元，加起来就是6.2亿元。这个成绩很了不起。现在这家企业又开展了烧"危废"业务，这项业务每年也能赚6000万元。普通垃圾焚烧厂的焚烧温度是800℃，容易产生对人体有害的二噁英类物质，怎么解决？可以通过水泥厂进行垃圾焚烧，1600℃的高温下，垃圾既做燃料提供了能量，也能避免产生二噁英，又能产生效益，这就是"+"的业务。

玻璃业务也是这样。以前建筑玻璃行业一直恶性竞争，不赚钱，一重量箱玻璃才5元，最近听说一重量箱涨到120元，玻璃厂开始赚钱了，但最赚钱的是电子薄玻璃、光伏玻璃、薄膜太阳能玻璃等。薄膜太阳能玻璃并不是普通太阳能玻璃，是碲化镉、铜铟镓硒太阳能玻璃，在玻璃上涂一层纳米级的膜，发电转化率能达到 19%。我们以后建厂房的时候就可以使用玻璃，做出来的整体效果也非常漂亮，还可以发电。现在新的技术还有很多，像汽车挡风玻璃和侧面玻璃可以作为显示屏，不显示时是透明的，显示的时候会标出车辆行驶的速度，车里不用单独安装显示屏。这些都属于"玻璃＋"。

第三，关注资本。很多人把资金和资本混淆了，资金可以通过贷款获得，但贷款要付高额的利息。做企业最重要的是资本，熊彼特说，资本是企业家用于创新的杠杆。最早的资本市场——荷兰阿姆斯特丹的股票市场，距现在有 400 多年的历史。如果从《梧桐树协议》签订之日算起，美国的资本市场有 200 多年的历史。我国的资本市场还很年轻，只有 30 年时间，但经过 30 年的发展，我国的资本市场规模已成为全球第二，其间我们也经历过各种跌宕起伏，现在基本是一个相对成熟的市场。30 年前，我带领北新建材上市的时候，连市盈率都不太理解，当时只知道目的是融资，融资以后建设新的生产线，后续才逐渐深入了解了资本市场的意义。

截至 2021 年 1 月 22 日，中国资本市场有 4154 家 A 股公司，有超过 80 万亿元的市值。尤其 2019 年推出科创板后，共融资 4600 亿元左右。可以说科创板极大地支持了技术创新。像宁德时代市值近万亿元，要建设一条几百亿元的生产线，通过资本市场融资的方式相对容易解决。如果没有资本市场，这么大规模的资金从哪里来？是靠政府支持还是贷款？这些估计都比较困难。做一种新药大概需要 26 亿美元的投入，大家可能觉得这是个天文数字，但对于市值 6000 亿元的恒瑞医药来讲，通过资本市场融资的方式难度就不会那么大。前两个月，我去英科医疗调研，这家公司做塑料手套等产品，当时市值 300 亿元，仅仅两个月公司市值已超过 1000 亿元。资本市场的确极大地支持了中国企业的创新。

除了上市，还有私募股权投资。目前中国一共有 25000 家私募股权基金公司，规模约 15.8 万亿元，美国有 3000 家企业，但基金规模是 100 万亿元。美国上市公司总市值约 56 万亿美元，相当于美国 GDP 的 2.6 倍。我国是储蓄大国，目前我国存款总额约占 GDP 的 44%，合计约 192 万亿元，约合 27.8 万亿美元，而美国存款总额约占 GDP 的 18%，存款只有 13.3 万亿美元，我国资本市场的发展空间还很大。

2020年我受邀参加第六届全球私募基金西湖峰会，会上介绍了一个基金小镇，居然有四五百只基金在那里聚集。我到一些省调研时，有人和我说地方缺技术、缺资金，我说其实最重要的是缺资本。从上市公司数量上来看，广东有600多家，浙江有500多家，江苏有400多家，北京、上海、深圳各有300多家，但是很多省份只有几十家上市公司，也没有私募股权基金，光靠借钱发展，利息又高，很多利润被财务费用吃掉了。因此我们要特别重视资本的作用。

中国证监会现在在推行三件事。一是注册制改革，支持符合条件的公司上市。二是常态化退市，该退的要退。美国目前有5100家上市公司，过去40年已经退了14000家，美国上市公司的半衰期是十年半，每十年半就有一半上市公司消失，每年的退市比例是5%～8%，这是吐故纳新，让资本市场的上市公司保持优等水平。我国资本市场近几年取得了巨大的成绩，千亿级市值的公司数量翻番，但也有一些低市值的公司，这也要引起我们的注意。我曾到地方一家国有药企去调研，企业规模不小，研究院有500多人，研发了不少新药，但市值只有60亿元。为什么市值这么低？因为他们更多地关注资产、收入、利润等指标，市值还没有被足够关注。今天资本市场在金融运行中具有牵一发而动全身的作用。不少国有控股上市公司的市值还有待进一步提升。三是提高直接融资比重。

▲ 杭州基金小镇，创新事业与资本结合

◆ 六个一流

关于世界一流企业，我进行了研究。在制造业中，更能出现世界一流企业，丰田和奔驰就是代表，为此我特地去了丰田、奔驰等公司，去了解这些公司是如何做到世界一流的。经过研究和归纳，我得出了世界一流企业的六个标准：一是技术一流；二是管理一流；三是效益一流；四是质量一流；五是品牌一流；六是人才一流。企业达到世界一流水平，需要制订目标和计划，还需要经过持续磨砺和学习。

◆ 五项措施

企业要成为世界一流企业，有五项措施值得推荐：一是做强主业，把主业放在第一位；二是瘦身健体，不停地进行"三精管理"，即实现组织精健化、管理精细化、经营精益化；三是强化管理；四是创新转型；五是机制革命。

资本市场篇

01 ◎ 致敬资本市场 30 年[①]

我代表中国上市公司协会对各位的到来表示热烈的欢迎，对大家一直以来对协会工作的大力支持表示衷心的感谢。今天，我们相聚在这里，共同庆祝资本市场 30 周年，回顾历史，也展望未来，这是一件很有意义的事。

▲ 中国资本市场建立 30 年，实现了历史性突破和跨越式发展

资本市场 30 年取得了巨大的成就

30 年来，我国资本市场从无到有，从小到大，从弱到强，取得了世人瞩目

---

① 2020 年 12 月 12 日，作者在 2020 央视财经论坛暨上市公司峰会上致辞。

的成就。目前沪深两市共有上市公司4100多家，总市值近80万亿元。在这波澜壮阔的30年中，我们砥砺前行，勇于探索，敢开先河，现在向着建立一个规范、透明、开放、有活力、有韧性的资本市场的目标继续努力。

资本市场促进了国有企业的市场化改革。资本市场推动了国有企业建立现代企业制度，为国有资产保值增值、加强国企国资监管做出了不可替代和无法估量的贡献。现在，我国有1166家国有上市公司，中央企业的资产里有近70%是在上市公司里。

资本市场促进了我国民营企业的发展。资本市场对民营企业建立健全现代公司治理体系具有不可替代的作用，为大家插上了腾飞的翅膀。截至2020年12月11日，民营上市公司超过2500家，占上市公司总数的60%以上，民营上市公司的总市值已经达到约33万亿元。

资本市场大力支持了我国的科创事业。科创板的创立，为大量的科技企业提供了宝贵的创业资金，资本市场真正成为我国科技进步、创新发展的土壤。从2019年7月科创板首批公司上市到现在，共上市202家，仅2020年就已上市132家，募集资金2000多亿元。

上市公司在履行社会责任方面做出了重要贡献。尤其是党的十八大以来，上市公司践行新发展理念，积极履行社会责任，在环境保护、绿色发展、脱贫攻坚等方面发挥了引领作用。在2020年抗击新冠疫情的过程中，上市公司充分展示了作为国民经济发展先锋队和主力军的责任和担当。疫情早期捐款捐物，驰援武汉，加班加点生产防疫物资，确保医疗和人民生活必需品的供应。疫情稳定后，积极复工复产，复商复市，为全面恢复经济做出了积极的贡献。根据中国上市公司协会的统计，疫情防控期间，上市公司群体捐款捐物折合人民币超过66亿元。

上市公司积极助力脱贫攻坚，扶贫投入力度大、成效显著、受益面广。2018—2019年，沪深两市上市公司中分别有1170家和1248家披露扶贫工作情况，所涉及投入金额分别达到552亿元和1066.11亿元。这是2016年9月《中国证监会关于发挥资本市场作用服务国家脱贫攻坚战略的意见》发布之后，上市公司积极落实脱贫攻坚战略的体现。

在整个资本市场的建设中，广大投资者对资本市场做出了很大的贡献。30年来，我国上市公司募集资金总额近 16 万亿元，其中 IPO（首次公开募股）融资总额约为 3.64 万亿元，再融资总额约为 12.34 万亿元。上市公司的快速发展，离不开广大投资者的鼎力支持，更离不开投资者对上市公司的信任。投资者是资本市场发展之本，所以我们要尊重投资者，敬畏投资者，保护投资者。

上市公司也给了投资者较好的回报。30 年来，上市公司累计分红 8.36 万亿元，超过了累计募集资金的 50%。近 3 年派现金额更是连续突破万亿元，2019 年达到 1.36 万亿元，占整个上市公司净资产的 35%，实施现金分红的上市公司数量较 10 年前提升了近 10 个百分点。2020 年 9 月，中国上市公司协会联合沪深证券交易所发布 A 股上市公司现金分红榜单，入选"上市公司丰厚回报榜单"的 100 家公司中有 82% 的公司自上市以来连续每年分红，有 70 家公司近 10 年以来连续进行分红。入选"真诚回报榜单"的 100 家公司中有 84%的公司自上市以来连续每年分红，有 30 家公司近 10 年以来连续进行分红。

回顾过去的 30 年，中国资本市场迅速发展，在很多地方走过了一些成熟市场走了上百年的道路。尽管我们也经历了不少坎坷，但是我们的资本市场规模不断壮大，制度不断完善，投资者不断成熟，逐步成为一个在法律制度、交易规则、监管体系等各方面与国际运行规则基本一致的资本市场。我们各行各业的上市公司日益成为中国经济体系的重要组成部分，也不断满足人民对美好生活的向往和追求。

提高上市公司质量是我们的重要使命

党中央、国务院都非常关心资本市场的发展，关心上市公司质量的提高。尤其是党的十八大以来，习近平总书记针对资本市场发表了一系列重要讲话，明确指出：资本市场在金融运行中具有牵一发而动全身的作用，要通过深化改革，打造一个规范、透明、开放、有活力、有韧性的资本市场，提高上市公司质量[①]。近两年来，在中国证监会的领导下，我们做了大量富有成效的工作，资本市场基础性制度改革不断完善。

---

① 《中央经济工作会议举行 习近平李克强作重要讲话》，2018 年 12 月 21 日，http://www.gov.cn/xinwen/2018-12/21/content_5350934.htm。

▲ 当选中国上市公司协会会长，开启了我工作的新征程

第一，市场化改革迈出新步伐。 2019 年 7 月，科创板试点注册制正式实施；2020 年 8 月，创业板注册制落地。中国证监会易会满主席在署名文章《提高直接融资比重》中指出，注册制改革是资本市场改革的"牛鼻子"工程，也是提高直接融资比重的核心举措。要坚持尊重注册制的基本内涵，借鉴国际最佳实践，体现中国特色和发展阶段特征，及时总结科创板、创业板试点注册制的经验，稳步在全市场推行以信息披露为核心的注册制。

第二，法治化水平不断提高。 近年来，中国证监会陆续推出了重组、分拆、减持、股权激励等新政新规。2018 年，新修订的《上市公司治理准则》出台；2020 年 3 月，新证券法正式施行；2020 年 11 月，中央全面深化改革委员会第十六次会议审议通过了《关于依法从严打击证券违法活动的若干意见》，"零容忍"地从严打击证券违法，提高违法违规成本。

第三，国际化开放力度进一步加大。 一方面，沪港通、深港通和沪伦通开通。2018 年，234 家 A 股公司首次被纳入美国 MSCI 明晟新兴市场指数；2019 年，富时罗素将 A 股纳入其全球股票指数体系。这是我国资本市场高水平双向开放的重大突破。另一方面，监管部门也放宽了对证券基金期货行业外资股比限制。

2020 年 10 月 9 日，《国务院关于进一步提高上市公司质量的意见》(本文中简称《意见》) 正式印发，对提高上市公司质量进行了全面部署。《意见》是在深刻认识总结我国经济发展和资本市场新特点、紧密结合上市公司新实践新变化、深刻体会上市公司质量重要性的基础上出台的，对提高上市公司质量提出了新的更高的要求。

上市公司作为提高上市公司质量的主体，在新发展格局下，更要坚持新发展理念，主动承担起高质量发展的主体责任，认真贯彻落实《意见》的各项要求，牢记初心使命，把握机遇、迎接挑战，真正做到"知敬畏、守底线、尽责任"，提高公司治理水平，做优做强，不断提升自身发展质量。

我国资本市场将迎来长期稳定发展的新时期

党的十九届五中全会审议通过了"十四五"规划和 2035 年远景目标，全面擘画了我国发展新征程的宏伟蓝图，也为资本市场的发展指明了方向。资本市场将迎来长期稳定发展的新时期。一是新发展格局为中国上市公司提供了更广阔的市场视野和舞台；二是资本市场的发展思路非常明确，"十四五"期间资本市场有三件事情非常重要，即全面实行股票发行的注册制、建立常态化的退市机制、提高直接融资的比重，目标和方针都非常清晰；三是创新经济为资本市场增添了新的活力；四是上市公司质量提升工作已经迈开了坚实的步伐。

30 年前，资本市场的建立是一个新的伟大探索。资本市场发展的历史是我国改革开放和社会经济快速发展的缩影，是市场化理论和改革实践的创新史，是几千家中国上市公司荡气回肠的奋斗史，也是我国企业的股权意识和信用意识、我国股民的投资意识和风险意识全面提升，并日益深入人心的历史。资本市场基础制度的不断完善也是国家治理体系和治理能力现代化的重要体现，是中国社会现代化的伟大进步和伟大跨越。

历史长河奔腾不息，有风平浪静，也有波涛汹涌。我们不惧风雨，也不畏艰难。让我们满怀希望地迎接新的一年，迎接规范、透明、开放、有活力、有韧性的资本市场的未来。

02 ◎ 上市公司要认真学习新证券法^①

当前，中国处于抗击新冠疫情的特殊时期，广大上市公司积极响应党中央号召，落实工作部署，在做好自身疫情防控、抓好生产经营的同时，积极履行社会责任，为抗击疫情做出了重要贡献。资本市场经受住了疫情冲击的严峻考验，目前已经基本回归常态化运行。

2020 年 3 月 1 日，新证券法正式施行，标志着资本市场发展将进入新的历史阶段，对于上市公司也是一件大事。本次修订是证券法公布实施以来的第二次全面大修，历时 6 年，对资本市场的基础性制度做出了一系列改革完善，为证券市场全面深化改革落实落地、提高上市公司质量等，提供了坚强的法治保障，具有非常重要且深远的意义。

新证券法的实施必将对上市公司产生深远影响，广大上市公司要予以高度重视，认真学习，严格落实。本次修订有多项内容受到了市场的广泛关注，也有多处修改亮点和重点，对于上市公司来说，我觉得以下三点需要特别关注。

第一，新证券法新增"信息披露"专章，对信息披露的要求更加严格。 新证券法在总结科创板试点注册制的经验基础上，按照全面推行注册制的基本定位，对证券发行制度做了系统的修改完善。注册制的核心要求是信息披露，发行人和上市公司要注意新证券法对信息披露的要求更高了。

新证券法系统完善了信息披露制度。比如扩大信息披露义务人的范围，明确除发行人外，还包括"法律、行政法规和国务院证券监督管理机构规定的其他信息披露义务人"。进一步明确信息披露原则，除"真实、准确、完整"外，

---

① 2020 年 3 月 1 日作者发表在《证券市场周刊》的署名文章。

首次在法律中明确"简明清晰，通俗易懂"的要求。完善信息披露的内容，完善对"重大事件"的界定。此外，还强调应当充分披露投资者做出价值判断和投资决策所必需的信息，规范信息披露义务人的自愿披露行为，确立发行人及其控股股东、实际控制人、董事、监事、高级管理人员公开承诺的信息披露制度等。信息披露义务主体范围更广、标准更高、责任更重，压实了上市公司及相关主体的信息披露义务和责任。

第二，加大对违反证券监督法律行为的处罚力度，上市公司及关键少数的违法违规成本将显著提高。 新证券法对法律责任章节修改显著，是本次修订的一大亮点，也回应了多年以来提高证券行业违法违规成本的呼声。违法违规行为主体的法律责任更重了，不但要承担严厉的行政处罚，还要承担欺诈发行、虚假信息披露等民事赔偿责任，受到失信惩戒约束，涉嫌犯罪的将移送司法机关追究刑事责任。在对于欺诈发行、违规信息披露、内幕交易和短线交易等法律责任的规定中，大幅提高罚款金额上限，扩大监管范围，提高违法成本，以期最大限度地震慑违法违规行为主体，净化资本市场生态环境，推动上市公司质量提高。

如欺诈发行的处罚标准，对尚未发行证券的，由原来的罚款 30 万 ~ 60 万元提高到 200 万 ~ 2000 万元；对已经发行证券的，由罚款募资金额的 1% ~ 5% 提高到 10% 以上 1 倍以下；对直接负责的主管人员和其他直接责任人员，由原来的罚款 3 万 ~ 30 万元提高到 100 万 ~ 1000 万元。将违规信息披露明确分为未按规定披露和存在虚假记载、误导性陈述或者重大遗漏两种情形，并适用不同的处罚标准，罚款上限从原来的 60 万元提高至 1000 万元。加重了控股股东、实际控制人的举证责任，修订前法律规定控股股东、实际控制人有过错的要承担连带赔偿责任，新法修改为过错推定原则，控股股东、实际控制人要承担连带赔偿责任，除非能够证明自己没有过错。对于内幕交易制度，在知情人范围、知情信息范围、法律责任等方面都做了扩充完善，要求也更加严格。

第三，对投资者保护制度做出全新探索，上市公司要更加重视投资者关系管理和投资者权益保护。 新证券法新设专章规定投资者保护制度，建立了多项新制度。明确区分普通投资者和专业投资者，有针对性地做出投资者权益保护安排，加强对普通投资者的保护。通过多元方式优化投资者救济途径。其中最重要的就是创设了证券代表人诉讼机制。新证券法规定，投资者可以依法推选代表人进行诉讼，投资者保护机构受 50 名以上投资者委托，可以作为代表人参加诉讼。在投资者保护机构作为代表人诉讼的情形下，采用"默示加入、明示退出"的制度登记权利人，除非投资者明确表示不愿意参加该诉讼，否则都视为同意参加。在证券代表人诉讼机制下，一旦胜诉，法院做出的判决裁定对参加登记的投资者同样发生效力，将有效集中资源，降低投资者的维权成本。在投资者胜诉的情形下，如果产生巨额赔偿，对上市公司及相关责任主体的震慑和影响将是巨大的。上市公司将面临更大的诉讼风险，这也督促上市公司要合规守法，更加重视投资者关系管理和投资者权益保护工作。

证券法的修订是全方位、多维度的，内容也很丰富，在这里我想呼吁广大上市公司要把认真学习、贯彻落实新证券法作为一项重要工作来抓。充分认识新证券法出台的重大意义，理解和掌握新规定、新要求，强化法人治理规范，相应优化公司内部制度、健全内部机制，加强公司合规、风控以及董监高等公司内部人员的培训工作，避免因不知情、更新不及时、管理不到位等而出现不必要的违规，形成自我约束、自我规范、自我促进的机制。对于控股股东、实际控制人、董监高等关键少数来讲，更要读懂新证券法，掌握要求，约束好自己的行为，不断提升合规意识和诚信意识。

03 ◎ **全面提高上市公司质量**[①]

2020 年，我国上市公司群体步入了而立之年。纵观这 30 年的发展，我们既要看到上市公司取得的巨大成绩，也要看到上市公司在前进中存在的问题，更要增强提高上市公司质量的信心和紧迫感。我出任中国上市公司协会会长一年来，在中国证监会的领导下，在各相关方面的大力支持下，和协会的同志们积极推动上市公司质量的提高，深入上市公司调研，对董监高等关键少数进行了大规模培训。可以说，提高上市公司质量的理念已经形成共识，市场化、法治化的监管体系也日益完善，上市公司质量的提高迈开了坚实的步伐。我想就这些工作谈几点认识，供大家参考。

我国上市公司的现状

我国上市公司经历了 30 年的发展，从无到有，从小到大。截至 2020 年 4 月底，我国境内上市公司已达 3800 多家，总市值 59 万亿元，约占 2019 年我国 GDP 的 60%。上市公司涵盖了国民经济行业分类中的全部 90 个行业，占中国 500 强企业家数的 70%。上市公司的税收占全国企业税收的 30%，实体工业上市公司的利润占全国规模以上工业企业利润的 40%。这些数据都显示了上市公司是我国经济的重要支柱。

伴随着我国企业大规模上市，我国现代企业制度进一步完善，我国公司治理的水平大幅提升。上市公司推动了我国国有企业的市场化改革和民营企业的发展壮大，促进了混合所有制的完善和提高，在我国经济结构调整、转型升级

[①] 2020 年 5 月 11 日作者发表在《证券时报》的署名文章。

过程中发挥了重要引领作用。此外，上市公司在"一带一路""走出去"、发挥我国企业国际竞争力等方面也起到了骨干作用。可以说，我国上市公司是企业中的"优等生"，是经济的"压舱石"和"定盘星"，取得的成绩是巨大的。

然而，在看到成绩的同时，我们也要看到我国上市公司存在的问题和面临的挑战。如公司治理水平和信息披露质量有待进一步提高，控股股东和董监高的合规意识有待进一步加强，大股东侵占公司利益和财务造假事件屡有发生，更有个别企业利用幕后交易操纵股价等。2020年5月4日召开的国务院金融稳定发展委员会第二十八次会议专门提出要坚决打击财务造假、内幕交易、操纵市场等违法违规行为。另外，有些上市公司还存在业务过于分散、创新能力不强、经济效益偏低等问题，甚至还有一些企业连续亏损。上市公司的问题是多方面的，既有市场化改革、法治化监管不到位而形成的体制上的问题，也有公司治理水平未能适应规范要求所导致的治理问题；既有外在环境的客观性问题，也有上市公司的主观性问题；既有前进中遇到的新问题，也有历史长期积累的老问题。各种问题看起来似乎不少，但归纳起来核心是上市公司质量有待提高。

上市公司质量的内容

上市公司质量是资本市场健康发展的基础，只有高质量的上市公司才能提振投资者信心，才能带来资本市场的繁荣。在2018年年底召开的中央经济工作会议上，习近平总书记明确提出，要打造一个规范、透明、开放、有活力、有韧性的资本市场，提高上市公司质量[1]。2019年11月初，习近平总书记在上海考察时再次强调，设立科创板并试点注册制要坚守定位，提高上市公司质量，支持和鼓励"硬科技"企业上市[2]。

2019年5月11日，中国证监会易会满主席在中国上市公司协会2019年年

---

① 《中央经济工作会议举行 习近平李克强作重要讲话》，2018年12月21日，http://www.gov.cn/xinwen/2018-12/21/content_5350934.htm。

② 《习近平在上海考察时强调 深入学习贯彻党的十九届四中全会精神 提高社会主义现代化国际大都市治理能力和水平》，2019年11月3日，http://www.gov.cn/xinwen/2019-11/03/content_5448158.htm。

会上，在充分肯定我国上市公司取得巨大成绩的同时，也尖锐地指出了我国上市公司存在的问题，并提出要把提高上市公司质量作为中心任务来抓，要求上市公司谨记和坚持"四个敬畏"、恪守"四条底线"，明确了提高上市公司质量的工作目标。2019 年 11 月，中国证监会印发《推动提高上市公司质量行动计划》，提出从提升信息披露有效性、督促关键少数勤勉尽责、统筹推进资本市场改革、坚持退市常态化、解决突出问题、提升监管有效性、优化市场生态形成全社会合力七个方面入手，力争通过 3 ～ 5 年的努力，使上市公司整体面貌有较大改观。

上市公司质量指的是什么？主要是指上市公司的治理质量和运营质量，重要的是三点，即治理、绩效、责任。作为一家上市公司，规范的公司治理是基础，良好的绩效是目标，而明晰的责任则是上市公司的担当和品质的体现。

上市公司规范的治理结构，独立董事、监事会的作用以及各专门委员会职能的充分发挥，公司信息真实、准确、完整、及时、公平的披露，股东权利的监督，中介服务机构的勤勉尽责、诚实守信等，都是公司治理质量的范畴。公司的战略能力、管控能力、财务能力、创新能力、市场能力、盈利能力等，共同构成公司运营质量的基础。公司对股东尤其是小股东的责任、对各利益相关方的责任、对社会的责任、对环境的责任、对员工的责任等，构成上市公司责任方面的质量内容。

相较于非上市公司，治理质量对于上市公司而言尤为关键。上市公司很多问题和风险的暴露，其根源大多与公司独立性不够、治理失效、内控缺失相关。所以提高治理质量是提高上市公司质量的重中之重。2020 年，中国上市公司协会配合中国证监会在上市公司中组织开展公司治理专项活动，通过自查自纠、现场检查和整改提升等分阶段工作，切实推动公司治理水平得到有效提升。当然，对于上市公司而言，运营质量和责任质量也非常重要，是必须做好的基本功。

在我国上市公司群体中，不乏扎扎实实努力高质量发展的优秀企业。2019 年，我先后同几十家上市公司的董事长进行过长谈，还到上海、广东、四川、山东等地的十几家企业进行了实地调研，其中很多公司在规范治理、经营运作和企业责任上都做得很好。调研过程中，格力、五粮液、海康威视、万华、工业富联等公司在主业发展、收入利润、股价市值、现金分红等方面的表现，都给我留下了深刻的印象。

新冠疫情暴发后，上市公司群体的表现也令我非常感动。大家迅速行动起来，积极捐款捐物，累计捐助金额达 66.67 亿元。与此同时，大家还充分发挥自身产业和专业优势，战疫情、保供应，为战胜疫情和恢复经济生产做出了重要贡献，展现了上市公司作为国家经济发展先锋队、主力军的责任、担当和风采。

如何提高上市公司质量

提高上市公司质量是当前我国资本市场的主要矛盾，是牵动资本市场健康良性发展的"牛鼻子"。提高上市公司质量是一项宏大的系统工程，需要上市公司、各类市场主体、监管机构、地方党委政府等相关各方共同努力，多措并举，形成合力。《推动提高上市公司质量行动计划》强调了"四个结合"：一是企业内生发展与外部促进保障结合，突出上市公司第一责任，丰富外部制度供给；二是优化增量与调整存量结合，把好入口与出口关；三是解决突出问题与构建长效机制结合，立足当下、着眼长远；四是监管本位与协调推进结合，抓好精准监管，强化政策协同，推动形成强大合力。上市公司在提高公司质量中肩负着第一责任和主体责任，可以从以下几个方面入手不断提高自身质量。

第一，要提高认识。特别是大股东和董监高等关键少数，要遵循规范治理的原则立场。企业上市成为公众公司，不再是传统的国有企业或家族企业，必须按照资本市场的规则行事，公开透明地经营。"敬畏市场、敬畏法治、敬畏专业、敬畏投资者"这"四个敬畏"，应构成上市公司的核心原则和立场。

第二，要规范治理。上市公司必须自觉遵守监管部门的各种监管规则，合规经营，牢牢守住"不披露虚假信息、不从事内幕交易、不操纵股票价格、不损害上市公司利益"这"四条底线"。新证券法进一步加大了对披露虚假信息、违规操作的处罚力度，突出强调了投资者保护，上市公司相关人员一定要认真学习和遵守。

第三，集中精力做好企业的运营。上市公司要扎扎实实做好主业，推进有效的创新，加大管理力度，做好市场工作，提升企业的盈利水平。做好上市公司，归根结底还是要有良好的效益和长远的发展，不能只靠讲故事。

我觉得提高上市公司质量可以引入两个管理工法做抓手，即 ESG 报告和 PEM 评价体系。ESG 报告是指上市公司环境责任、社会责任和公司治理责任的报告，PEM 评价体系则是企业的卓越绩效评价系统，是从领导、战略、顾客与市场、资源、过程、分析、绩效七个维度加强企业运营质量的管理体系。

提高上市公司质量，不光是上市公司自身的事情，有效的监管、合理的退市机制、高质量的中介机构、成熟的投资人、正确的舆论导向等，这些共同构成了上市公司质量的生态合力。

受新冠疫情影响，国内外经济和资本市场受到了较大的冲击。面对复杂的形势，我国资本市场稳住了阵脚，并如期推出了新证券法和创业板试点注册制，继续推进市场化改革、法治化监管、提高上市公司质量三大重点工作，反映出决策层的定力和政策的稳定。相信只要我们大家共同努力，我国上市公司质量一定会有实质性的提高，我国建设规范、透明、开放、有活力、有韧性的资本市场的目标一定会早日实现。

04 ◎ 上市公司积极履行社会责任[①]

我在企业工作了 40 年，在这漫长的企业生涯中，我始终认为，企业不能只重视经济指标、财务指标，还应该重视社会效益和社会责任。尤其作为企业家，应该把社会责任放在第一位。当然，企业的财务指标也非常重要，好的财务指标能够支持社会责任的履行；同时，社会责任的履行和良好的社会效益反过来能够支持企业正确地经营、持续地发展，进而增加经济效益，对上市公司来讲，也可以提高公司市值，受到股民的喜爱。履行社会责任是企业的核心问题，对此我想和大家谈谈我的一些体会和看法。

企业社会责任的起源

企业社会责任实际上是个舶来品，最早是由英国学者欧利文·谢尔顿提出来的。他在《管理的哲学》这本书里首次提出，企业社会责任应该包括道德因素，并且应该与公司内外的各种人类需要相联系。1953 年，美国学者鲍恩在《商人的社会责任》中初次对企业社会责任进行了定义，他提出，商人有义务按照社会所期望的目标和价值来制定政策、进行决策或采取行动，这就是现代企业社会责任概念的开端，此后企业社会责任理论就开始大规模兴起。

◆ 关于环境保护

20 世纪六七十年代，环保运动、消费者运动愈演愈烈，企业公民和利益相关者理论不断完善。这里我想展开讲一下环保，1962 年环保的概念才进入我们

---

① 2020 年 5 月 27 日作者在中国社会科学院大学工商学院在线交流。

的视野。美国作家蕾切尔·卡逊写了《寂静的春天》，讲的是杀虫剂的使用提高了农作物产量，但虫子吃了杀虫剂死掉了，鸟类吃了虫子也死掉了，使得本来鸟语花香的春天变成了寂静的春天。这本书出版后在美国社会引起了轰动。当时美国政府特地举办了听证会，最后大家一致认为她说的环境问题确实存在，也就是说我们人类的活动对环境构成了影响。此后，环境保护的概念就进入了我们的社会生活中。

到 1972 年，欧洲的罗马俱乐部又发现了一个可持续发展的问题。随着人类生产生活方式的变化，资源和能源越来越紧张，当时他们认为地球上的石油和煤炭只够用 50 多年。今天看来，当时人类勘探的技术有限，他们的说法不尽准确，但是提出的问题值得我们深思。当时他们写了个报告并编成了书——《增长的极限》，提出了可持续发展的观念。我们这一代人要留给下一代人资源，像上一代留给我们一样，不然就成了漏斗，一代代发展下去，未来人类就没有资源了。这个观点引起全人类的重视，之后节约资源、保护环境就成为大家非常关切的问题。

到了 20 世纪 90 年代，人们突然发现地球的气温在升高。相比工业革命前，全球平均气温升高了 1.1℃，这对人类来讲是件很严重的事情。因为地球温度的升高，意味着冰川的融化，意味着气候灾难的增加，甚至意味着地球不可逆转的干燥，这些问题确实不容忽视。于是人类开始研究大气问题，发现在整个气温升高的过程中，二氧化碳是罪魁祸首。研究人员认为，按照人类排放二氧化碳的速度，到 21 世纪末，地球的气温会升高 4 ~ 5℃。所以，科学家们提出，无论如何都不能让气温再这样无节制地升高。2015 年巴黎气候变化大会上，各国签订的《巴黎协定》的长期目标是，将全球平均气温较前工业化时期上升幅度控制在 2℃以内，并努力将气温上升幅度限制在 1.5℃以内。我当时也去参加了巴黎气候变化大会，在大会上做了三场演讲：在分会场"中国角"做了两场演讲，在欧洲分会场"蓝角"做了一场演讲，讲中国企业对于气候变化的看法、对于社会责任的看法，以及我们是怎么进行节能减排的。2019 年 3 月，世界银行还专门邀请我到华盛顿给世界银行的官员做演讲，我讲了中国建材在水泥行业是如何进行二氧化碳减排的，受到了大家的欢迎。

环境保护是企业社会责任中非常重要的内容。中国改革开放以来取得了巨大的成就，但有两件事一直是我们的心病：一件是环境的破坏和资源的滥用；另一件是很多农村地区没有跟上中国改革开放的步伐。党的十九大报告提出三大攻坚战，即防范化解重大风险、精准脱贫、污染防治，我们党和政府非常重视脱贫、环境治理的工作，实际上这些也都在企业社会责任的范畴里。

◆ 关于公司治理

2010 年国际标准化组织（ISO）发布了 ISO 26000《社会责任指南》，统一了人们对社会责任的理解，在全球得到了广泛应用。指南规定了七个核心主题：公司、治理、人权、劳工、保护环境、公平运营、消费者保护、为社会发展做贡献。

我们对企业社会责任的看法，逐渐扩展和深化，从传统的 CSR（企业社会责任）到 ESG（环境、社会和公司治理）。今天到一些发达国家的公司，仅仅讲 CSR 是不够的，还要延伸到 ESG，尤其是 G（公司治理）。良好的公司治理，也是履行企业社会责任的基础。截至 2020 年一季度，全球已有 50 多个国家 3080 家机构投资者签署了 UN-PRI（联合国责任投资原则组织）合作伙伴关系，整个资产管理规模超过了 90 万亿美元。美国、英国、法国等发达国家的上市公司以及我国香港的上市公司都引入了 ESG，我国内地上市公司也开始引入 ESG。

◆ 关于企业的目标

我也想跟大家讲讲企业的目标。过去很多年间，我们理解的企业的目标就是盈利，利润最大化、股东利益最大化一直是企业最大的目标。然而这一观念已经转变。2019 年 8 月 19 日，181 家美国顶级公司首席执行官在美国商业组织"商业圆桌会议"（Business Roundtable）上签署了《公司宗旨宣言书》，重新定义了公司运营的宗旨：股东利益不再是公司最重要的目标，公司的首要任务是创造一个更美好的社会。

"商业圆桌会议"组织成立于 1972 年，聚集了一大批美国最具影响力的企业领袖，包括亚马逊公司、苹果公司、波音公司的 CEO，以及通用汽车公司的董事长兼 CEO 等。自 1978 年以来，"商业圆桌会议"会定期发布一些公司治理原则声明。从 1997 年起，该组织发布的每份声明文件都赞同"股东至上"的原则——公司的首要任务就是让股东受益，并实现利润最大化，企业目标就是要维护投资者的利益，让投资者利益最大化。但是 2019 年发布的这份《公司宗旨宣言书》强调，作为一个具有社会责任意识的企业，公司领导团队应致力于达成以下几个目标：向客户传递企业价值；通过雇用不同群体并提供公平的待遇来投资员工；与供应商交易时遵守商业道德；积极投身社会事业；注重可持续发展，为股东创造长期价值。《公司宗旨宣言书》重新诠释了公司的目标，认为公司最重要的目的是照顾到利益相关方的各种利益关系，让社会更美好，而不是仅仅让股东利益最大化。这样公司的宗旨就被颠覆了，颠覆的目的是让企业在重视经济效益的同时，一定要重视社会效益，要重视利益相关方，要包容式发展。

什么是包容式发展？就是企业不能只考虑赚钱，还要考虑自然的容纳程度，考虑社会的容纳程度，考虑别人的发展。这和我们古人讲的"己所不欲，勿施于人""达人达己"的思想有共通之处，不能只考虑自己，不能只想经济目标，还要有社会目标。一个企业最终要为社会做贡献，这也是我们对企业认识的深入。

◆ 我国企业社会责任的发展

我国企业社会责任的发展也经历了一个过程。改革开放前，我国实行计划经济体制，那个时候很多企业的社会责任可能大过经济责任，记得当时有个口号"发展经济、保障供给"。企业的目标是什么？目标就是为人民服务，解决老百姓的民生问题。我国企业实际是有社会责任这一基础的。改革开放后，我们学习了西方的市场经济思想，开始进入社会主义市场经济阶段。企业非常重视经济利益，也提出利润最大化、所有者利益最大化等企业目标。在全球共同的推动下，中国的企业逐渐开始重视社会责任。

我国上市公司从 2002 年开始就把社会责任引入信息披露里，中国证监会和国家经济贸易委员会联合发布了《上市公司治理准则》，提出利益相关者，要求上市公司要保持公司持续发展，同时要重视社会责任。2005 年修订的公司法第五条规定"公司从事经营活动，必须遵守法律、行政法规，遵守社会公德、商业道德，诚实守信，接受政府和社会公众的监督，承担社会责任"，首次从法律层面明确提出公司应承担社会责任，社会责任进入了法律框架。2006 年 9 月，深圳证券交易所发布了《深圳证券交易所上市公司社会责任指引》，对社会责任进行了界定，认定上市公司社会责任是指上市公司对国家和社会的全面发展、自然环境和资源，以及股东、债权人、职工、客户、消费者、供应商、社区等利益相关方所应承担的责任，这一较为明确的界定对上市公司开展社会责任实践具有较好的指导作用。2008 年 1 月，国务院国资委发布《关于中央企业履行社会责任的指导意见》，要求中央企业必须履行相应的社会责任。2008 年 5 月，上海证券交易所发布《关于加强上市公司社会责任承担工作暨发布〈上海证券交易所上市公司环境信息披露指引〉的通知》，首次针对环境保护的社会责任提出了强制性披露要求。2010 年以后，社会责任的履行和披露工作进一步细化。

我国的企业社会责任体系在持续完善，从过去注重环境保护，到注重对利益相关者利益的维护，对企业社会责任不断提出更高的要求。2018 年 9 月，中国证监会发布修订后的《上市公司治理准则》，强调"上市公司应当贯彻落实创新、协调、绿色、开放、共享的发展理念，弘扬优秀企业家精神，积极履行社会责任，形成良好公司治理实践"。其实，列举这些规定是想说明我们在企业社会责任方面的认识在不断深化，企业社会责任工作也在不断加强。在上市公司信息披露方面，从倡导自愿披露到自愿披露与强制披露相结合，再到信息披露问题被上升到国家治理层面，中国证监会、国务院国资委都要求上市公司要做良好的信息披露，确实做了不少工作。

上市公司履行社会责任的基本情况

◆ 取得的进步

在整个疫情期间，大家可以看到，大量上市公司挺身而出，生产物资驰援疫情严重地区，参与火神山、雷神山医院的建设等，上市公司承担了很多。我总讲，我国的企业是有大格局的企业，我国的企业家也是有家国情怀的企业家。在关键时刻，上市公司做得非常好。截至 2020 年 4 月 30 日，有 1196 家上市公司捐款捐物总金额超过66亿元。这说明上市公司群体在履行社会责任方面做得非常好。回想每次遇到的重大灾难，包括汶川大地震等，上市公司都是一马当先，非常有担当。

在照顾投资者利益方面，也有很多上市公司做得非常出众。截至2020年6月底，贵州茅台累计分红达971亿元。贵州茅台上市时募集资金22.44亿元，也就是说，它这么多年的分红约为募集资金的43倍，这真的是个了不起的数字。2019年贵州茅台分红213亿元，占公司当年利润总额的52%。格力从上市至2019年，累计分红544亿元，2019年分红72.19亿元。格力上市后募集资金51亿元，分红总额是募资金额的10倍以上。还有一家公司值得跟大家分享，就是海康威视。它是2010年上市的，自上市到2019年，累计分红约275亿元，募集资金34亿元，分红约为募集资金的8倍。2019年A股上市公司整体分红1.36万亿元，占上市公司净利润总额的1/3。讲这个是想说明，上市公司在照顾投资者利益方面有很大进步。

在信息披露方面，从2006年到2019年，我国A股上市公司社会责任相关信息的披露报告一共有7061份，以CSR形式发布的占比较大，达到94.47%。其中，2015—2018年沪深300发布CSR报告的上市公司占比从66.3%上升到81.7%，这也是一个相当大的提升。履行社会责任是上市公司的一个非常重要的目标。

▲ 赤水河畔的茅台镇，这里产的贵州茅台酒具有悠久历史

◆ 存在的问题

国有企业也好，上市公司也好，都要承担三大责任：经济责任、政治责任和社会责任。我们一方面要看到上市公司在社会责任履行方面的进步，另一方面也要看到存在的问题。上市公司的问题可以归纳为两方面：治理问题和运营问题。从治理方面来讲，一些上市公司的治理还不够规范，个别公司还存在信息披露不全面、财务造假等问题，严重损害了投资者信心，扰乱了市场秩序。从运营方面来讲，有的上市公司效益还不高，有的出现了盲目发展、对外担保、大股东侵害上市公司利益等某一种或多种问题。这些问题影响了投资者对上市公司的信心。

我们既要看到成绩，也要看到问题，不回避问题，这些问题既有客观的，也有主观的，有前进中的，也有历史遗留的。对于这些问题，我们不能忽视，必须解决，才能推动上市公司质量的全面提升。

上市公司的质量至少包括四点：一是规范治理，二是业绩优良，三是责任担当，四是永续发展。其中责任担当非常重要。履行社会责任是上市公司质量里的一个核心问题，因为上市公司与普通公司不同，上市公司拿公众的钱进行经营，必须公开透明，必须照顾到利益相关者，必须尊重小股东和股民的利益。恰恰在这些方面，有个别上市公司总出问题。国家出台新证券法，就是为了使资本市场健康化，严格按照市场化、法治化的规则，严惩造假、违规的投资者，包括中介机构"看门人"。这样才能净化市场，重拾投资者的信心。

其实 20 世纪 90 年代的美国资本市场也是丑闻不断，2001 年前后出现了安然和世通的造假事件，这两个企业轰然倒下，安达信作为世界第五大会计师事务所也随之倒下。这在当时是影响很大的，大家都记忆犹新。之后美国出台了《萨班斯法案》，重拾市场信心，才有了后面十几年美国资本市场的繁荣。

对于上市公司来说，治理、绩效、责任、持续发展都是非常重要的。只有这些都做好了，才可能成为优质的上市公司。治理是基础，绩效和持续发展是目标，责任是底线。现在整个上市公司群体已经形成共识，高质量发展的步伐也已经迈开。

上市公司质量里最重要的是什么？就是治理和责任。我们现在还没有强制我国内地上市公司发布 ESG 报告，但是一些优秀的上市公司已经开始推行了。我国资本市场开放后，摩根士丹利指数将我国业绩优良、发展潜力大的上市公司也纳入进去，现在外国基金公司买中国股票有一个衡量标准，就是看上市公司有没有披露 ESG 报告，有 ESG 报告的才会优先买。也就是说，ESG 报告的披露有助于提升上市公司的市值。但坦率来讲，我国上市公司治理水平还不够高，ESG 报告披露还不足，这也是我们下一步要努力做的工作。目前，中国上市公司协会正在联合两个交易所，推动 ESG 报告的发布，希望逐渐形成强制性的报告发布机制，以后每家公司每年必须做 ESG 报告，披露社会责任履行信息。

中国建材在履行社会责任方面开展的工作

中国建材虽然只是一家企业，但我们可以透过这家企业的做法看到企业界在履行社会责任方面开展的工作。

◆ 环境保护

20 世纪 90 年代初，我在北新建材做过 10 年厂长，那时我们就开始做环保工作。当时，对于生产制造我提出三个思路：一是在原料上尽量采用工业和城市废弃物，发展循环经济；二是在生产过程中，尽量做到净零排放；三是在产品应用过程中，要保证消费者的健康。北新建材的石膏板等产品都是节能绿色产品，同时生产过程也是洁净、安全、环保的，产品应用中也能保护消费者的安全。比如用净醛石膏板把空气中的甲醛吸掉，龙牌漆的 VOC（有机挥发物）含量仅为国家标准的 1/10。这是我在北新建材早年的实践。

2002 年我来到中国建材，把这些理念也带到了那里。中国建材的文化口号是"善用资源、服务建设"。这不是今天讲的，其实 20 年前就已经提出，我们同时倡导蓝天行动。过去大家一想到建材，就想到烟、粉尘。我们努力使建材行业变得环保，变成大家喜欢的行业。经过 20 年左右的努力，我们的目的达到了。

中国建材整个生产要素是按照环境、安全、质量、技术、成本来排列的，这五项要素中环境排在第一位，而决定赚钱多少的成本排在最后一位，不是我们不想赚钱，我们也想赚大钱，但如果环境问题和赚钱发生了冲突，我们宁可关掉工厂，也要保护环境，因为环境破坏是不可逆的。像土壤、水这些资源遭到破坏后是很难恢复的，做企业必须把环境放在首要位置。

中国建材的《可持续发展报告》曾五次获得"金蜜蜂优秀企业社会责任报告·领袖型企业奖"，我在金蜜蜂 CSR 领袖论坛做过一个演讲，题目就叫"站在道德高地做企业"。中国建材也在中国社会责任百人论坛的颁奖活动中获奖。君子爱财，取之有道。道是什么？道就是我们的社会责任。

◆ 社会贡献

企业不要只顾自己眼前的利益，而是要把整个社会的利益放在首位，要为社会做贡献。中国建材 2019 年的营业收入约为 4000 亿元，社会贡献约为 800 亿元，也就是说上缴的税收、给职工发的工资和奖金、给银行缴纳的利息等加起来约为 800 亿元。

企业还要关心员工的健康成长和生命安全。中国建材有 1000 多个矿山，在路上行驶的商混车有 8 万多辆，所以重视安全非常重要，这也是公司的社会责任。这么多年来，我们始终把安全放在重要位置，安全重于泰山。一个有 20 多万人的企业，经常保持零伤亡，这其实是很难做到的。疫情期间，中国建材是最早复工复产的企业之一，2020 年 4 月基本恢复了往年同期销量。在整个生产过程中，中国建材确保员工的安全，一手抓防疫，一手抓复产。

国家有难、匹夫有责。作为一家中央企业，同时也是上市公司，中国建材还在困难时期照顾上下游的中小微企业的资金链，帮助它们渡过难关。同时还要多招募一些员工，多提供一些就业机会。这也是企业尽社会责任的时机。

◆ 四个品格

在中国建材的发展过程中，我提出要做有品格的企业。

第一，重视环境保护。工厂要建成花园式的工厂、森林中的工厂、草原上的工厂和湖水边的工厂，要和大自然相得益彰，建设大家喜欢、自然喜欢的工厂。中国建材新建的玻璃厂、水泥厂，都是智能化的工厂、花园式的工厂，应用脱硫脱硝和双收尘（静电收尘和袋式收尘）的技术，整个工厂一尘不染。中国建材还发展了很多新能源业务，如风力发电和薄膜太阳能电池，在生产过程中减少了能源消耗和废气排放。现在新的工厂，一方面利用余热发电，另一方面利用太阳能、风力发电就可以满足几乎全部的能源需求。

第二，热心公益。要多做公益事业，在海外也是如此。每年的世界艾滋病日，中国建材在海外的公司会向当地的艾滋病基金会捐助。中国建材的理念就是包容地"走出去"，与当地融合。

第三，员工发展。要让员工与企业共同成长，让员工真正把企业当成乐生平台，而不只是求生的平台。大家都喜欢来企业，企业就是大家的家。日本人提出"以厂为家"，就是让大家都热爱、喜欢所在的企业。企业要给员工创造良好的生活条件、学习条件和工作条件。我在中国建材组织进行了员工拓展训练，和年轻人一起做户外训练等活动。在中国建材，学习蔚然成风，中青年干部每年都有参加培训学习的机会，让员工与企业共同成长。

第四，世界公民。我国企业要互利共赢地"走出去"。多年来中国建材"走出去"时一直秉承三项原则：一是为当地经济做贡献，二是与当地企业合作，三是为当地人民做好事。比如中国建材在赞比亚建水泥厂之前先给当地的老百姓打了一百口井，然后捐助医院，捐助学校，培训了当地工人，给他们带去了技术，当地人非常喜欢这家中国公司。我到工厂参观的时候看望了当地小学的孩子们，给他们送去了足球、铅笔盒等，孩子们特别高兴，排着队用当地的语言唱歌，歌词的意思就是"手挽手、心连心，我们和中国建材是一家人"，我听着特别感动。我国企业今后要从产品"走出去"到企业"走出去"，在"走出去"的过程中要提升企业的美誉度，让全世界都喜欢我们，这样才能真正地融入当地文化中，才能长远地把我们的国际市场做好。

人有品格，国家有品格，企业也应该有品格。这四个品格实际上就是企业社会责任的载体。社会责任不是抽象的，要把它们变成企业的文化口号，变成企业的原则立场，变成企业的目标，然后把它们做好。在实践过程中，作为一家建材企业，中国建材在实现盈利的同时，社会责任也履行得很好。

我国企业在社会责任大旗的指引下，正在快速前进。习近平总书记反复强调"绿水青山就是金山银山"，我们要把企业的发展和绿水青山结合起来，把企业的发展和人民的福祉结合起来，把企业的效益和社会责任、社会效益密切结合起来。

05 ◎ 努力做好协会工作，推动提高
上市公司质量[①]

时间过得很快，我是在 2019 年 5 月 11 日的中国上市公司协会理事会上出任会长的。一年来，在中国证监会的领导下，在各相关方面的大力支持下，中国上市公司协会贯彻落实党中央、国务院提高上市公司质量的精神，紧紧围绕中国证监会《推动提高上市公司质量行动计划》的核心任务开展了系列工作。应该说，提高上市公司质量的理念已经成为共识，市场化、法治化的监管体系日益完善，上市公司质量的提高迈开了步伐。下面，我就如何做好协会和上市公司工作提几点意见。

要把提高上市公司质量当作协会和上市公司工作的重中之重

第一，全面贯彻落实中国证监会关于提高上市公司质量的决策部署，做细做实各项工作。

上市公司确实取得了很多成绩，但的确也存在一些不足，归结起来就是上市公司质量有待提高。这个工作不是一蹴而就的，中国证监会提出，用 3 ~ 5 年的时间基本完成提高上市公司质量的任务。这就说明上市公司质量的提高不是短期的工作，而是一个中长期的，需要扎扎实实地、深入细致地推进的工作。所以我们还是要把提高上市公司质量放在重中之重的位置，进一步做细做

---

① 2020 年 6 月 6 日作者在中国上市公司协会 2020 年年会暨第二届理事会第十次会议上的讲话。

实这项工作。2019 年，中国上市公司协会对上市公司董监高等关键少数做了
16 期培训，培训了 6000 多人次。2020 年新证券法出台之后正好赶上新冠疫情，
我们采取线上培训的方式，培训了约 4000 人次。中国上市公司协会落实中国
证监会的要求，紧紧围绕提高上市公司质量开展培训，普及新证券法，在这方
面下了不少功夫。

第二，深刻认识提高上市公司质量的重要意义，提升公司的治理水平。

上市公司质量包括两点：一是治理质量，二是运营质量。提高治理水平是
提高上市公司质量的中心工作。上市公司出了问题，很多是因为治理不规范。
其实 30 年来上市公司的治理水平有了很大的提高。上市公司治理水平的提高，
极大地提高了我国现代企业制度和公司治理水平，但是我们也要看到上市公司
治理中也有不足和缺位。提高上市公司质量要在提高公司治理水平上下功夫。

▲ 中国上市公司协会 2020 年年会通过线上线下方式召开

第三，认真学习新证券法，全面提高上市公司质量。

新证券法是我们的一个新武器，一个新抓手。新证券法在很多方面的要求
都更加严格了，尤其是在信息披露、对违反证券监管法律法规的处罚、对投资
者利益的保护等方面都做了十分严格的规定。上市公司要认真学习，要知道新

证券法的重要变化。中国上市公司协会也要积极组织相关培训和辅导，让上市公司的董监高等关键少数知道新证券法所做的重大改变、重大更新，这也是我们工作中非常重要的内容。

发挥上市公司的能动性，为我国经济发展做贡献

这次会议是在一个很特殊的情况下召开的。我国的疫情基本控制住了，但疫情还在世界范围内蔓延。而全球的经济是连在一起的，全球经济的衰退和国际金融市场的动荡，对我国上市公司的影响很大，尤其对外向型、外贸型的上市公司影响非常大。这个时候也是上市公司为国家做贡献的时候，我们要攻坚克难。"沧海横流，方显英雄本色"，可以说现在就是沧海横流的时候，上市公司要彰显英雄本色，明确自己的责任和使命，为国家经济的恢复和发展立功；上市公司的企业家要展现英勇无畏的企业家精神，带领企业渡过这个难关。

第一，明确自身责任，为资本市场的健康发展做贡献。

2019 年年底，我国资本市场整体向上，A 股上证指数超过了 3000 点。疫情的到来确实对我们造成了很大影响，但 2020 年 6 月，A 股上证指数重上 2900 点，说明大家对我国资本市场还是有信心的。影响资本市场的无非有几件事，一是经济的基本面。尽管当前我们面临经济下行等诸多困难，但相比国外情况来看，我国经济有极强的韧性，有很大的发展空间。习近平总书记的讲话给大家很大鼓舞，他指出要"努力在危机中育新机、于变局中开新局"[1]。这是大的经济形势。二是监管水平。我们的监管日益成熟，水平日益提高，尤其最近一年来，中国证监会在市场化、法治化方面做得非常好。面对复杂的形势，我们稳住了我国资本市场的阵脚。春节之后果断开市，看起来是小事，其实表明了尊重市场、尊重法治的原则与立场，坚定了大家的信心。现在大家对监管机构比较有信心，尤其是新证券法的正式实施，极大地鼓舞了投资者的信心。三是上市公司的质量。提高上市公司质量，上市公司自身要有能动性。因为上

---

[1] 《"在危机中育新机、于变局中开新局"——习近平总书记同全国政协委员共商国是并回应经济社会发展热点问题》，2020 年 5 月 24 日，http://www.gov.cn/xinwen/2020-05/24/content_5514291.htm。

市公司质量是资本市场的基石，这一点至关重要。在现在这样的特殊时期，上市公司更要提高能动性，要为资本市场的振兴和繁荣做出应有的贡献。四是投资者生态。我国证券市场的投资者构成很有特点，有很多中小股民，这和西方的证券市场有一些区别。在这种情况下，我们要引导这些投资者建立更加成熟的投资理念。做好上述四点，我觉得资本市场前景可期。对于上市公司而言，最重要的还是自身能动性的提高、质量的提高。

第二，做好 2020 年的业绩，为抗疫和经济恢复做贡献。

2019 年以来，我去了不少上市公司，不久前去了贵州茅台。贵州茅台 2019 年分红 213 亿元，占当年总利润的 52%，上市时募集资金 22.44 亿元，累计分红 971 亿元，非常了不起。贵州茅台的董事长跟我说了一句话，他说："宋会长，在这个时候我们想多给大家分点红，提振下市场的信心。"我听了很感动。在这个特殊时期，上市公司一方面要为经济发展做贡献，另一方面也要为繁荣资本市场做贡献。上市公司中确实有很多优秀的企业，有很多标杆企业，如海康威视、工业富联、格力电器、五粮液等，这些年这几家公司的分红都很高，公司的发展势头也都很好。中国证监会让我们"抓两头、带中间"。我们要看到问题企业，也要看到很多优秀的上市公司、标杆企业，我们要总结经验，"比学赶帮超"，倡导大家向优秀企业、标杆企业学习，这点也非常重要。

第三，做好上市公司业绩，回报投资者。

最近我见一家做精密器械的上市公司的高管，他说 2020 年业绩还不错，尽管比预期的有所下降，但比 2019 年同期有所增长。我听后很高兴，因为受疫情的影响，这家上市公司又是给国外的汽车工业做配套的外向型企业，能做到同比增长已经非常不错。我比较熟悉建材行业，2020 年 5 月建材行业的整体情况也振奋人心。上市公司是公众公司，核心理念就是回报股东。上市公司归根结底要落到"回报"上来，回报投资者、回报中小股东，这是我们的任务，必须要做好。

第四，做好创新转型，为经济的结构调整做贡献。

现在，国家处于经济转型期，又遇到新冠疫情这样的挑战，调整的任务特别重：一方面是经济结构的调整，要从中低端向中高端发展；另一方面受到贸易保护主义的影响，在全球化的布局上也要做出调整。我们既要开拓本土市场，也要盯住国际市场的变化，最大限度发挥国际市场的作用，构建国内国际双循环相互促进的新发展格局。

我国上市公司坐拥一个国内大市场，同时还有"一带一路"等国际大市场，这个时候要积极做好结构调整、创新转型，包括国际市场布局的调整。同时，上市公司还要做好自己的经营工作，练好自己的看家本领，为我国经济发展做贡献，为投资者做贡献，为资本市场做贡献。

做好协会重点工作，加强协会自身建设

第一，明确协会自身的定位、方向和任务。

中国上市公司协会成立 8 年了。8 年前，协会在钓鱼台国宾馆成立，当时我作为协会的第一届理事会副会长参加了会议。那时大家特别希望能有一个上市公司的平台，所以在中国证监会的领导下成立了中国上市公司协会。我记得当时的成立大会蔚为壮观，来了很多部委领导和知名企业家，因为大家对协会充满了希望和憧憬。我经常想到这一幕。中国上市公司协会是中国证监会领导下的一个行业自律组织，是政府部门和企业之间交流的桥梁和纽带，也是上市公司之间进行交流合作的平台。"服务、自律、规范、提高"是协会的宗旨，我们把服务放在第一位，协会是一个服务平台，同时又是一个自律平台。协会所有人员都要理解我们的定位，要知道自己主要的责任和义务。中国证监会阎庆民副主席对新形势下的协会工作做了进一步要求，提出"在新形势下，协会要想企业之所想，急企业之所急，围绕服务实体经济、防控金融风险、深化金融改革三大任务，勇于担当，主动作为，把大力推动提高上市公司质量放在更加突出的位置，切实担负起上市公司董监高培训的重要职责，加强上市公司诚信道德教育，引导会员规范运作，进一步加强协会的会员服务和会员自律的管理能力"。这是对协会在新形势下的要求，突出两点：一是服务，二是自律。

第二，做好培训的引导工作，提升公司治理水平。

2019 年我也参加了几场培训，每次都给大家讲上市公司、公众公司的初心是什么，原则、立场是什么，讲"四个敬畏""四条底线"。我们还请了中国证监会业务部门的负责同志给大家讲新的规则和一些案例。这一年多的工作，让

我们在提高上市公司质量的理念上达成了共识，提高上市公司质量的工作迈开了步伐。2020 年尽管受到了疫情的影响，但是我们的培训还是在扎扎实实地进行。我也希望上市公司的董监高积极踊跃参加培训。因为经过统计我们发现，绝大多数出了问题的公司的董监高没有认认真真参加过中国上市公司协会组织的培训，这是有正相关关系的。每个上市公司都应该重视中国上市公司协会和两个交易所合作举行的培训。我们也到很多省的省会去培训，每场培训都有中国证监会主任级别的同志去讲课。现在针对新证券法，我们会重点培训，希望大家踊跃参加。

▲ 在公司治理专题培训班上做专题讲座

第三，加强会员服务工作，为上市公司解难纾困。

中国上市公司协会的第一要务就是为上市公司服务，一定要把服务做好。2020 年受疫情影响，会计师事务所不能进场，很多公司不能如期出年报。围绕年报披露，协会做了大量的沟通工作，最后中国证监会给了上市公司一些宽松的环境。协会的工作不光是给好的企业锦上添花，也给困难的企业雪中送炭，为它们解难纾困。帮助困难上市公司解决一些问题很重要，更是我们工作的重点。过去一年里，我也接触了不少困难上市公司的董事长，对他们遇到的困难也非常关心。一年前我刚当会长的时候，大比例股票质押的风险压力很大，但这一年多来，风险压力在减少，其中也有协会的努力。会员企业看到问题，把问题提出来，我们把这些问题反映给相关部门，积极帮大家解决。

第四，进一步加强协会自身的工作，实现会员培训、服务的全覆盖。

中国上市公司协会是中国证监会管理下的行业自律组织，每一家上市公司都应加入协会，不能游离在组织之外。希望协会能够做到会员全覆盖。全覆盖主要是为了把中国证监会的精神、新的自律规则更好、更及时地传达给上市公司，同时也为了更好地服务上市公司。培训和服务也要实现全覆盖，目的是让上市公司吸取经验教训，引以为戒，不再出现恶性事件。

我在这里呼吁在座的、线上的各地证监局，包括地方上市公司协会的同志，鼓励各地的上市公司踊跃加入中国上市公司协会。加入中国上市公司协会和加入地方上市公司协会其实并不矛盾，我们的工作重点和目标既在大方向上是一致的，又在细微方面有所区别，是相得益彰的。我们每年会定期和地方上市公司协会负责人开会，商议如何协同合作。2019 年 11 月，中国证监会易会满主席到中国上市公司协会调研时，也着重谈到要加强与地方上市公司协会的合作，建立完善的全国上市公司自律服务体系。2020 年，我们会通过多种方式进一步加强与地方上市公司协会的合作，建立相应的工作机制，全面做好这项工作。

我们要认真学习，对照自己的工作，全面地贯彻执行中国证监会的决策部署。我相信，经过大家的共同努力，中国上市公司的质量水平会不断提高，进而促进我国资本市场的繁荣发展。

06 ◎ 科创板公司上市首年保持良好发展态势[①]

2019 年 7 月 22 日，我国资本市场迎来了一支重要的生力军。科创板开市，寄托了我国矢志科技创新、推动经济高质量发展的梦想，肩负着为资本市场基础性改革提供试验田的使命。科创板的推出被方方面面寄予厚望，人们期待科创板上市公司能够成为引领我国经济发展向创新驱动转型的新动力，市场各方对于科创板上市公司的质量也非常关心和关注。2018 年 11 月，习近平总书记考察上海的时候就提出"设立科创板并试点注册制要坚守定位，提高上市公司质量"，下面围绕"探索与担当"这个主题，和大家交流几点看法。

科创板上市公司发展态势良好

好的制度、机制是创新的肥沃土壤。科创板就是很好的政策实践，为企业的科技创新提供了肥沃的资本土壤。中国证监会易会满主席在 2019 年 6 月中旬召开的第十一届陆家嘴论坛上提到，设立科创板并试点注册制是全面深化资本市场改革的重要突破口，主要承担着两项重要使命：一是支持有发展潜力、市场认可度高的科创企业发展壮大；二是发挥改革试验田的作用。

短短一年时间，科创板上市公司迅速发展壮大。到 2020 年 7 月 10 日，科创板的总市值突破 2.3 万亿元，平均市盈率将近 100 倍。2019 年年报显示，科创板公司上市首年保持良好发展态势，表现为"五高"。一是收入和利润增

---

① 2020 年 7 月 22 日作者在《证券日报》2020 科创领军者峰会上的演讲。

速高。有七成公司收入和净利润均实现两位数增长。2019 年度毛利率平均为 54%，净利率平均为 22%，显著高过其他板块，显示出较强的市场竞争力。二是净资产收益率高，平均接近 20%。三是研发投入占营业收入的比例高，平均为 12%，其中，微芯生物、赛诺医疗研发投入占比接近 50%，中微公司等 11 家公司研发投入占比超过 20%。四是研发人员占员工总数比例高，超过三成，平均每家超过 200 人。高的研发投入带来更多的科技创新成果。2019 年，科创板公司合计新增专利 2500 余项，其中发明专利 1100 余项；平均每家公司累计拥有发明专利 75 项、软件著作权 62 项，有 13 家公司获得国家科技进步奖。五是现金分红水平较高。满足分红条件的公司中，已有 88 家提出了现金分红预案，平均分红比例达到 36%，其中分红比例在 30% 以上的公司占 84%；合计拟派现金额 70 亿元，12 家公司分红金额超过 1 亿元。其中，中国通号分红金额最高，合计分红 21 亿元。在疫情的影响下，2020 年一季度上市公司整体业绩下滑，但科创板表现出明显的抗风险稳增长的能力。2020 年一季度科创板盈利同比增长 13.9%，展示了较强的韧性。

此外，我们在科创板上市公司群体中还欣喜地看到了另外两种情况：一是民营企业和混合所有制企业的活力在通过资本市场的机制释放。科创板上市公司中，民营企业和混合所有制企业占比逾九成，在 IPO 环节合计融资额近千亿元，成为募资的中坚力量。上市后企业活力得到进一步释放。二是信息披露的有效性得到提升。科创板上市公司年报披露的风险数量平均接近 10 个，涵盖了核心竞争力风险、经营风险等多个方面，披露更为具体、直接，风险导向更加鲜明。

做到"知敬畏、守底线、尽责任"

提高上市公司的质量，主要是提高治理质量和运营质量，对于科创板上市公司来讲还应加上创新质量。科创板上市公司是一批质量较高的上市公司，具有高研发投入、高行业增速、高发展潜力的特点。但同时，科创板上市公司大多是中小型企业，上市时间只有短短的一年，规范治理的经验还有所欠缺。此外，受疫情影响，全球经济形势发生了较大变化，企业面临的不确定性也在不断增加。我在这里想给科创板上市公司提一些建议，大家在发展中要做到"知敬畏、守底线、尽责任"。

第一，"知敬畏"。科创板上市公司要不忘上市的初心，一方面，要怀着科技报国、产业救国的初心，从资本市场融资，更好地用于企业的研发投入、生产经营，早日实现核心技术的突破，更好地参与国际竞争；另一方面，上市后成为公众公司，要尊重资本市场的规则，要保持为市场投资者创造价值的初心。企业在经营工作中，要不忘初心，本分经营，坚守主业，做精专业，要谨记"四个敬畏"：一是敬畏市场，尊重市场规律；二是敬畏法治，有些错误可以犯，但是牵涉法律法规的错误不能触犯；三是敬畏专业，科创板上市公司都是各领域的佼佼者，更要敬畏自己的专业，这样才能走得更远；四是敬畏投资者，投资者是上市公司的衣食父母，水可载舟，亦可覆舟。

第二，"守底线"。科创板上市公司要认真学习新证券法，牢牢守住"四条底线"：一是不披露虚假信息，二是不从事内幕交易，三是不操纵股票价格，四是不损害上市公司利益。这"四条底线"是最低的要求，是不能触碰的红线，是不能击穿的底线。科创板上市公司是资本市场的"新兵"，更要把认真学习、贯彻落实新证券法作为一项重要工作来抓，理解和掌握新规定、新要求，强化法人治理规范，优化公司内部制度，健全内部机制，避免因不知情、更新不及时、管理不到位等出现不必要的违规。

第三，"尽责任"。科创板上市公司要尽到应尽的经济责任和社会责任，要稳健经营、回报股东、创新发展。一要有良好的业绩和较高的市场价值。上市公司要给股民良好的回报，有良好的业绩和较高的企业价值，投资者才能够享受应得的高额回报。很多投资者都很关心分红，如果上市公司没有利润，就不可能分红。把业绩做好，把经营管理做好，这是上市公司的看家本领。二要做有责任担当、有品格的优秀企业。作为一家上市公司，既要照顾到投资者的利益，又要关注到利益相关者各方的共同利益，成为积极履行社会责任的典范；既要关心投资者，又要关心经营者和员工，建立共享机制，营造和谐的氛围。三要持续创新发展。创新是引领发展的第一动力，科创板上市公司在创新方面具有优势，要持续开展扎实有效的创新，真正成为高质量发展的公司，树立成为百年老店的奋斗目标。

共同建设有活力的资本市场

2020 年是中国 A 股市场的而立之年。这 30 年，中国资本市场从无到有，从小到大，从弱到强，目前市值已跃居世界第二。进入 7 月以来，A 股从第一个交易日起，上证指数就站上了 3000 点，在短短的几个交易日内，打破了市场的沉闷，大家都期待能迎来更有活力的资本市场。

其实资本市场要做好，我觉得重要的是四点。

第一，经济基本面。我国的经济基本面整体向好，尤其是和欧美相比，有更大的韧性和回旋余地。

第二，科学的监管。近一段时间，中国证监会监管的思路非常明确，就是市场化、法治化。

第三，提高上市公司的质量。因为上市公司的质量是资本市场的基石，投资者买股票其实买的是有价值的上市公司。科创板上市公司要进一步提高治理质量、运营质量和创新质量。

第四，投资者的市场生态。我国现在有约 1.5 亿开户投资者，但机构投资者只有三四十万户，中小投资者比较多，所以我们要发展机构投资、价值投资，引导投资者多关注科创板上市公司，改善投资者生态。

中国上市公司协会是中国证监会直接管理的上市公司自律组织，是对上市公司自律负有责任的特殊社团组织，"服务、自律、规范、提高"是协会的工作宗旨。协会是上市公司之家，发挥着"四个平台"的作用：一是政府机构与上市公司沟通交流的平台，二是上市公司之间沟通交流的平台，三是上市公司董监高培训研讨的平台，四是全国上市公司的服务平台。一年多来，中国上市公司协会在中国证监会的领导下，大力开展提高上市公司质量的培训工作，得到了广大上市公司的积极响应。我们希望科创板上市公司积极加入中国上市公司协会，接受协会统一的培训，充分发挥科创板的特色和优势，真正成为推动中国上市公司质量提升的生力军。

07 ◎ 独角兽和资本市场[①]

在 2020 年《财富》世界 500 强榜单中，中国上榜企业共 133 家，其中内地和香港企业有 124 家，首次超过了美国，美国上榜企业是 121 家。2020 年的独角兽企业年度观察报告显示，截至 2020 年 7 月 31 日，中国广义独角兽企业有 285 家，而美国有 233 家。从 2020 年 8 月 4 日胡润研究院发布的 2020 胡润全球独角兽榜来看，美国有 233 家企业上榜，中国有 227 家，仅相差 6 家，但我国独角兽企业的市值总额远远超过美国独角兽企业。在全球疫情蔓延、国际形势存在不确定性的情况下，我国企业能取得这样的成绩真的是来之不易，我们应该感到自豪和骄傲。下面我想和大家谈三点体会。

独角兽企业的意义

独角兽企业是指创办时间在 10 年以内，资本市场估值超过 10 亿美元的创新型企业。它有一个特质，就是把创新和资本结合在一起。我们谈的独角兽企业和隐形冠军企业并不同。隐形冠军是德国的赫尔曼·西蒙提出的概念，指的是年销售收入在 50 亿欧元之内、市场份额排在世界前三或所在大洲第一、知名度不高的公司，比如德国的一些家族公司，它们是有规模、有市场的；而独角兽企业是被资本市场高度认可的创新型企业，以市场估值来衡量，创新是其重要的本质特征。今天我们倡导大力培育独角兽企业，也就是说，在创新型经济里要有"尖刀班""敢死队"。这些是谁呢？这些就是独角兽企业。独角兽企

---

① 2020 年 8 月 18 日，2020 中国独角兽嘉年华在北京开幕，作者受邀参加开幕式并做主题演讲。

业对于创新型经济和创新型社会具有重要意义。

▲ 我也一直很关心独角兽企业的创新和发展

独角兽企业的出现和成长离不开资本市场,它们是靠资本市场的土壤培育起来的。这些企业发展前期的高投入靠资本市场支持,同时它们又反哺资本市场,这些独角兽企业上市之后的价值会让资本市场获益。资本市场中支持独角兽企业的基金、风投机构在自己所投资的独角兽企业成功上市后,通常都会获得丰厚的回报。因此独角兽企业不仅对发展创新型经济意义重大,对资本市场也非常有意义。

独角兽企业诞生并进入资本市场,将改变资本市场的结构,也将改变资本市场中投资者的投资理念。大家看到,现在中国 A 股市值排名靠前的是酒业和银行业企业,而美国股市市值排在前列的是苹果、亚马逊、微软、谷歌等高科技企业,两者对于价值投资的认识和取向是不同的。随着我国独角兽企业的发展,上市公司的资本结构和价值投资的理念都会发生重大的变化。

独角兽企业对于我们今天战胜疫情、恢复经济也非常有意义。疫情之后,我国经济结构发生了变化,很多传统的实体经济受到影响,而独角兽企业所代表的新产业、新业态大多在蓬勃发展、逆势发展。所以,独角兽企业的崛起对引领疫情后的经济转型意义重大。

我也想和大家谈谈独角兽精神。前不久，我和几位年轻人交流关于创新创业的看法，我问他们："你们的目标是什么？"他们回答："我们的目标，第一步是进入独角兽行列，第二步要上市，成为中国上市公司协会的会员。"我听了他们的创业故事后很感动，因为这些年轻人为了事业奋斗，为了打造独角兽企业拼搏，有人在遇到困难时甚至把自己的住房抵押了给职工发工资。我了解到，很多独角兽企业在成长的过程中确实就是凭借这种精神坚持下来的。熊彼特在 1912 年出版的《经济发展理论》一书里提到了企业家精神，他认为企业家是对成功充满渴望的人。我想，这些要做独角兽企业的年轻人正是对成功充满渴望的人。这种独角兽精神是当今社会所需要的，是创新所需要的，也是我们战胜疫情、恢复经济所需要的。

独角兽和资本市场的关系

一说到创新，大家就想到制度。埃德蒙·费尔普斯在《大繁荣》一书中提出，创新不靠制度靠文化。但我认为制度和文化都起作用，更重要的是资本市场。20 世纪二三十年代的时候，美国的基金业就很发达，爱迪生研制出灯泡之后，在基金的支持下成立了自己的公司，就是今天 GE(通用电气公司) 的前身。现在美国的高科技公司，比如谷歌、脸书都是靠纳斯达克等资本市场的支持发展壮大的。同样，今天我国企业的创新速度能够加快，也是源于资本市场的支持。中国私募股权和风投基金的总量 10 年间涨了 10 倍，有 14 万亿元在支持企业的创新。现在创业板、科创板都已经开设并试点注册制，科创板有 154 家上市公司，融资近 2380 亿元，总市值近 3 万亿元。也就是说，今天我们的创新有手段，这个手段就是资本市场。

资本市场和创新相辅相成，有了资本市场的支持，创新就能飞速发展，同时有了创新，有了独角兽企业，它们创造的惊人业绩又支撑了资本市场的成长。现在是很好的打造独角兽的时间窗口，虽然疫情给企业带来了很大的压力，但国家和地方出台了很多利好政策，这时是创新型经济和独角兽成长的绝佳时期。

做有质量的独角兽企业

我担任中国上市公司协会会长一年多以来，主要的一项工作就是在中国证监会的领导下，推动提高上市公司的质量。大家都希望资本市场好，那资本市场好需要哪些方面的支持呢？一是经济的基本面要好；二是监管的水平要高；三是上市公司质量要高；四是投资生态要好，投资者要成熟。现在我国资本市场逐渐回暖，标志着这四个方面都在转好。在做独角兽企业的过程中，大家也要重视质量的提高。具体包括以下几点。

第一，要把创新和高质量发展结合起来。创新有风险，我们要进行有质量的创新，有目的的、有效的创新，研究创新、学习创新，扎扎实实地去做，提高企业的治理质量、运营质量和创新质量，使得每一家独角兽都变为有质量的企业。

第二，把高速成长和规范治理结合起来。独角兽都是高速成长的企业，在成长过程中要强化规范经营和治理，要敬畏市场、敬畏法治、敬畏专业、敬畏投资者，这"四个敬畏"对独角兽企业来讲是原则立场，也应该是初心。大家从立志做独角兽企业开始，就要做到规范运营，做正确的事，正确地做事，不犯原则性错误，因为有些错误一旦犯了就再也没有改正的机会。所以，我要提醒立志做独角兽的年青一代，快速成长的前提首先是要规范运作。

第三，把创新的故事和创造价值的故事结合起来。独角兽企业都有创新的故事，这个故事要讲好。记得在"2020CCTV 中国创业榜样"颁奖典礼上有很多基金机构出席，当时一些创业者就请我出主意，怎么能够让这些基金愿意投资。我说，要把企业的故事讲好、讲通、讲准确，讲得让投资者热血沸腾，他们才愿意投资、支持你。但是，光会讲故事还不够，企业既要讲好自己的故事，也要做好实际的事，要创造价值、回报投资者，这两点要结合起来。不会讲故事拉不到投资，但如果只会讲故事，即便投资者投了效果也不一定好，有些独角兽企业正是因为这样没能实现成长。我希望独角兽企业的发展既要快速，还要稳健，能够扎扎实实地把公司质量提高。

作为中国上市公司协会的会长，我诚邀独角兽企业在主板、创业板和科创板上市，成为中国上市公司协会的一员。欢迎你们！

08 ◎ 激发上市公司活力，助力 资本市场发展^①

我国上市公司已走过 30 个春秋，到了而立之年，从无到有，从小到大，从弱到强，实现了快速发展，有力支持了我国经济发展，是我国经济发展的压舱石和顶梁柱。截至 2020 年 9 月 4 日，我国 A 股上市公司家数已达 4002 家，市值超过 70 万亿元。上市公司创造的税收约占整个企业税收的 30%，实体经济上市公司的利润约占规模以上工业企业利润的 40%，上市公司的成绩是巨大的。经营好上市公司，提高上市公司质量，建设规范、透明、开放、有活力、有韧性的资本市场，对我国的经济发展至关重要。

上市公司业绩稳步复苏，展现出韧性和活力

2020 年我们遭遇新冠疫情，在防控疫情、恢复经济的整个过程中，我国上市公司表现优异。上市公司业绩一季度大幅萎缩，二季度快速恢复，现在呈现有活力的增长态势。从 A 股 3975 家上市公司披露的 2020 年上半年业绩来看，我国上市公司在恢复生产经营方面表现出了较强的韧性和活力，实现营业收入 23.4 万亿元，同比下降 1.7%；实现净利润 1.8 万亿元，同比下降 17%。从单季来看，2020 年二季度 A 股上市公司的业绩明显改善，营业收入同比增长 2.7%。科创板上市公司业绩尤为突出，2020 年上半年营业收入和净利润分别增长 5.8% 和 42.3%。在外部环境非常困难的情况下，上市公司能做出这样的业绩

---

① 2020 年 9 月 6 日作者在第十七届中国国际金融论坛上的致辞。

很不容易。

最近我到 20 多家上市公司进行了走访，走访过程中我有几点感受。一是大家对于做好上市公司的全年业绩充满信心；二是虽然上市公司面临着一些困难，比如经济下行带来的压力，但大家都表示要集中精力，做好经营发展；三是上市公司正在加大以数字化为中心的创新力度；四是上市公司正积极做好双循环新发展格局下的市场布局。走访的结果让我很欣慰，增强了信心。

监管水平不断提高，资本市场改革迈出新步伐

第一，市场化改革迈出新步伐。从 2019 年开始，中国证监会实施了一系列重大改革举措，包括科创板试点注册制、新三板精选层和创业板注册制落地。这些都是市场化的改革，也是我们大家期盼了多年的，现在陆续推出，极大地提振了市场士气。这里有几组数字：2020 年 1 月至 9 月 2 日，共有 234 家企业 IPO 募集资金 3087.86 亿元，同比增长 136.9%，是近 10 年来的新高。其中注册制下的 119 家企业 IPO 募集资金 1930.64 亿元，占比 60.52%。与此同时，年内还有 28 家企业退市，包括 15 家强制退市和 13 家重组退市。我们看到，一方面有很多新进入的公司，另一方面资本市场也加快了退市的改革步伐，这样能优胜劣汰，提高我国上市公司的质量。这些市场化的改革举措促进了对创新企业的培育。我们常讲要创新，那么创新主要靠什么？靠制度、文化、政策支持等，这些都非常重要。此外，创新在很大程度上取决于资本市场的支持，对处于创新转型期的企业来说尤其如此。很多创新企业需要得到资本市场的支持才能更好地发展，当然，创新企业上市后又会反哺资本市场，这两者是相辅相成的。

第二，法治化水平不断提高。市场化离不开法治化来提供保障。近年来，中国证监会陆续推出了重组、分拆、减持、股权激励等新规，特别是新证券法的实施，加大了对违法违规行为的处罚力度，进一步加强了投资者保护，这些都是法治化方面的重大进展。如 H 股的法人股流通等，是我们期盼已久的。

第三，国际化程度进一步提升。在国际化方面，行业的开放进一步加大。例如，证券基金期货行业外资股比例限制放宽，深港通、沪港通、沪伦通启

动，明晟、富时罗素等国际知名指数把 A 股纳入其国际指数体系。此外，产品开放进一步加大，人民币计价的原油期货上市，铁矿石期货等相继引入境外投资者。

市场化、法治化、国际化的稳步快速推进极大地鼓舞了整个市场，调整了上市公司的结构，对激发上市公司活力、提振投资者信心起到了良好的作用。我们要关心市场指数，但也不需要一天到晚盯着它，关键是要正确地做事、做正确的事。如果做的事情是正确的，并且正确地去做了，那么我们的资本市场就会好起来。

努力推动提高上市公司质量

中国证监会 2019 年 11 月推出《推动提高上市公司质量行动计划》，提出力争用 3 ～ 5 年时间使我国上市公司整体面貌有较大改观。上市公司质量包括治理质量、运营质量、创新质量等，目前我们说的主要是治理质量。中国上市公司协会在这方面做了大量工作。

2019 年协会围绕提高上市公司质量，对 6000 多人次的上市公司董监高等关键少数进行了培训，2020 年到现在我们在线上为上万名上市公司高管进行了培训。我们感受到，经过各方面的共同努力，上市公司管理层的认识有了实质性的提高，整个上市公司群体对提高上市公司质量达成了共识。随着提高上市公司质量各项政策的积极贯彻落实，上市公司质量的提高也取得了一定的进展。2020 年 8 月，刘鹤副总理在深交所创业板改革并试点注册制首批企业上市仪式上发表的致辞里专门提到了上市公司质量，他讲到提高上市公司质量、形成体现高质量发展要求的上市公司群体是资本市场发展的关键环节[①]。提高上市公司质量任重道远，是近一段时期整个上市公司群体工作的重中之重。

围绕提高上市公司质量，我也给大家提了 9 个字：知敬畏、守底线、尽责任。作为上市公司，遵纪守法的核心是要认真地披露信息，不能做假账。"不做假账"是国务院前总理朱镕基同志给国家会计学院题的词，不做假账应该是

---

① 《刘鹤副总理在深交所创业板改革并试点注册制首批企业上市仪式上发表致辞》，2020 年 8 月 24 日，http://politics.people.com.cn/n1/2020/0824/c1001_31834630.html。

底线中的底线。上市公司既要尽到对股东的责任，还要尽到经济责任、社会责任和国家责任。在这方面我们至少要把三项工作做好。

第一，要有良好的业绩。做好上市公司，业绩是前提，必须做好经营，扎扎实实地做事，为股东股民创造良好的回报。

第二，创新发展，提高价值。现在创新有两个风口：一个是数字化、大数据，我们正处在从消费互联网转向产业互联网的阶段，其中蕴藏的机会是巨大的；另一个是硬科技，包括人工智能、新材料、医药健康等方面的创新。上市公司要抓住创新机会迅速转型。

第三，要做有品格、有责任担当的优秀上市公司。上市公司不仅要照顾投资者的利益，还要照顾社会公众、员工和社区等利益相关方的利益。上市公司要做负责任、受人尊敬的公司。

社会各方都希望资本市场有好的发展。资本市场要有好的发展，需要做好四件事：一是经济基本面要好，二是持续提高监管水平，三是切实提高上市公司的质量，四是提高投资者的投资水平。这四件事缺一不可，我们欣喜地看到，现在这四件事都稳中有进、稳中向好。我对我国资本市场的未来充满信心。

09 ◎ 资本市场是我们的力量所在 [①]

我在中国建材做了 18 年的董事长，其间 5 年曾同时担任国药集团董事长。那个时候我提出做基金，中国建材因为一些原因没有做，国药集团做了一家财务公司、一家租赁公司，在上海成立了国药资本管理有限公司，中国医药投资有限公司持股比例为 35%，是非控股的，交给职业经理人去做。直到现在，这只基金仍然做得不错。回想 2012 年那段时间，大家认为做基金是有风险的，今天看来，国药集团做基金投资做对了，现在中石化这样大规模的公司也进入了这个领域。实际上二级市场对股权投资也特别感兴趣，因为股权投资培育了许多好的上市公司，这两者共生于一个资本市场的生态系统。

关于经济的转型

现在，我们面临三类转型。

第一，从传统经济向创新经济转型。传统经济有周期，但是创新经济没有周期，它一直在成长。德鲁克在《创新与企业家精神》中提出，美国用创新型经济取代了管制型经济，带来了美国的持续繁荣。我们现在也进入了创新经济阶段。创新经济有几个核心：一是技术，即"硬科技"；二是互联网，把互联网当成科技也可以，但是我们一般把它们分开来说，互联网不仅是一种科技，还是一种市场化的方式，一种新的模式；三是资本，资本是创新经济最大的推动力量。

[①] 2020 年 10 月 15 日，由中国石化集团资本有限公司发起的恩泽基金在北京举办全球投资人大会，作者出席大会并做主题演讲。

传统经济和创新经济之间最大的区别是什么？我想到一点，在传统经济里人力是成本，不论是总经理还是工人，都属于企业成本；但在创新经济里，最核心的就是把人力当成企业的资本，只发工资不行，还得分红，还得招募合伙人。现在基金里的 GP（普通合伙人）都得有股权，国有企业也在围绕这个进行改革，即员工持股、管理层股票计划、科技分红和超额利润分红权的"新三样"改革，这些都是围绕人力是资本的思路来进行的。

第二，从国际大循环向国内国际双循环转型。作为中国上市公司协会会长，2020 年我在北京新发地疫情被控制之后，走访了 20 多家上市公司。这些上市公司对未来充满信心，现在都在安排两项工作：一项工作是转型，尤其是数字化转型；另一项就是在以国内大循环为主体、国内国际双循环相互促进的新发展格局下，谋划新的市场布局，制定新的市场战略，这点也很重要。过去我们是"大进大出、两头在外"，用外贸拉动内贸，或者以市场换资本、以市场换技术，现在要适应新格局，做出改变。

企业要加大国内市场的开发力度，包括品牌化等，同时要巩固我国中高端产品制造中心的地位。中国企业数量多，有的产品还有过剩，产品全部在中国市场销售几乎不可能，因此我们必须"走出去"。一方面，产品要"走出去"；另一方面，新的全球化会呈现区域化的趋势，我国的优秀企业也要"走出去"，真正变成跨国公司，学会到欧洲、北美等地区经营，从追求 GDP 过渡到以提高 GNP 为发展目标。

第三，从储蓄型社会向投资型社会转型。中国过去是储蓄型社会，民众习惯把钱存起来，有人说这和我们的民族性有关。摩根士丹利首席经济学家史蒂芬·罗奇认为存款应该拿出来去做投资、去消费。截至 2019 年年底，我国人民币存款总额达到 192 万亿元，约合 27.8 万亿美元，美国的存款总额约为13.3 万亿美元，还不到我们的一半。根据中国证券投资基金业协会的数据统计，截至 2020 年 7 月，我国已登记备案的私募基金管理人数量为 2.4 万多家，对应的资金规模为 14.9 万亿元。但这个数字与发达资本市场相比，在体量上仍有差距。根据美国证券交易监督委员会的相关报告，截至 2019 年四季度，在美国证券交易委员会注册登记的私募基金管理人有 3200 多家，但其对应的股权投资金额是 15.03 万亿美元，折合人民币约 100 万亿元。再说到市值，现在国内上市公司整体市值超 70 万亿元，而美国的上市公司的市值为 49 万亿美元。这样比较会发现一个问题，就是我们在投资领域的钱少，大量的钱都被存起来了。

今后除鼓励直接投资外，我们也要鼓励间接投资，老百姓的钱可以委托给投资机构进行投资。传统行业中，中国建材在做基金，中石化也在做基金，这就是很大的变化，基金时代来临了。

关于资本和创新的关系

第一，企业的创新需要资本市场支持。现在大家都在讲创新创业，创新究竟靠什么？有人说靠政策，建设一大批开发区来刺激创新；有人说靠制度，认为创新靠好的制度；埃德蒙·费尔普斯在《大繁荣》中说靠文化。我研究的结果是创新主要靠资本，资本是创新的工具，资本是创新的引擎，资本是创新的动力。

1912 年熊彼特写的《经济发展理论》中讲到了创新、资本、企业家精神，并提出了非常著名的观点：资本是企业家用来创新的杠杆。再优秀的企业家，假定没有资本的支持，也做不成事。2020 年世界 500 强排行榜中，我曾担任董事长的两家企业，中国建材排在 187 位，国药集团排在 145 位，我看了很高兴。除了世界 500 强，我现在也很关注独角兽排行榜。2020 胡润全球独角兽排行榜上一共有 586 家企业，其中美国有 233 家，中国有 227 家，相差 6 家，而中美两国的独角兽企业约占全球独角兽企业的 80%，这说明中美两国是当今世界上的创新大国。

上榜的中国独角兽企业大部分在北京、上海、深圳和杭州，说明这四个城市技术密集、资金密集。一个地区想发展经济，一要有技术，二要有资本，技术和资本还得结合起来。国内的一些省份对发展独角兽企业、上市公司等有很大的热情，但是这些地方的资本市场不发达，想把经济做起来比较难。光靠贷款融资，企业的杠杆会很高，是没法长久做下去的。所以要发展创新经济就要培育资本市场，不仅要有上市公司，还得有大量的股权投资基金，创新创业需要资本的支持。

第二，资本市场的创新能够带动企业的创新。2019年科创板正式开板，科创板是资本市场的一个重大制度创新。2020年创业板注册制落地，国务院印发的《国务院关于进一步提高上市公司质量的意见》提出，要更大范围地推广注册制，也就是进一步市场化。资本市场的创新极大地支持了企业创新。美国如果没有纳斯达克等资本市场的支持，就不会有那么多的创新企业。特斯拉自2003年成立后，多年处于未盈利状态，但也有5000多亿美元的市值。现在我国的资本市场也是这样支持创新企业发展的，寒武纪上市后市值一度破千亿元。资本市场创新对企业的创新至关重要，资本市场创新迈一小步，企业的创新就会迈一大步。大家都很期盼中国资本市场能继续创新，沿着科创板、创业板的路继续走下去，坚定不移地走下去，进一步市场化。

关于资本市场和上市公司

2020年是中国资本市场30周年，12月19日是30周年纪念日。与美国有200多年历史的资本市场相比，我国拥有上市公司的时间并不长，但这30年里我们创造了巨大的成绩。现在我国上市公司市值超70万亿元，占全国GDP的70%以上，中国企业500强榜单里上市公司占70%以上，上市公司贡献了企业税收的30%，实体上市公司创造的利润占规模以上工业企业利润的40%，也就是说，上市公司是中国市场主体的半壁江山，引领经济的发展。上市公司是资本市场的基石，是经济社会的顶梁柱，取得的成绩是巨大的，大家都非常关注上市公司的发展。

上市公司引入了规范治理，带动了中国企业规范治理水平的提高。但上市公司的质量离我国经济发展的要求仍有很大的差距，有待提高。国务院印发了《国务院关于进一步提高上市公司质量的意见》，提出了6个方面17条要求。希望大家认真学习这个文件，里面不只对上市公司治理质量提出了要求，同时提出了要做优做强我国上市公司的战略性目标。

上市公司质量主要是指治理质量和运营质量。提高治理质量就是在信息披露、治理机构的设立等方面进一步加强，提高公司治理水平。提高运营质量就是上市公司要做好主业，要进行有质量的创新，强化管理，提高效益。任何一家企业没有利润怎么行呢？上市公司不只要规范治理，还要做优做强。如果我国上市公司都做成高质量的上市公司，那我国的资本市场就会健康发展。资本市场的春天已经来临，政府、监管者、上市公司、投资者都希望资本市场稳定、健康发展，这取决于以下四个关键因素：一是经济基本面，二是监管水平，三是上市公司质量，四是投资者生态。如果把这四件事情都做好，就不用太过担心。

▲ 在小米集团调研，体验公司最新的产品

我们做正确的事，正确地做事，资本市场自然就会迎来春天，股价和市值自然就会上去；如果我们做的事不对，即便股价和市值暂时上去了最终还会掉下来。资本市场有它的规律，我们一定要按照规律去做，用资本市场的发展来支持国家经济的发展。做好资本市场是我们的底气所在，也是我们的力量所在。

10 ◎ 以自律管理促进上市公司质量提升 [①]

2020年10月9日，国务院印发了《国务院关于进一步提高上市公司质量的意见》（本文中简称《意见》），这是新时代党中央国务院对提高上市公司质量作出的系统性、有针对性的重大部署，是推动上市公司高质量发展的纲领性文件。中国上市公司协会将按照《意见》的要求，充分发挥自律管理作用，全力助推上市公司高质量发展。这里，我想就学习和落实《意见》谈几点体会与认识。

深刻理解《意见》的重要意义

日前，党的十九届五中全会顺利召开，对"十四五"时期我国发展作出了系统谋划和战略部署。资本市场作为经济高质量发展的重要支持力量，也面临着历史性发展机遇。同时，面对新冠疫情和外部经贸环境的影响，上市公司生产经营和高质量发展也面临一定的考验。上市公司质量是资本市场健康发展的基础。高质量的上市公司是贯彻新发展理念、推进高质量发展、构建新发展格局的重要主体。高质量的上市公司也是我国从容应对国内国际疫情变化、恢复经济的生力军。

《意见》提出6个方面17条重点举措，既为上市公司整体质量的提升提供了方向性、引领性的制度安排，也提供了很有针对性的具体安排，找准了影响上市公司高质量发展的关键问题，回应了市场各方的关切，同时也对上市公司提出了更高的要求。

---

① 2020年11月10日作者发表在《证券日报》的署名文章。

2020 年是中国资本市场的而立之年，我们的上市公司群体从无到有，由弱到强。截至 10 月 30 日，境内上市公司已达 4082 家，市值已达 73 万亿元。一方面，经过 30 年发展，我国上市公司数量迅速增加，质量稳步提高。一大批非常优秀的上市公司积极参与全球资源配置和国际竞争，在业绩、市值、分红等方面都做得很好。应该说，上市公司发展的 30 年创造出全球瞩目的成绩。但从另一方面来看，的确还存在着很多不尽如人意的地方，如公司治理有待进一步规范，信息披露质量、运营质量有待进一步提高等。这些问题和我国经济高质量发展以及资本市场健康稳定发展的要求不相适应，亟待改善和解决。

2005 年，《国务院批转证监会关于提高上市公司质量意见的通知》发布，到 2020 年已经有 15 年了。这 15 年里，我国围绕提高上市公司质量做了大量的工作。习近平总书记对资本市场高度重视，多次就提高上市公司质量作出重要指示批示。党中央国务院最近几年有过多次部署，中国证监会把提高上市公司质量作为核心工作。在中国上市公司协会 2019 年年会上，中国证监会易会满主席专门讲到要把提高上市公司质量作为中心工作，同时对上市公司董监高等关键少数提出了"四个敬畏""四条底线"等原则性要求。2019 年 11 月，证监会印发了《推动提高上市公司质量行动计划》，提出力争通过 3～5 年的努力，使上市公司整体面貌有较大改观。

可以看到，《意见》是在深刻认识总结我国经济发展和资本市场新特点、紧密结合上市公司新实践新变化、深刻体会上市公司质量重要性的基础上出台的。《意见》对提高上市公司质量提出了新的更高的要求，同时为一系列相关政策的修订出台提供了良好的外部环境，为促进上市公司质量提高营造了良好的氛围。广大上市公司群体要认真学习、深刻理解《意见》的重要意义。

认真落实《意见》的各项要求

《意见》提出要加强资本市场基础制度建设，大力提高上市公司质量，并从提高上市公司治理水平、推动上市公司做优做强、健全上市公司退出机制、解决上市公司突出问题、提高上市公司及相关主体违法违规成本、形成提高上市公司质量的工作合力6个方面，提出了17条具体举措。现在这些举措和建议正在稳步落实。

10月21日，在2020金融街论坛年会上，易会满主席表示，将在总结试点经验的基础上，稳步在全市场推行注册制。11月2日，中央全面深化改革委员会第十六次会议审议通过了《健全上市公司退市机制实施方案》《关于依法从严打击证券违法活动的若干意见》。这是我国资本市场历史上第一次由中央层面制定出台关于资本市场基础制度建设的专门文件。注册制的全面推行和退市制度的完善将更利于把好上市公司的"入口"和"出口"，"零容忍"地从严打击证券违法活动、提高违法成本，共同推动上市公司质量的全面提高。

可以看到，当前全面深化资本市场改革的各项重点任务正在实施。上市公司要主动担起高质量发展的主体责任，认真贯彻落实《意见》的各项要求，把握机遇、迎接挑战，坚持敬畏市场、敬畏法治、敬畏专业、敬畏投资者，牢记初心使命，切实提高自身质量，用质量夯实资本市场改革发展的基础。

提高上市公司质量要注重治理质量、创新质量、运营质量三个维度，提高创新质量是做优，提高运营质量是做强，提高治理质量是上市公司做优做强的重要保障。三个方面要共同推进，形成上市公司提质增效的内生动力和市场文化。

治理质量是上市公司高质量发展的前提和保障。《意见》17条重大举措的前两条专门提出提高上市公司治理水平。上市公司规范的治理结构和良好的内部控制，公司信息真实、准确、完整、及时、公平的披露，独立董事、监事会的作用以及各专门委员会职能的充分发挥，都属于公司治理质量的范畴。大家要高度重视，不断优化完善公司治理结构，提高治理水平。

在创新质量方面，党的十九届五中全会报告提出，要坚持创新在现代化建设全局中的核心地位，把科技自立自强作为国家发展战略支撑。创新是一个国家发展的核心动力，也是上市公司高质量发展的重要特质和必然要求。我们目前处于大数据产业、5G等硬科技领域创新发展的风口，企业要积极有效地创新，不能以创新的名义进行重复投资、低效投资。

在运营质量方面，《意见》特别提出要推动上市公司做优做强，多方合力助推上市公司坚持主业、扎实经营、做优业绩，真正成为实体经济的"优等生"。公司的战略能力、管控能力、财务能力、市场能力、盈利能力等均是构成公司运营质量的基础。只有运营质量不断提高才能为股民、股东创造良好回报，才能为市场稳健发展打下牢固的基础。

不断提高服务能力和水平，切实发挥中国上市公司协会自律管理作用

《意见》第14条提出，要充分发挥上市公司协会的自律管理作用，这是第一次在国务院正式文件中对中国上市公司协会的职责进行明确表述。这是对中国上市公司协会的重视，也是对中国上市公司协会的要求。提高上市公司质量，中国上市公司协会责无旁贷。

协会将在中国证监会党委的领导下，把学习好、宣传好、落实好《意见》作为当前最重要的任务，统一思想认识，认真学习领会《意见》精神和政策要求，压实责任、勇于担当，在推动上市公司"自愿、自觉、自律、自治"过程中，充分发挥协会"桥梁、窗口、平台、阵地"的组织优势，利用好各种资源形成合力，多措并举助力上市公司高质量发展。

▲ 为厦门上市公司做"如何提高上市公司质量"的讲座

我们将在证监会指导下，不断提高服务能力和水平，切实发挥自律管理作用，做好以下几方面工作：一是积极推动上市公司高质量发展经验的交流沟通，共商化解上市公司风险和提高上市公司质量的有效措施，推动各地积极行动，形成互学互鉴、互比互看的工作氛围。二是做好培训引导工作，进一步提升公司治理水平。协会将围绕宣传落实《意见》和新证券法，充分发挥协会举办培训的优势，提升工作合力，抓住实际控制人和董监高等关键少数，通过分类培训、专题培训，进一步扩大培训覆盖面，提升培训效能。三是加强会员服务工作，充分发挥贴近会员的优势，深入上市公司调研，切实解决上市公司实际问题，为上市公司解难纾困。四是联合相关权威机构，在对典型公司全面、充分、深入调查研究的基础上，提炼出高质量上市公司的共性基因和共同特点，引导促进上市公司实现高质量发展。

提高上市公司质量是一项涉及面广、持续时间长的系统工程，须凝聚各方力量，实现共建共治共享。进一步提高上市公司质量，要强化上市公司主体责任，同时通过有效的监管、合理的退市机制、高质量的中介机构、成熟的投资人、正确的舆论导向等，构成上市公司质量的生态合力，推动上市公司高质量发展，更好地服务国家加快构建新发展格局和经济高质量发展。

11 ◎ 国有上市公司在上市公司质量提高中的作用[①]

对于这些年国有企业取得的巨大进步和飞跃发展，过去社会上有一些不同的看法，有人说是因为传统的管理优势，也有人说是因为垄断优势。事实上，我国国有企业之所以有这么大的进步，是因为我国的国有企业是市场化改革了的、是上市了的、是混改了的国有企业，所以才成为有活力、有力量的国有企业。在市场化改革中，上市改制起到了关键的作用，应该说，国有企业上市推动了国企改革，同时国企改革又有力地支持了资本市场，包括国企改革三年行动也对资本市场的建设起到很好的推动作用。

截至 2020 年 11 月 8 日，我国共有国有上市公司 1151 家，其中中央企业上市公司 394 家，地方国有企业上市公司 757 家，国有上市公司数量占上市公司总数的 28%，但是市值占全市场总市值的 44%。所以，国有上市公司应该做提高上市公司质量的排头兵。那如何提高国有上市公司质量呢？我认为可以做好以下几方面。

加强国有上市公司的治理

《国务院关于进一步提高上市公司质量的意见》中提出，科学界定国有控股上市公司治理相关方的权责，健全具有中国特色的国有控股上市公司治理机

[①] 本文节选自 2020 年 11 月 11 日作者在中国社会科学院国有经济研究智库成立仪式暨首届国有经济研究峰会上的主题演讲。

制。这为提高国有上市公司的治理水平提供了指导方向。一是进一步做好集团公司和上市公司"三分开",让上市公司独立运作。中国特色社会主义市场经济下,以国有企业为主体的上市公司和大量的民营企业上市公司共存,这是我国的基本特色。不管是国有企业,还是民营企业,上市后殊途同归,都成为多元化的股份制公司,都应该按照上市公司的规范和要求来做。上市公司是公众公司,要特别注意上市公司的独立性,遵从上市公司的有关规定;要引入独立董事,保护上市公司董事的独立性身份;控股股东要增强对上市公司公众化和独立性的意识。二是引入积极负责股东,解决一股独大的问题,减少大股东对上市公司的行政性干预以及对上市公司利益的侵害。三是按公司法规范运作,处理好股东会、董事会和经理层三者的关系,明晰三者的界限,确保董事会的独立性,保护董事的合法权益。

▲ 开展中央企业控股上市公司专题培训

改革国有上市公司的机制

一是全面普及管理层持股,大力开展股票增值权,确保管理层利益和投资者利益同向性;二是加大内部激励,推进员工持股、科技分红、超额利润分红权,调动骨干员工积极性;三是弘扬和保护企业家积极性,给予其应有的待遇和尊重。

提高国有上市公司的市值

一是突出主业，瘦身健体；二是加大技术创新，业务转型；三是强化激励机制，吸引投资者投入。同时，《国务院关于进一步提高上市公司质量的意见》也提到，鼓励和支持混合所有制改革试点企业上市，支持国有企业依托资本市场开展混合所有制改革。截至 2020 年 11 月 8 日，科创板共有 191 家上市公司，其中国有企业仅有 11 家。国有企业中有大量的创新企业，这些创新企业也应该要引入股权基金，加大和民营资本的混改力度，同时也要加大在科创板上市的力度，培养新的增长点，为企业的整体转型升级奠定基础。

资本市场经历了 30 年的变化，今天来看，国有企业在推动中国资本市场的前进，资本市场也在促进国有企业的改革，无论是在机制上，还是市场化上，在充分竞争领域里，资本市场都对国有企业发展有很大的促进。国企改革三年行动和资本市场提高上市公司质量的行动关系密切，相互支持、相互促进，用国企改革促进上市公司质量的提高，用上市公司质量的提高来助力国企改革，为改革添砖加瓦。

资本市场与国企改革的良性互动，对市场的影响是积极而长远的。一方面，国有企业是我国资本市场的定盘星，国有控股上市公司的质量直接影响着上市公司的整体质量水平。当前，中国经济正处于由投资驱动向创新驱动转变的关键阶段，国有企业是科技创新和经济转型的主要力量和引擎，资本市场积极支持国有企业向创新转型，也意味着资本市场服务实体经济的能力进一步提升。这对于资本市场长期健康发展是大有裨益的。另一方面，国有企业依托资本市场开展混改，优化机制，是激发国有企业活力的重要方式。同时，资本市场的融资功能、资本配置功能也是国有企业快速发展的重要依托。资本市场需要更多优质国有企业的上市来夯实基础，而国有企业更需要资本市场这个广阔的舞台成就优秀的自己。所以说，国企改革和提高上市公司质量，两者可以相互成就，相得益彰。

今天我们经济的发展，资本市场在其中发挥重要的作用，也是我们的底气和潜力所在。只要我们坚持维护稳定向好的经济基本面，不断提高监管水平和上市公司质量，构建更为合理的投资者生态，就能够形成推动上市公司高质量发展的合力，最终把资本市场做好，用资本市场来支持国家经济的发展。

12 ◎ 做优做强上市公司 ①

截至 2020 年 12 月，中国资本市场走过了整整 30 年。回顾这 30 年，意味深长。今天我们应该做好哪些工作？展望未来，资本市场将会如何发展？

致敬中国资本市场 30 周年

1986 年 11 月，邓小平同志把飞乐音响一张 50 元面值的股票送给了纽约证券交易所的董事长约翰·范尔霖，揭开了中国资本市场光辉的一幕。4 年之后，1990 年 12 月，深圳证券交易所、上海证券交易所相继开业。一晃 30 年过去了。这 30 年如果没有资本市场，就没有国企改革的今天，没有民营企业发展的今天，也没有科技创新事业的今天，这些都离不开资本市场 30 年成长壮大所做的贡献，同时上市公司、投资者也为资本市场做出了贡献。

30 年来，资本市场的成绩可圈可点，令人十分感慨。截至 2020 年 12 月，沪深两市的 A 股上市公司共有 4100 多家，总市值近 80 万亿元，2019 年上市公司收入达 50.47 万亿元，突破 2019 年 GDP 的 50%。30 年来，上市公司累计募集资金近 16 万亿元，分红 8.36 万亿元，这几年的分红力度持续加大，每年分红超 1 万亿元，2019 年分红 1.36 万亿元，占 A 股上市公司税后净利润的 35%。中国 500 强企业中的 70% 以及世界 500 强中国企业中的 60% 是上市公司。现在高市值上市公司不断涌现，千亿级市值的 A 股上市公司有 124 家，如果加上内地在中国香港上市和在美国上市的中概股公司，大概有 205 家。2018 年，A 股千亿级上市公司只有 60 家，两年时间就翻了一番还多，这真是了不

---

① 2020 年 12 月 7 日作者在第十九届中国企业领袖年会的闭幕演讲。

起的变化。透过这些数字我们可以看到，上市公司对我国经济发展做出了巨大贡献，同时上市公司还促进了我国企业的发展。

第一，支持了国企改革。现在中央企业的资产约 70% 在上市公司中。我是国企改革的亲历者，1997 年带领北新建材在深交所上市，2006 年带领中国建材在香港上市，2009 年又推动国药控股在香港上市。资本市场募集的资金对北新建材、中国建材和国药集团发展成为知名企业发挥了重要的助力作用。

第二，支持了民营企业的发展。A 股上市公司里 60% 以上是民营企业，民营上市公司总市值约 33 万亿元。很多民营企业是在资本市场的支持下发展起来的，超千亿元市值的民营企业的发展壮大，得益于资本市场的培育。

第三，支持了科技创新。2020 年以来，A 股共有 342 家公司首发上市，募集资金 4238 亿元。科创板自 2019 年开市以来，上市公司数量已达 200 家，其中 2020 年上市了 130 家，募集资金 2022 亿元。这意味着 2020 年科创板上市公司募集的资金约占 A 股新募集资金的一半，资本市场极大地支持了我国的创新事业。

第四，规范了公司治理。30 年来，我国上市公司开展了系列公司治理行动，带动了非上市公司治理水平的提高，完善了我国社会主义市场经济体系。

如何做优做强上市公司

党的十八大以来，习近平总书记对资本市场作出了一系列重要指示批示，深刻阐述新时代需要什么样的资本市场、怎样建设好资本市场的重大课题，为新时代资本市场改革发展指明了方向。资本市场在金融运行中具有牵一发而动全身的作用，要通过深化改革，打造一个规范、透明、开放、有活力、有韧性的资本市场。这些年来，我国上市公司的治理水平有了很大提高，但相比经济发展以及市场的要求，上市公司的治理水平还有待进一步提升。要做优做强上市公司，有四项工作特别重要。

第一，提高治理水平。企业上市以后成为公众公司，和原来的国有企业和家族企业就不同了，拿了股民的钱，就要把公司做好，就要为股民和公众做贡献，就要透明、公开地经营，这是规范治理的核心内容。也就是说，上市公司要做到合规运作、信息披露真实、确保公司的独立性，等等。要成为一家好的上市公司，治理规范是前提，也是提高公司整体运营水平的基础。

第二，突出主业。优秀的公司往往主营业务非常突出，而出现问题的公司不少是因为偏离主业、盲目投资而失败。

第三，业绩要好。上市公司要有良好的效益和较高的市场价值，这也是核心内容。

第四，核心竞争力要强。上市公司要念好自己的生意经，努力提升自身核心竞争力。

我国资本市场将会长期稳定发展

双循环新发展格局为我国企业提供了一个广阔的市场，同时资本市场的发展思路非常明确。"十四五"期间资本市场的发展有三个重点：一是全面实行股票发行注册制；二是建立常态化退市机制；三是提高直接融资比重，这是"十四五"期间资本市场的战略目标和任务。资本市场正沿着市场化、法治化、国际化的方向发展，目标和方针更加清晰。三十而立，我国资本市场更加成熟了，我国企业对资本市场的理解也更加透彻了。

此外，创新经济为资本市场增添了新的活力。提高上市公司质量也已经迈开实质性步伐，值得大家期待。在"十四五"期间乃至更长的时间内，我国资本市场将处于一个长期稳定的发展阶段，上市公司的质量也会进入一个长期稳定的提升阶段，资本市场的未来可期。

13 ◎ 解码千亿级市值上市公司 [①]

2020 年的世界 500 强企业中，中国内地和香港企业共有 124 家，加上台湾的企业，共 133 家，超过了美国的 121 家。但坦率来讲，这一榜单依据的是销售收入，而不是利润、效益或市值。在资本市场，我们还要重视企业的效益和价值。

下面我结合千亿级市值的上市公司给大家讲讲资本市场和上市公司的事。

千亿级市值上市公司的情况

目前，我国 A 股的千亿级市值上市公司有 124 家，加上 H 股、中概股，共有 205 家。这是了不起的事情，因为 2018 年，我国千亿级市值上市公司只有 60 家，也就是到 2020 年翻了一番还多。我国资本市场培育了这么多千亿级市值的上市公司，让人觉得很感慨。

千亿级市值上市公司都在哪些板块里面？在 A 股的 124 家千亿级市值上市公司中，医疗、制药板块的高市值公司比较多，恒瑞医药、迈瑞医疗的市值都在四五千亿元。在香港资本市场，医疗、制药也是涌现千亿级市值上市公司的板块。另一个是新能源汽车板块。美国的特斯拉有超 5000 亿美元的市值。中国的比亚迪，包括在美国上市的中概股小鹏汽车、蔚来、理想汽车等都是千亿级市值的。再一个是白酒板块。贵州茅台的市值达 2.1 万亿元，五粮液的市值也在 1.1 万亿元左右，泸州老窖、古井贡酒、洋河股份等市值也都在千亿元以上。还有食品加工板块，例如乳品业的伊利股份、蒙牛乳业、中国飞鹤，市值也都是 1000 多亿元。

---

① 2020 年 12 月 6 日作者在中国企业领袖年会上的主题分享。

▲ 五粮液 600 余年的明代酒窖

什么样的行业能孕育千亿级市值上市公司

第一，市场空间大，行业天花板高，或者是成长性强的新兴产业。前面我讲到医药行业，未来医药行业的市场空间还是很大的，2019 年的市场规模是 1.6 万亿元，预计到 2023 年将超过 2 万亿元，也就是说这个行业成长性比较好。在这样的一个行业里就容易出现高市值的上市公司。乳品行业也是一个成长性比较好的行业。蒙牛乳业的高管曾告诉我："中国还没有人人喝牛奶，如果人人喝，全世界的奶牛挤的奶都不够咱们喝。"如果中国人每人每天都喝一小盒牛奶，这是多大的市场空间。还有半导体行业，产品的价格高，用量也越来越大。日本过去的两大支柱产业，一个是汽车，另一个是家电。日立、松下、东芝等都是日本知名的家电品牌，后来被海尔、格力、美的等中国品牌打败了，现在日本在向半导体、能源等行业转型。我国现在也在大规模研发、制造新材料，这个行业的市场空间非常宽广。我国规模最大的半导体芯片制造商中芯国际市值已经超过 4500 亿元。由此可见，高市值企业首先会出现在市场空间比较大、成长性强的行业，以及一些战略性新兴行业。

196

　　第二，高技术壁垒的行业。比如我讲到的恒瑞医药。研制新药是有技术壁垒的，大概需要 10 年时间、几十亿美元的投入才能研发出一种新药。像二甲双胍这种药的研制需要上百亿美元的投入，大多数公司只能等几十年后专利解禁了进行仿制。我曾到山东一家公司考察，这家公司是老牌制药企业，工厂规模很大，研究员有 500 多人，但市值只有 60 亿元，原因就在于它只做原料药，不做新药。原料药大家都能做。同样是大药厂，拥有核心技术的企业的市值是没有核心技术的上百倍。企业没有核心专长，就没有核心竞争力。

　　第三，拥有一流品牌的行业。贵州茅台是我国酒业的第一品牌，市值高达2.1 万亿元。我 2020 年去了茅台镇，想一探究竟。茅台酒确实是比较特殊的一种酒，工艺极其传统。整个茅台镇上到处飘着酒香。茅台镇很小，没有挖地窖储酒的空间，但正是因为地方小，酒的产量也没有那么高，恰恰形成了它独具特色的品牌。贵州茅台的案例说明品牌很重要，可以在消费者心中与特别的品位挂钩，所以我们要加强品牌建设。

　　第四，未来高价值的行业。比如新能源汽车行业，特斯拉的市值超过了5000 亿美元，但从 2003 年成立以来，公司并没有赚到多少钱，上海的特斯拉超级工厂建成运营之后，可能只获得了微利，但是它的市值在上升，2020 年内涨幅高达 600%。大家为什么买它的股票？因为投资者觉得新能源汽车行业未来可以创造更多价值。蔚来、理想汽车、小鹏汽车在美国上市后，市值也一路走高。

　　观察千亿级市值上市公司所在的行业，我们发现是有规律的，这些主要行业具有成长属性、技术属性、品牌属性，以及未来的升值空间。

下一个投资风口是什么

　　下一个投资风口是什么？哪些企业会发展起来？哪些行业更有机遇？

　　第一，工业互联网。工业互联网正在兴起，是企业与企业之间（B2B）的互联网。现在海尔在做卡奥斯工业互联网平台，这一块对投资者来讲也是有较多机会的。

　　第二，大健康。大健康包括医药、医疗、康养等与人类健康相关的方方面面。未来随着生活水平的不断提高，人们会越来越注重健康问题。大健康也是企业发展空间很大的领域。比如面对新冠疫情，要想控制疫情在全球持续蔓延只有靠疫苗。

第三，新能源。我一直在思考汽车行业未来怎么发展。全球的汽车保有量目前是 14 亿辆，其中新能源汽车只有约 2000 万辆，目前全球每年新生产约 200 万辆新能源汽车，一半以上在中国。我去调研了比亚迪、北汽、一汽，它们做的新能源汽车都非常好。我每个都试驾了一下，感觉各有千秋。其实汽油车不太好做，没几十年工夫做不好，因为零部件太多。但是新能源车核心部件就是电池、电机和电控，不算复杂。新能源汽车要吸引消费者，就得在设计和功能方面下功夫，要时尚，迎合年轻人的需求。新能源汽车功能很丰富，如北汽的新能源汽车的语音识别功能很先进，按一下导航，直接说要到哪里，导航立即就告诉你怎么走，非常智能。现在我国的新能源汽车的外形很多都是找外国公司设计的。国产化不意味着每一件事都必须由中国公司做，如华为在世界上的许多国家都有研发中心，集成世界各国的资源优势，更有利于创新。

▲ 在一汽集团调研了解企业创新成果

新能源汽车会把汽油车颠覆掉吗？说起颠覆性创新，过去数码相机制造出来后很快就把胶卷相机颠覆了，液晶显示屏把 CRT 彩色显像管颠覆了。过去我认为汽油车和新能源汽车并驾齐驱的时间会很长，汽油车不会那么容易被颠覆。但我最近去比亚迪调研，那里的总工程师跟我聊了以后，颠覆了我的想法，现在已经有城市规定，到 2025 年之后买新汽车只允许买新能源汽车了，也就是说汽油车要慢慢退出舞台了。

再有，最近掀起了光伏热，光伏就是利用太阳能发电。现在我国太阳能发电的成本单价约为 0.3 元，美国约为 2 美分，成本极大的降低解决了能源的问题，减少了石化等能源消耗。新能源是发展空间很大的领域，包括光伏、风能等，到 21 世纪末，可能 90% 的能源都是太阳能，再加上一部分风能、水能等，那时候可能核能也不用了。

第四，新材料。前面提到了半导体等新材料，中国建材生产的碳纤维、手机上的电子薄玻璃等都是新材料。超薄玻璃过去只有美国和日本的公司能做，以前我们一直做不了，这几年才做出来，既要耐温，还要结实，不太容易做。我们的手机屏幕最外层的金刚玻璃是高铝玻璃，很结实，掉在地上不容易碎。全球 55% 的液晶显示面板市场是中国企业供应的，其中 80% 都是京东方、TCL 供应的，剩下的 20% 是台湾企业供应的。韩国企业正渐渐退出市场。

▲ 世界单体规模最大全氧燃烧光伏玻璃生产线

千亿级市值上市公司具有哪些特质

第一，是行业龙头，是一个行业里的前三名或头部企业。前面说到乳品业，伊利股份、蒙牛乳业、光明乳业、中国飞鹤就是乳品业的头部企业。企业的业务不应过于分散，要做好主业，做成拳头产品，争取进入行业前三名，这样市值估值会增加。如果业务做得过于分散，投资者没有办法估值，只能按照价值最低的产业去评估。一些企业说自己的公司什么都做，生物制药、互联网、新材料。我说不能都做，要么做医药，要么做互联网，要么做新材料，三个都做，投资者不知道你的可比公司是哪个，估值会很低。所以，有多个业务的公司，将业务分拆成几个公司，总市值会高过一个多元化公司的市值。

第二，具有高盈利性、高成长性。贵州茅台就具有高盈利性，而前面讲的新能源汽车领域的企业、乳品企业等，我认为它们具有高成长性，因为成长空间大。

第三，企业的治理结构比较稳定。这指的是股权结构比较稳定，大股东的持股比例比较稳定，如果大股东大规模出售股权，小股东就都没信心了。千亿级市值的上市公司，大部分股权结构相对稳定，公司治理水平较高，这是非常重要的。

要发展成为千亿级市值的上市公司至少应具备以上三方面中一方面的特质，这样才可能实现成为高市值公司的发展目标。

如何打造千亿级市值上市公司

我认为方法就是做优做强上市公司的方法。

第一，战略选择要有取有舍。山东有一家医药公司市值不高，我建议它把原料药业务卖掉，因为这家公司有研究院，有很多新药，卖掉原料药业务，估值就会提升，投资者不再按一个生产原料药的公司评估，而是按照一个新药公司评估。出售部分业务，实现变现，说不定估值还高了，这就是战略的取舍。我们得了解资本市场是怎么估值的，得了解资本市场最看重的是什么。

第二，提高创新能力。创新不只是技术的创新，还包括商业模式创新、品牌创新等。提高创新能力不光要有一流的技术，还要有一流的品牌，品牌至关重要。我认为，在构建以国内大循环为主体、国内国际双循环相互促进的新发展格局中，我们的一个短板就是缺品牌，很多产品贴上国外的牌子价值就提升很多。我前面讲的汽车行业，以前我们用市场换资本，用市场换技术，确实换来了，但是想让国内汽车市场变成以民族品牌为主，我们还有很长的路要走。现在新能源汽车的发展是一个机遇，我们要支持国产品牌，让它们成长起来，这真的太重要了。品牌是企业要重点关注的，只有技术一流、品牌一流，企业才有可能成为一流的企业。

第三，争取成为行业的头部企业。企业不见得都能成为第一，可以是第二，也可以是第三，但要争取成为前三名。德国作家赫尔曼·西蒙在《隐形冠军》这本书中讲，德国拥有 1300 多家隐形冠军企业，这些企业技术一流，进行的是窄而深的经营，在所在行业或者某一个细分领域里市场占有率能排到前三名。

第四，提高盈利性和成长性，做优做强企业。企业归根结底要赚钱，要具有成长性。现在资本市场不光讲效益，还讲价值；不光讲市盈率，还讲市销率。市盈率指的是股价和每股盈利的关系，市销率指的是股价和每股收入的关系。高市值的公司可能没有利润，所以用市销率来进行对比。市盈率高、市销率高的企业的成长性高。我们要提升企业的盈利性和成长性，这是企业生存的基础。企业不赚钱，或者长期不赚钱，都是运作不下去的。一家公司市值很高，但过去 10 年没赚钱，未来 10 年也赚不到钱，股价还能支撑住吗？买股票的人都是用自己的真金白银去买，而经济学的基本假设包括：第一，人是理性的；第二，人是趋利避害的。所以从经济学逻辑上来看，好像也没法怀疑投资者。

第五，重视人力资本，提升治理质量。为什么讲人力资本？传统经济和新经济最大的区别在于传统经济认为人力是成本，新经济认为人力是资本。新经济里，我们不能只看到金融资本、土地、厂房、设备、现金，还得看到人力资本，看到人的经验、智慧、能力，人力资本已成为最重要的资本。在做企业的时候，如果能看到这一点，分配财富时就可以考虑到人力资本；如果看不到这一点，就考虑不到要给员工分红，企业就很难做大，因为高素质的人员会流失。国有企业总是在讲想留住高科技人员，那就必须改机制。机制就是企业效益和员工利益的关系，没关系就没机制，有关系才有机制。我们要想做好企业，一定要重视人力资本，要成为一家高成长性的公司，必须解决好机制问题。在座的企业家都来自民营企业，民营企业一定就有好的机制吗？不见得。机制并不是企业属性所必然带来的，而是与企业领导者的开明程度有关。我们既要重视科技创新，也要重视企业的内部机制、人力资本，这对企业的成长是非常重要的。

第六，重视公司治理。我国上市公司治理指数从 2003 年开始发布到现在，上升了超过 13 分，现在治理指数超过 63 分，这是什么概念？就是说上市公司的整体治理水平还需要进一步提高。我们的公司治理问题出在什么地方？主要问题是大股东超越股东权限，损害公司的利益。公司只要注册成立了，从逻辑上说，这个公司就是社会的了，是一个拥有独立法人财产权的企业，担负民事诉讼的责任。企业的股东享受股东的权益，承担的是有限责任，仅对出资负责，责任有限，权利也有限。有限公司的核心有以下两点。一是大股东的责任和权利都是有限的。有限注册，有限责任，有限权利。但是有些大股东做不到这一点，认为公司是自己注册的，企业是自己家的。如果说大股东可以动用上市公司的财产，就要承担无限责任。有些大股东只想享受无限权利，不愿承担无限责任。二是信息的真实性。信息的真实性是资本市场的生命线。资本市场上的投资者不会跑到企业去翻账目或者查库存，只能凭借公开发布的信息或者中介机构公布的信息来判断和分析上市公司、买卖股票。假设上市公司发布的信息是假的，投资者的判断失效，对整个资本市场都会造成不利影响。

这两点是红线中的红线，底线中的底线，是做好资本市场必须解决好的两件事。企业发展不光是防风险，要想企业稳定成长，治理必须做好。不要小看治理，公司治理非常重要，一开始就把公司做正，它就能成长，如果开始就做歪了，后面就很难成长起来，这是内在的逻辑。

作为总结，我有三句话跟大家讲。

第一句话是稳健中求进步。做企业要稳健，稳健了才能进步，不然如果摔倒了，不知道还能不能再爬起来。这些年我见过不少摔倒的企业，这些企业不见得都是因为违法违规，有的是在经营过程中出现了一些失误而摔倒，包括偏离了主业、盲目创新、管理不精细等。稳中求进，光稳也不行，还得往前迈步。除了外部环境，企业管理要发挥主观能动性，能做的一定要做好。

第二句话是发展中求质量。我们度过了快速增长的时代，进入了高质量发展的时代，任何企业在考虑未来发展的时候，都要把质量和效益放在第一位，而不是把速度和规模放在第一位，要在发展中求质量。一个时代讲一个时代的故事。过去我们重视世界 500 强，现在我们重视公司效益、价值。如果我们只有一家世界 500 强企业，那成为世界 500 强还是我们追逐的目标，但现在中国的世界 500 强企业数量已经是全世界第一了，相信到 2030 年中国的世界 500 强企业数量会超过 200 家。世界 500 强企业是收入规模 500 强，而现在我们追求的是效益、创新能力和价值，价值在上市公司中的体现就是市值。

第三句话是变革中求创新。在变革中最重要的是创新，这个创新不光指技术创新，还包括商业模式创新、制度创新。技术创新是主要的创新方式，但是商业模式创新也很重要。从做企业的角度来讲，即使是民营企业，在体制、制度方面也需要创新，比如规范治理。

14 ◎ 资本市场支持产业数字化发展[①]

据统计，截至 2019 年，我国数字经济的增加值达 35.8 万亿元，占 GDP 比重的 36.2%。其中，福建省数字经济的规模已突破 1.7 万亿元，占全省 GDP 的比重超过 40%。厦门的软件产业很有特色，拥有以软件产业为核心的国家数字化基地。厦门涌现出了多家优秀企业，带领消费互联网和数字经济向前发展。

数字经济成为快速成长的经济形态

数字经济正成为继农业经济、工业经济之后又一新的增长极，数字经济将是新的经济形态。数字经济实际上不只包括互联网等新经济，也包括传统行业的数字化改造，这是非常巨大的空间。研究表明，数字技术可以使企业提高 60% 的作业效率，降低 20% 的人力成本，提高 50% 的管理效率。可见，数字经济在传统行业的改造中发挥着越来越重要的作用。

资本市场极大地支持了数字产业的发展

2020 年是我国资本市场成立 30 周年。截至目前，国内 A 股上市公司共有 4100 多家，在这些上市公司里，数字化企业占 18%。2020 年以来，342 家 A 股企业首次公开发行股票，募集资金 4238 亿元，其中信息技术企业占 33%，也就是说，这段时间资本市场加速支持了数字化企业上市融资。据了解，年内

[①] 2020 年 12 月 8 日，2020 金砖国家新工业革命伙伴关系论坛在厦门国际会议中心召开，作者受邀出席开幕式并做主题演讲。

共有 1688 份上市公司并购重组计划，其中数字化相关企业有 420 份，占比约 25%。这些数字表明，数字产业、数字化企业获得了资本市场的支持。

与此同时，数字产业的上市公司也极大地支撑了资本市场的繁荣，助推产生很多高市值公司。目前超千亿级市值的 A 股上市公司有 124 家，其中数字化企业占比不低。

用多层次的资本市场支持数字化的发展

数字经济的发展需要大量的资金。今天不少高市值的上市公司，比如一些数字化企业，上市之初资金运转困难，是通过资本市场融资来获得发展的。然而资本市场不只有上市公司，数字化企业的发展，也不只有上市这一条路，需要一个多层次的资本市场给予支持。

第一，发展支持数字产业的私募股权基金。我国现在的私募股权基金大概有 1.5 万家、约 15 万亿元的规模，今后还要继续加大私募股权融资力度来支持数字产业发展。

第二，建设区域性的投资市场和新三板市场。要鼓励中小企业在挂牌机制相对宽松的区域股权市场和新三板市场发展融资，不断拓展融资渠道。

第三，加大科创板和创业板对数字化企业的支持力度。一方面要大力支持数字化企业上市，另一方面要加快科创板、创业板已上市数字化企业的再融资步伐。

第四，支持数字化上市公司发行债券。通过发行可转债、企业债等债券来降低数字化上市公司的融资成本。

15 ◎ 提高上市公司质量，共建
"一带一路"①

2020 年以来，新冠疫情的全球蔓延对各国人民的生命健康造成了巨大威胁，也给世界经济的发展带来了巨大的挑战。但同时，疫情也让我们以前所未有的方式，切身感受到休戚与共的人类命运共同体，认识到只有团结合作、同舟共济，才能最终战胜疫情。

"一带一路"倡议正是构建人类命运共同体的伟大实践，尽管受疫情影响，仍呈现很强的韧性。截至目前，我国已经与 138 个国家、31 个国际组织签署 202 份共建"一带一路"合作文件。正如习近平总书记指出的，"一带一路"应该成为"团结应对挑战的合作之路、维护人民健康安全的健康之路、促进经济社会恢复的复苏之路、释放发展潜力的增长之路"②。

这一年里，尽管世界经济深度衰退，全球产业链、供应链遭受了重大冲击，上市公司群体仍然坚定贯彻新发展理念，积极参与构建以国内大循环为主体、国内国际双循环相互促进的新发展格局，推动"一带一路"高质量发展，取得了很大的成绩。但同时，我们仍处于全球共抗新冠疫情、探索世界经济复苏道路的重要阶段，这也对上市公司自身的高质量发展提出了更高要求。

---

① 2020 年 12 月 20 日，全国上市公司共建"一带一路"国际合作论坛在深圳举办，作者受邀出席并致辞。
② 《习近平向"一带一路"国际合作高级别视频会议发表书面致辞》，2020 年 6 月 18 日，http://www.gov.cn/xinwen/2020-06/18/content_5520353.htm。

▲ 受邀参加全国上市公司共建"一带一路"国际合作论坛

上市公司是高水平建设"一带一路"的中坚力量

上市公司是中国企业的优秀代表，是中国经济的支柱力量，也是共建"一带一路"的积极参与者。2020 年是特殊的一年，新冠疫情的暴发给全球经济带来了考验，同时给了我国上市公司群体一个展示自己的机会。"一带一路"建设的许多基础设施和民生项目都在抗击疫情中发挥了重要作用。上市公司广泛参与公路、铁路、港口及船舶物流等领域，国内外海陆运输网络不舍昼夜紧密联通，保障了"一带一路"的安全畅通；上市公司积极提升"一带一路"国家的信息基础设施建设水平，促进线上线下的互联互通，提高国家间沟通往来的效率，促进各国疫情信息的互联互通，助力当地企业信息化建设和数字化转型，更快恢复经济；在世界各地大面积断航停航的情况下，2020 年中欧班列开行量超过万列，创造新纪录，满载着中国上市公司生产的大量抗疫物资，"生命之路"彰显中国担当；上市公司不仅捐款捐物，更将抗疫的"中国经验"、医疗技术和产品带到当地，为当地医疗卫生系统提供支持援助。团结抗疫创造的新经验，进一步夯实了中国和"一带一路"国家战略合作行稳致远的基础。

我国上市公司通过不断创新，提高产品和产业的适应性，迅速适应外部形势变化和"一带一路"沿线国家的国情发展，不断巩固与沿线参与方的合作基础，协助构建可持续、有韧性的基础设施和公共体系，推动当地急需的医疗设施、电子商务、生态环保等领域的发展，不断改善当地人民的物质生活条件，丰富当地人民的精神生活。比如，2020 年 10 月 25 日，巴基斯坦拉合尔的轨道交通橙线项目正式建成通车，行驶的列车是由上市公司中国中车的中车株机公司研制的，这是中巴经济走廊框架下首个正式启动的大型轨道交通项目，也是"一带一路"建设的重要组成部分，为巴基斯坦搭建起首个现代化高速交通系统。12 月 1 日，中国交建参与建设的孟加拉国卡纳普里河底隧道项目右线隧道开始掘进，这是孟加拉国也是南亚的第一座水下隧道。项目建成后不仅将大大改善吉大港市的交通条件，带动孟加拉国经济发展，还将有助于完善亚洲公路网并促进孟加拉国与周边国家的互联互通，对于落实"一带一路"倡议、建设孟中印缅经济走廊具有重要意义。这样的例子不胜枚举，在设备生产、项目建设、协作运营等各个环节，"一带一路"的高水平建设，凝聚着无数上市公司的共同努力，是上市公司高质量发展的集中体现。

不断提高上市公司质量，共建"一带一路"

上市公司"走出去"代表了中国形象，规范、高效、负责任的高质量上市公司能更好地参与构筑互利共赢的产业链供应链合作体系，加强国际产能合作，扩大我国的双向贸易和投资。

第一，上市公司要不断提高运营质量。上市公司要坚持主业、扎实经营、做优业绩。"一带一路"多数项目建设周期长，风险高，需要参与企业有全局、长远的战略决策，高效的企业运营能力，规范的经营意识，开拓进取的企业家精神，这都对上市公司的质量提出了新的要求。尤其是在当前境外疫情仍在扩散蔓延，国际经贸活动受阻，全球产业链供应链受影响的情况下，我国上市公司参与"一带一路"建设不可避免地会受到冲击和影响，不确定性、不稳定因素显著增多。企业只有扎实推进精细管理、精益经营，才能从根本上提升生产力，提高生产效率，顶住危机压力，应对"走出去"面临的各种不确定性。

第二，上市公司要不断提高创新质量。党的十九届五中全会报告提出，要坚持创新在现代化建设全局中的核心地位，把科技自立自强作为国家发展战略支撑。创新是一个国家发展的核心动力，也是上市公司高质量发展的重要特质和必然要求。在整个抗疫和复工复产中，创新型经济成为中流砥柱，而且疫情也促进了我国创新型经济的发展，数字经济更快地来临。2020 年 11 月 27 日，习近平总书记在第十七届中国—东盟博览会和中国—东盟商务与投资峰会的开幕式中指出，要"提升科技创新，深化数字经济合作。在智慧城市、5G、人工智能、电子商务、大数据、区块链、远程医疗等领域打造更多新的合作亮点，加强数据安全保护和政策沟通协调。建设中国—东盟信息港，打造'数字丝绸之路'"[①]。

上市公司要基于自身的核心技术和创新能力，围绕优势产业，顺着产业链延伸升级，进行高质量的创新。疫情倒逼企业按照供给侧改革思路，将网络化、数字化、智能化真正融入企业生产经营过程中，实现结构调整，转型升级，提升企业竞争力。在当前国际背景下，上市公司参与"一带一路"建设要突出包容性和灵活性，以实际需求为牵引打造全球经济网络化、数字化、智能化的新增长点，以人文交流为牵引消除隔阂和误解，营造良好的建设氛围。

第三，上市公司要充分利用资本市场，服务"一带一路"建设。 新冠疫情对全球经济、贸易、投资活动产生了极大影响，给很多国家的企业经营带来了困难，但也给中国企业带来了并购的机遇。中国企业可以充分利用资本市场提供的并购重组手段和融资渠道，实现产业链的提升。目前，欧美等地区的很多企业的现金流以及公司业务受到疫情的严重影响，估值会有所下降，它们可能也比较需要得到外部资金的援助。中国企业在并购中要发挥外国产业与中国经济的协同效应，战略清晰，投资于先进的技术、产品、服务、商业模式，对接中国市场，同时能挽救很多国家的企业和产业，实现共赢。

在党中央的坚强领导下，我国统筹疫情防控和经济社会发展取得了重大战略成果，但在全球范围内，未来一段时间仍将面临全球抗疫和恢复经济的双重挑战。上市公司共建"一带一路"在这个特殊的历史时期扮演着至关重要的角色。上市公司群体要继续在创新发展、提质增效、绿色转型等方面发挥独特优势与重要作用，力争引领各参建方实现更高质量的发展，并与世界各国的优秀企业分享中国经验，把强调高质量发展的思路融入"一带一路"发展中，把中国倡议真正变成国际共识。

---

① 《习近平在第十七届中国—东盟博览会和中国—东盟商务与投资峰会开幕式上致辞》，2020 年 11 月 27 日，http://www.gov.cn/xinwen/2020-11/27/content_ 5565309.htm。

16 ◎ 如何提高上市公司质量[①]

2005 年,《国务院批转证监会关于提高上市公司质量意见的通知》发布,时隔 15 年,《国务院关于进一步提高上市公司质量的意见》印发,这个文件非常重要。下面我结合上市公司的情况,就如何提高上市公司质量谈谈自己的看法。

上市公司总体情况

西方资本市场已发展很多年,荷兰最早的证券交易所从成立到现在已有400 多年,美国资本市场也发展了 200 多年,而我国资本市场到今年正好是 30 年,30 年并不是太长的时间。1986 年,邓小平同志把上海飞乐音响的一张面值为 50 元的股票送给了纽约证券交易所的董事长约翰·范尔霖,这表示我国领导人很早就开始思考资本市场这个问题。4 年之后的 1990 年 12 月,深圳证券交易所和上海证券交易所相继开业。30 年来,我国资本市场实现了从无到有、从小到大、从弱到强,现在 A 股上市公司有 4100 多家,数量一直在增加,总市值更是超 80 万亿元,成为全球第二大资本市场。

◆ 资本市场支撑了企业发展和治理规范化

第一,资本市场支持了国企改革。1997 年我带领北新建材在深圳上市,北新建材获得融资后得以快速发展,成为一家优质的上市公司。2006 年,我又带领中国建材到香港上市,2009 年带领国药控股在香港上市。我常想,如果没有

---

① 2020 年 12 月 9 日,作者为厦门上市公司做题为"如何提高上市公司质量"的讲座。

210

上市，在充分竞争领域的国有企业很难发展壮大。因为那个时候政府"断奶"，当时"钱从哪儿来，人往哪儿去"是我们面临的两大难题。后来由于资本市场的发展，我们解决了发展资金不足的问题，才有了今天。现在中央企业在上市公司的资产占总资产的近 70%。

第二，资本市场也支持了民营企业发展。民营企业能有今天的发展得益于资本市场的支持，如果没有资本市场，民营企业很难有今天这样的规模。

资本市场还支持了科技创新，2019 年科创板设立，到现在已经有 200 多家公司在科创板上市，仅 2020 年就有 130 家，所募集的大量资金支持了科技事业的发展，资本市场功不可没。

第三，资本市场还推动了上市公司的治理规范化。30 多年前，人们不知道何为公司治理。而公司上市之后，要进行三分开两独立、信息真实性等方面的治理，这些治理极大地提升了上市公司的内控水平和公司质量，同时还带动了全国企业治理水平的提高，健全了国家市场经济体制。市场经济有宏观层面也有微观层面，从微观层面来讲，公司治理极为重要。我国公司治理水平的提高和上市公司这 30 年的努力有关。

◆ 上市公司取得的成绩

上市公司做了很多工作。致敬中国资本市场 30 年，我们应该看到这些成绩。

第一，上市公司是中国经济的支柱力量。2019 年我国沪深两地上市公司的销售收入达 50.47 万亿元，突破了中国 GDP 的 50%，也就是说，有一半以上的 GDP 是 A 股上市公司所创造的，这还不包括 H 股和中概股上市公司。上市公司是"优等生"，是国家经济的顶梁柱和重要支撑。30 年来，上市公司从资本市场募集了近 16 万亿元资金，支持企业发展，同时给股民创造财富，这是令人高兴的事情。

我们一方面要看上市公司的成长性，对沪深 300 和美国标普 500 的上市公司进行比较可以发现，我国上市公司的利润增长是超过美国的。2011 年以来，沪深 300 指数净利润年复合增速是 8.58%，比同期美国标普 500 指数高出近 80%。另一方面要看上市公司历年的分红。2020 年中国上市公司协会和沪深两个交易所发布了 A 股上市公司现金分红榜单，其中 82% 的上市公司自上市以来年年分红，表现非常好，分红意识越来越强。上市公司一定要照顾中小股东的利益，具体的办法就是加大分红力度。2019 年上市公司分红 1.36 万亿元，占上市公司净利润的 35%。水可载舟，亦可覆舟。投资者就是水，尤其是广大的中小股东，上市公司就是舟。

第二，不少上市公司是龙头企业，也是国家的名片。在中国 500 强企业中，上市公司占 70%；在世界 500 强的中国企业中，上市公司占 60%。

第三，上市公司的科技属性显著增强。我国有 4100 多家上市公司，科技类企业的占比越来越高，即使是传统行业的上市公司，创新和转型发展也很快。2020 年共 342 家公司发行新股，募集资金 4238 亿元，其中有 130 家在科创板上市，募集资金 2022 亿元，几乎占全年新发行股票募集资金的一半。科创板上市公司比例越来越大。数字产业如今也发展得非常迅猛，在这 4100 多家上市公司里，数字产业的公司约占 18%，在新上市的公司中数字产业公司约占 33%。

第四，上市公司的社会责任意识增强。据统计，上市公司 2017 年的扶贫投入为 208 亿元，2018 年为 552 亿元，2019 年为 1066 亿元，每一年都投入大量资金用于扶贫。2020 年抗疫过程中，上市公司表现得特别突出。中国上市公司协会发起倡议书，并定期公布上市公司的抗疫工作成绩，上市公司整体捐赠的款物加起来有 66 亿元，有力支持了抗疫工作。

除了这些，我们还很重视千亿级市值的上市公司，它们是"优等生"中的"优等生"，是行业标杆。还有就是独角兽企业。厦门的数字产业发展得很好，如果资本市场也能够做起来，对于厦门来说将形成两大助力。我曾到亿联网络参观，很受启发。它是做数字产业的公司，抓住国内国外两头，国内主攻核心设计和技术研发，国外主攻渠道、品牌、销售，中间的制造业外包、轻资产、高科技，产品面向全球市场。它有六七百亿元市值，上市时间并不长，但相比一些传统产业的公司，发展异常迅猛。在新兴的数字经济快速发展的过程中，大家会看到资本市场给予的支持，如果没有资本市场的支持，数字经济很难迅速发展起来。目前福建省有 160 多家上市公司，厦门有 60 家左右，2020 年新增 11 家，这个数字不小。厦门要一手抓数字产业，一手抓资本市场。

◆ 上市公司存在的不足

过去 30 年，我国上市公司取得了很多成绩，但也存在一些问题。我国资本市场的发展时间只有 30 年，这个过程中上市公司从不懂到懂、从幼稚到成熟，有的交了不少学费。记得当年东南亚金融危机发生的时候，我在上海听格林斯潘演讲，他说像这种金融危机，中国市场可能要经历 20 次才能成为一个成熟的市场。我当时听了大吃一惊，一次都要受不了了，怎么承受 20 次？回忆这 30 年资本市场的跌宕起伏可以发现，一个成熟的市场，包括一个成熟的投资人，需要历练，需要时间，不是一夜之间就能够成熟的，高质量的公司也不是一夜之间形成的。我们要看到，我国的上市公司还存在不足，尤其是和今天国家整体经济水平对上市公司的要求相比，还是有差距的。

第一，对提高上市公司质量的认识不足。提高上市公司质量是上市公司的中心工作。整个上市公司群体在提高上市公司质量这个问题上要形成高度共识，公司上市以后，要知道自己的身份发生了变化，敲钟的那一刻就要知道公司已经是公众公司了，和以前的国有企业或者家族企业完全不一样了。为什么对上市公司会有治理、信息披露的要求？为什么上市公司要创造好的业绩？为什么要提高上市公司的核心竞争力？实际上这些都和它是公众公司有关。当然，非公众公司也要做好治理，但是公众公司的责任更大，拿了股民的钱就更要做好公司，就要公开透明。很多上市公司只想着融资、增发，其实上市公司更应该进行规范治理，让投资者享受公司创造的财富、价值等。

第二，不少上市公司的效益偏低。企业上市后的核心是要赚钱，或者市场价值要高。现在 A 股 4100 多家上市公司中有 124 家千亿级市值的公司，但有 2800 家上市公司的市值在 100 亿元以下。有些公司因为规模不大，所以有几十亿元的市值也是可以理解的，但是有些公司规模很大，上市时间也很长，市值却只有几十亿元。为什么？因为长期效益偏低。现在我们提出常态化退市，上市公司如果不符合"优等生"的身份，就应该退市。许多上市公司不愿意退市，但是如果效益长期不好就应该退市，因为其他上市公司的经营成本也很高。美国退市的上市公司中，因为违法违规强制退市的只占 5%，并购重组的占 56%，由于股价低、长期效益差自愿退市的占 19%，破产清算的占 20%。我们鼓励常态化、多渠道、多元化退市，不是都要强制退市。要处理好退市的投资者、股东的利益问题，这是要特别重视的事情。

第三，上市公司的总体治理水平还不高。纵向比较，上市公司带动了全国企业治理水平的提高。我多次参加南开大学上市公司治理指数的发布会，南开大学团队研究中国上市公司治理指数 20 年，发布了 18 年，该指数评价体系从股东治理、董事会治理、监事会治理、经理层治理、信息披露和利益相关者治理六大维度对上市公司治理状况进行评估，该指数从 2003 年的 49.62 分提升到 2020 年的 63.49 分，但目前离我们的预期还有差距。横向比较，亚洲公司治理协会发布的一份观察报告中公布了 12 个国家和地区的治理指数，中国内地排在第 10 名。我国上市公司治理水平的提升空间还很大。我们过去比较习惯于用行政手段进行治理，靠外部监管来管公司。实际上公司本身是一个独立的市场主体，应该靠内控来提高治理水平，自我进化，自我进步，不应该全靠外力推动。上市公司是公众公司，要特别重视中小股东。2019 年中小股东倡议召开临时股东大会的比例仅为 0.4%，上市公司应该倾听所有股东的声音，因为资本市场和投资者是上市公司发展的引导者。

有些治理问题是先天性的，比如国有企业上市公司要处理好集团公司和上市公司之间的关系，不能一套人马、两块牌子，左口袋右口袋来回掏。20 世纪 90 年代国有企业上市以后，当时就有母子公司分不清楚的情况，中国证监会那个时候要求"三分开"，时至今日一些企业也没分好，不能确保上市公司的独立性，也不能确保董事会的独立性。我国上市公司的"先天不足"和理念有关，很多人都觉得公司本质上是大股东的，其实这是大错特错的。公司法有三个核心要点。一是有限，股东出资有限，权利有限，责任有限。二是独立，公司是独立的，以独立的法人财产权来应对社会上的各种诉讼、债务等。上市公司更是独立的，上市公司董事会应该独立做出决策。董事会的董事，有的是大股东派驻和推荐的，董事要对公司负责。股东对公司负的责任是有限责任，而董事对公司负的责任是无限责任。大股东不能强迫董事按照他的意志去做事，每位董事都要按照自己的独立意志去做，因为签字以后要负法律责任。三是内部控制制度。美国安然发生问题倒闭时，连累了不少中介机构。后来美国出台《萨班斯法案》，严格管控公司风险。新证券法的出台，也是针对市场欺诈、内控不足等问题。我跟法国圣戈班公司董事长交流时谈到董事长的主要工作是什么，他认为主要抓两件事：一是内部审计，二是薪酬制定。内部控制至关重要，一些企业还不是特别重视这方面，认为控制来自外部，比如审计署、巡视组等，这个问题需要注意。

托尔斯泰说过："幸福的家庭是相似的，不幸的家庭各有各的不幸。"疫情之前我去了30多家上市公司调研，疫情之后又去了30多家。做上市公司协会的会长就得到上市公司里去，没有调查研究就没有发言权，见人见物才能真正把事情搞清楚。我去了一些优秀的公司，还特别去了一些有问题的公司调研了解出问题的原因。综合分析上市公司的问题，我发现这些上市公司存在的问题各式各样。

一是偏离主业、盲目扩张。不少上市公司屡屡在这方面出问题。有些股东，股票形势好的时候高比例质押，盲目投资。这是很大的问题。盲目扩张是任何企业都要注意的事情，一个企业不可能无所不能，一定要突出主业、做好主业，明确核心业务是什么、核心专长是什么、核心市场是什么、核心客户是谁，这些是做企业最核心的问题。围绕专业化还是多元化，这么多年来大家争论不休，我认为对于绝大多数企业来说还是要专业化。

二是信息披露有待完善。信息披露是上市公司的一项重要工作。不少上市公司被处罚是因为信息披露有问题。资本市场是信息市场，投资者的判断主要依赖上市公司的年报、季报，这些信息公开建立在诚信的基础上，上市公司必须认真做好信息披露工作。全面实行注册制是"十四五"期间资本市场的核心任务之一。全面实行注册制的核心是要建立规范的信息披露制度。如果信息披露不够，质量不好，将可能影响注册制的推广。信息披露是上市公司的生命线，也是资本市场的生命线，每个公司都应该认真把信息披露工作做好。要切实维护上市公司独立性，维护上市公司利益，上市公司的信息披露要正确、及时、真实，不管是好消息还是坏消息都要及时披露。如果上市公司因为客观形势发生变化，或者主观经营失误等产生一些问题，一定要认真做好信息披露，才有可能获得大家的理解，如果总是隐瞒，被媒体曝光了，反而可能会给公司带来不良影响。

三是虚增利润、财务造假。那些出问题的企业，不少是因为做假账，尤其是做假利润，最终形成一个大窟窿。对于上市公司来说，有些错误可以犯，犯了还有改的机会，而有些错误犯了没有改正机会。造假是"零容忍"的，企业经营有好有坏，但造假是绝不能容忍的事情。

四是利用关联交易掏空上市公司。上市公司可以有关联交易，但要做好披露，而且关联交易不得侵害公司利益。上市公司的初心是什么？募集资金是一方面，企业发展需要资金，另一方面是让投资者共享财富。经营企业需要良心和良知，上市公司的亏盈是关乎所有投资者和利益相关者的事，一定要认真做好企业，要有这样的情怀和格局。

五是操纵股票价格。监管层在严查操纵股价，对操纵股价"零容忍"。

如何提高上市公司质量

《国务院关于进一步提高上市公司质量的意见》明确提出以下要求。第一，明确了提高上市公司质量的总体要求，这是文件的主题。第二，要提高上市公司治理水平，一是规范公司治理和内部控制，二是提升信息披露质量。第三，推动上市公司做优做强。"优"指的是企业的效益、企业的价值等，千亿级市值是"优"的指标。"强"指的是核心竞争力、创新能力。做优做强是指既有好的效益和高的价值，又有强的市场竞争力。第四，健全上市公司退出机制。第五，解决上市公司突出问题，比如前段时间的突出问题是高比例股票质押。第六，提高上市公司及相关主体的违法违规成本。最后要形成提高上市公司质量的工作合力。提高上市公司质量，上市公司是直接责任人，责无旁贷，必须发挥主体作用，但提高上市公司质量不是光靠上市公司就能做好，全社会方方面面都要共同支持，形成合力才能够把上市公司做好。

"十四五"期间，资本市场的战略目标和任务有三点很重要：一是全面实行股票发行注册制，二是建立常态化退市机制，三是提高直接融资比重。实行股票发行注册制解决了入口市场化的问题。市场化、法治化、国际化这三方面是紧密联系的。没有法治化，市场就容易混乱。我国资本市场的市场化指的是在法治化基础上的市场化，是规则下的市场化，不能只看到注册制，还要看到法治化规则的应用，要做到"建制度、不干预、零容忍"。"建制度"是政府的任务；"不干预"就是市场化，让市场说话；要让市场说话就必须先把规则建立好，而且必须"零容忍"。这三方面缺一不可。

上市公司的质量包括三方面的质量：一是治理质量，二是运营质量，三是创新质量。运营质量怎么提高？一要确保主业，突出主业；二要确保经济效益。为什么我提出创新质量？因为创新是企业的生命力，但企业要防止做盲目的创新，要进行高质量创新。创新时要强调高水平创新、高质量创新，要强调有目的和有效益的创新。德鲁克说，有目的的创新可以使创新的风险降低 90%。创新的时候要认真调研规划，稳步踏实进行。创新不是灵光乍现，企业不是兴趣小组，企业是要赚钱的，而且上市公司使用的是股民的钱。我鼓励大家创新，但我不赞成盲目地创新，我赞成企业扎扎实实、量入为出地创新。

在提高上市公司质量方面，需要综合考量公司的治理质量、运营质量、创新质量。公司治理质量方面重点要关注公司的独立性和信息的真实性；运营质量方面关键要盯住核心业务；创新质量方面要大力鼓励创新、支持创新，要有一定的创新投入，但要防止盲目的、不切实际的创新，要提高创新水平。总的来讲，如果在提高上市公司质量方面能够抓住这些核心的要求，就能够让上市公司质量再上一个台阶。

17 ◎ 如何提高上市公司治理水平^①

公司治理真的是大问题，过去做企业强调管理比较多。现在到了治理时代，治理更加重要。

为什么要加强上市公司治理

第一，公众公司的必需。 上市公司和普通公司不同。当然，普通公司也要加强公司治理，但上市公司是公众公司，公司治理的透明度、规范性至关重要。什么是上市公司的治理？这是最核心的问题。我的理解是，上市公司的治理是上市公司各个利益相关方对权利、利益的分配、运作、制衡的机制。因为上市公司不是普通的、单一的国有企业，也不是普通的家族公司，而是多股东的公司，涉及各方面的利益。

关于上市公司的治理，有几方面非常重要。一是独立性。公司有独立法人财产权，股东只有股东的权利，承担有限责任，公司是在独立地运作，这点是核心内容。二是透明性。上市公司和普通公司在治理方面最大的不同是公开透明地经营，上市公司作为公众公司，每年有年报、半年报、季报，让投资者和社会公众了解公司真实的经营情况。三是合规性。如何合规运作是上市公司治理的重点，上市公司的董监高要意识到自己所在的公司是公众公司，从上市那一天开始，就不再是过去的普通公司了，站上了一个透明的舞台，就要遵照规则执行。

---

① 2021 年 3 月 26 日，作者在中国上市公司协会第一期公司治理专题培训上授课。

第二，监管层的要求。中国证监会部署 2021 年的工作重点是"建制度、不干预、零容忍"。"建制度"非常重要。《OECD[①] 公司治理准则》1995 年出台，后来经过几次修改，现在用的是 2015 年版。我国的《上市公司治理准则》是 2002 年开始实行的，2018 年进行了修订。修订后的准则共 10 章 98 条，内容详尽，反映了中国证监会等监管部门对上市公司的要求。

企业上市了就要按规则做。如果上市公司按规则做，监管机构就"不干预"；如果上市公司不按规则做，监管机构就"零容忍"。如果对不遵守规则的上市公司做不到"零容忍"，那么制定的制度就没有办法落实，市场会乱成一锅粥，这就如同开车一样，所有驾驶员都必须遵守交通规则。市场化和法治化是连在一起的。法治化是前提，没有制度，市场化做不下去。注册制建立在信息准确的前提下，信息准确是注册制的生命线，二者是连在一起的。公司的合规治理是监管方对上市公司的要求，是任何上市公司都必须遵守的制度和规则。

第三，上市公司稳定发展的需要。公司治理是上市公司稳定发展的需要。现在我国 A 股约有 130 家千亿级市值的上市公司，研究千亿级市值的上市公司，我们发现这些公司有三大特征：一是属于细分行业的头部企业，主业突出，是专业化的企业；二是业务所处赛道不错，适应我国结构调整的发展方向；三是治理很规范。治理规范是公司长治久安、基业长青的基础。

公司治理存在哪些问题

现在公司治理到底存在什么样的问题？一是一股独大。国企改革三年行动对一股独大做了相关要求，支持和引导国有股东持股比例高于 50％的国有控股上市公司，引入持股 5％及以上的战略投资者作为积极股东参与公司治理。二是内部人控制。我们所说的内部人控制是指公司被控股股东控制了。我国上市公司的大股东持有的股份平均为 40%，控股股东持股的比例相对较高。三是大股东滥用控股权。上市公司存在的内幕交易、对外担保、质

① 经济合作与发展组织。

押等一系列的问题，都和控股股东滥用权利有关。"刺破面纱"指的是公司不独立，被大股东操纵。一旦打官司，关联母公司要承担连带责任，理由是从公司治理角度来看，公司不独立。打赢这种官司不容易，必须说明股东只行使了股东权利，没有滥用控制权。四是决策机制不健全。五是透明度低，信息披露不完整。六是财务造假。七是对中小股东和利益相关者的利益保护不够。这几条是部分上市公司存在的问题，我们要细致分析，认真思考如何解决。

当前，我国公司治理水平总体来讲还是偏低的。亚洲公司治理协会发布的一份亚洲公司治理观察报告中公布了 12 个国家和地区的公司治理水平排序，中国内地排在第 10 位，说明我们的公司治理水平还有待提升。实际上，我国公司治理水平也在逐年提高。南开大学李维安老师的课题组每年公布中国上市公司治理指数，平均指数从 2003 年发布的 49.62 分提升到 2020 年的 63.49 分，提高了 13.87 分。治理指数多少算好？该课题组认为 80 分算好。我们现在距离 80 分还差十几分，所以还要继续努力。

最近，我到几十家上市公司进行走访、调研和学习，一方面给大家做培训，另一方面围绕提高上市公司质量，去一些上市公司了解情况、听取意见，同时进行交流。前不久，我去了美的、海天味业这两家公司，它们在公司治理方面做得很好。我问美的董事长美的发展得这么快、这么健康，主要原因是什么。他说主要原因是现代公司治理。美的是我国第一家由乡镇企业改组而成的上市公司，由民营股东控股，控股股东何享健是美的的创始人。2012 年，何享健的家族制定了家族宪章，不再参与公司的管理，把公司的董事会包括经营层的权力都交给了职业经理人，美的现任董事长方洪波并不是家族成员，作为职业经理人出任董事长。这是现代公司治理的做法，也是美的的发展壮大的原因。海天味业也发展得很好。董事长庞康说，公司这么多年能够稳健地发展得益于 6 个字：务实、专业、规范，海天味业的发展得益于专注主业和规范治理。这两家公司的市值均为五六千亿元，都是很专业的公司，同时治理得很好。

▲ 海天味业的天然阳光晒场

公司治理的主要内容是什么

从《OECD 公司治理准则》到《上市公司治理准则》，公司治理的主要内容是什么？我归纳了五个要点。

第一，保障股东的权益。上市公司是股东投资的公司，所以把保障股东的权益放在第一位。这里的股东是指全体股东，尤其要给予中小股东保障，让所有股东享有公平的权利，这是公司治理的应有之义。我们总讲"上市公司的独立性"，中国证监会在很多年前就明确了"三分开、两独立"，即控股股东、实际控制人和上市公司实行人员、资产、财务分开，机构、业务独立。北新建材在上市之后第二年就开始做"三分开"。然而现在还有不少公司的控股股东和上市公司之间没有做好"三分开、两独立"，这在国有企业及民营企业的控股上市公司中都是一个大问题。幕后操作、关联交易、给控股公司做担保等都和"三分开、两独立"没做好有关系。比如，母公司本来把好的业务放在子公司上市，但母公司也要发展业务，就从上市公司里吸取资源再去发展。结果发展的业务并不一定能做好，最后很可能一损俱损，母公司垮掉，把上市公司也拖垮，这种例子不少。"三分开、两独立"是非常重要的，必须做好。当然，我

221

们既要保护股东的权利，还得限制股东的权利。

第二，强化董事会的职能。在公司治理中，董事会的职能能否发挥好、能否建设高效的董事会至关重要。到底董事会对谁负责？围绕董事的责任，西方有两种观点：一种认为董事只对公司负责，另一种认为董事要对股东、公司负责。OECD 规定董事对股东和公司负责，当然，这里的股东是指全体股东，不是指派出董事的那个股东。所以这也是治理中一个关键问题，大股东提名董事，但是一经股东会选出，董事就代表全体股东，不再是原来派出股东的股东代表。股东可以推荐董事，但是董事对全体股东负责，对公司负责，而不是只对个别股东负责。

在董事会里，我们还要保证独立董事的独立性。为什么讲这个？因为无论是独立董事，还是会计师事务所，都是公司请来的。这里存在一个问题，即独立董事能不能独立于公司，能不能独立于大股东、控股股东来做决策。独立董事即使是控股股东请来的，也要做到独立，董监高要明白这个道理。我们要保证独立董事的独立性，尊重其权利，不能隐瞒独立董事，不仅要让独立董事知道好消息，还要让其知道坏消息。前面讲到，有限公司里股东承担的是有限责任，而董事承担的是无限责任，所以我们要保护每一位独立董事，不能将自己的要求强加给他们，使得他们做出一些错误的决策。

第三，发挥内控机构的功能。这在治理里尤为重要。回顾这么多年来各个企业出现的乱象，细想多是因为内控形同虚设。公司审计包括外审和内审。董事会里有审计委员会，每个公司里都有审计部，每一年都要做内审。但是有些公司做得并不好，董事长也没有把内审作为重点工作来做。董事会应发挥好专业委员会的功能，尤其应发挥好审计委员会的功能。

除了董事会，还有监事会。各国的体系不同，德国是监事会制度，有的公司在监事会下设董事会，相当于我们董事会的战略委员会，而我们的监事会是内控机构。以前讲的"董事会在企业内"是什么意思？董事会不是企业的外部组织，董事会是企业里的最高领导机构。同样，监事会也不是外部监事会。过去中央企业里有国务院派驻的监事会，那是外部监事会，现在按公司法设置的监事会是内部监事会。有些公司的内部监事会形同虚设。公司治理应当发挥好监事会作用，监督董事和管理层。如果内控内审都做好，就可以少犯一点错误。

第四，尊重利益相关者的权利。我觉得让员工共享企业效益非常重要。山东万华在这方面做得不错。万华的机制是员工持股平台持股 20%，分红之后再量化到员工个人身上。另外，万华将技术人员创造利润的一部分分给技术人员。海天味业也是，集团公司持约 59% 的股份，集团公司中国有企业退出之后，股份由集团所有职工共同持有。中国建材旗下有的水泥厂实行超额利润分红权，超额利润按照"一二七"的逻辑进行分配，即工厂厂长分 10%，班子成员分 20%，职工分 70%。这样做的好处是让员工的利益和所有者利益同向，大家有共同的利益。

1997 年美国的商业圆桌会议明确了公司要让股东利益最大化的目标，但 2019 年，这个"大企业俱乐部"的新宣言是：公司要照顾利益相关者，公司发展的目标是让社会更美好。可以看到，公司股东利益最大化的原则已经改变，我们要处理好利益相关者的权益问题，尤其是要尊重员工的权利。

第五，提高信息的透明度。信息披露要坚持及时性、真实性、完整性的原则。上市公司是"透明人"，要做到这一点。

提高关键少数对公司治理的认识

第一，从管理到治理的转变。管理是企业永恒的主题，这一点今天看来也没错。但今天企业还面临两个问题。一个问题是不确定性越来越多，企业只靠管理不够，还要提高经营的能力。管理是提高效率，经营是提高效益。另一个问题是要从管理向治理转变。治理确保公司稳健发展，同时提高公司的价值。今天的企业领导者要明晰自己不是简单的管理者，要意识到公司治理的重要性。

规范治理是成为高质量上市公司的两个核心问题之一，另一个问题是要做优做强。什么是高质量公司？高质量公司有几个特征：一是做强主业。因为不管国有企业还是民营企业，上市公司中出问题的绝大多数是因为偏离了主业，盲目扩张。上市公司要秉持专业主义，做强主业。二是规范治理。三是创造业绩和提升价值。四是提高核心竞争力。五是承担社会责任。

第二，要认真学习"四个敬畏""四条底线"以及"四个一定"。"四个敬畏"，即敬畏市场、敬畏法治、敬畏专业、敬畏投资者，这是上市公司的初心、原则和立场，上市公司必须有敬畏之心。"四条底线"，即不披露虚假信息、不从事内幕交易、不操纵股票价格、不损害上市公司利益，这四条底线实际上是不能触碰的红线。"四个一定"，即上市公司的关键少数一定要强化内生动力、承担主体责任，上市公司一定要严守公司治理底线要求，一定要对标公司治理最佳实践，一定要提高公司治理的透明度。

第三，希望董监高等关键少数参加培训，加强学习。我来中国上市公司协会工作的这两年，重点工作主要有三项。一是培训。协会 2019 年培训了 6000 多人次，2020 年线上培训了 1 万多人次，2021 年将线上线下结合起来组织培训，希望上市公司的董监高一定要积极参加。二是深入上市公司调研。每次去调研，相关公司都非常热情地向我们介绍情况。三是汇集上市公司的诉求，将大家的困难归纳汇集报给相关部门和机构。

最后，我代表中国上市公司协会再次感谢 1700 名与会的董监高等关键少数同志，希望大家在公司治理以及提高公司质量方面做出更大的成绩。

第四部分

经营发展篇

01 ◎ 按着常理做企业[①]

　　2019 年正和岛新年论坛上，有专家讲到有四只"黑天鹅"向我们飞来，当时真的不知道，会有一只特别大的"黑天鹅"——新冠疫情正在向我们飞来。世事无常，我们总在曲曲折折中前进。对 2021 年，做企业的人都充满了期待，但究竟应该用什么样的想法、心态做企业？我想还是应该回到简单的道理上，要像过去一样循着规律做企业。因为任何创新都离不开规律，都要符合规律。用过去成功的、经过验证的道理做企业至关重要。环境会变化，技术可以创新，但是做企业的基本原理不会变。

　　我想跟大家讲讲我常想的三个常理，就是务实主义、专业主义和长期主义。

务实主义

　　务实主义是中国文化的传统，中国人非常务实，中国的企业家是非常务实的一群人。为什么改革开放之后中国经济能够快速崛起，为什么中国的企业能够快速发展，都取决于我们中国人务实的精神。

　　什么叫务实？"摸着石头过河"是务实主义，"不管黑猫白猫，能捉老鼠的就是好猫"也是务实主义。

◆ 做企业不能靠高谈阔论

　　做企业就是要一步一步地探索，逐渐找到规律，扎扎实实做事。做企业光靠高谈阔论没用，最根本的是做出好的产品，提供好的服务，最后有良好的经

[①] 2020 年 12 月 31 日，作者受邀参加正和岛 2021 企业家新年大课暨新年家宴并做主题演讲。

济效益。我总说，大家都去高谈阔论，晚饭谁管呢？这是企业家要牢记的。

◀ 在武汉举办的
企业家新年大课
进行跨年演讲

◆ **做事情要从点滴细微处做起**

过去这些年，我做了两个世界 500 强企业，但是 30 年前我当北新建材厂长的时候，最初是从要求大家搞好卫生这样最基础的管理开始的，因为如果企业连打扫卫生都做不好，又怎么能做好产品呢？所以那时我带领大家打扫卫生。

有年轻干部跟我说："宋总，我们为什么总去打扫卫生？我们要不要做点大的事情？"我说："一屋不扫，何以扫天下？还是先把卫生打扫好吧。"过去 30 年，无论我做哪个公司的董事长，都要求大家把卫生打扫好。其实，这是做事情要从点滴细微处做起的一种务实精神。

◆ **干部要对数字倒背如流**

我做企业时还重视一点，就是数字化训练。我要求基层企业的领导者必须对企业经营数字倒背如流，对经营的 KPI 要倒背如流。我做中国建材的董事长 18 年，每个月的月度办公会上，业务板块的干部都要报数，说明 KPI 完成情况，大家对自己企业的这些数字要倒背如流，我觉得这些非常重要。

◆ 要心无旁骛做企业

做企业，我们要种好自己的一亩三分地。有年轻人认为应该仰望星空。我觉得仰望星空的事还是让天文学家去做吧，我们的任务是把望远镜玻璃片的质量做好。习近平总书记说，做实体经济，要实实在在、心无旁骛地做一个主业，这是本分[①]。我们做企业就是要心无旁骛，干好自己的活，做好自己企业的事。

有时候大家说企业家要有冒险的精神，我说企业家不一定要冒险，企业家的任务是创新并创造财富，是规避风险。有人说创新是想入非非，我说创新是有目的地寻找机遇的过程。创新必须有效，创新必须有目的，创新不是灵光乍现，而是踏踏实实做事的过程。

◆ 要有武功秘籍——工法

我很赞成做企业要把自己的事情做好，我不经常讲理论，我比较重视企业的方法论，就是怎么把企业做好的工法。

日本企业不大喜欢讲管理理论，日本企业比较突出的是什么？是现场管理的一些工法，如5S、看板管理、零库存等，叫"管理十八法"。日本企业把企业管理做到了极致，把质量和服务做到了极致。我在中国建材那么多年也是这么做的。中国建材也有一些武功秘籍——八大工法、六星企业、三精管理、格子化管控、五有干部等，制定了不少方法。做企业要扎扎实实练好手头的功夫，让每个职工都掌握这些方法，反复修炼，把企业做好。

◆ 做企业一定要聚焦

做企业的"四个聚焦"指聚焦战略、聚焦经营、聚焦资本、聚焦现金流。聚焦战略，是指做什么不做什么，需要认真选择。聚焦经营，是指必须努力赚到钱，要有经营效益。聚焦资本，是指企业要和资本对接，争得资本支持。在"十四五"期间，要加大直接融资的比重，加大资本金的投入。每个企业都要

---

① 《习近平：做实体经济要实实在在、心无旁骛做主业》，2019年3月10日，http://www.gov.cn/xinwen/2019-03/10/content_5372653.htm。

积极对接资本。正和岛的会员有不少上市公司，也有不少企业正在准备上市，正在和资本对接，企业即使不上市，也可以获得一些股权基金、私募基金的支持。聚焦现金流，是指企业要追求有利润的收入，追求有现金流的利润，这也是非常重要的，因为现金流是企业的血液。过去一年里，有一些企业倒下了，倒下的这些企业绝大部分是现金流出了问题。

专业主义

◆ 出了问题的上市公司，多是偏离了主业

我本人是专业主义者。我在中国建材和国药集团的时候，中国建材只做建材，国药集团只做药，没敢越雷池一步。因为我知道，离开专业我们知道得有限，不能总听他人讲故事，那些讲故事的人大多是业余的，我们要集中精力把自己的专业做好。

我比较欣赏德国的赫尔曼·西蒙倡导的隐形冠军，就是窄而深地做企业，做到极致。他举了个例子，德国一家做狗链子的公司，市场占有率在全球达到70%。现在在我国，这种隐形冠军也在大量崛起。关于专业化和多元化，我认为对于绝大多数企业来讲应该专业化发展，只有少部分企业可以多元化发展。

我做中国上市公司协会会长已经一年半了，总结那些出了问题的上市公司，绝大部分是因为偏离主业、盲目扩张。

◆ 平台专业化

一个集团可能会有不同的业务，但集团下面开展业务的平台应该是专业化的。如中国建材，集团是综合性的投资管理型总部，但所属业务平台都是专业化的，如水泥、石膏板、玻璃纤维等，不做其他的业务。

现在市场竞争越来越激烈，做专业队都不一定能赢，又怎么能去做综合队呢？我支持大家去单打，做单打冠军。如果每个业务平台都能专业地、长期地去做，就有可能成为行业前三名；如果去做综合的多面手，可能在哪个领域都进不了前三名。这么多年，我一直坚持这个管理理念。中国建材出现了南方水

泥、北新建材、中国巨石这样的单打冠军，其实都是基于这种想法。

◆ 寻找痴迷者

这么多年，其实我在企业里一项很重要的任务就是寻找企业家和企业的一把手。在这个寻找的过程中，我有个原则，就是要寻找那些对专业精通、有深刻理解的痴迷者，这也是我对痴迷者的看法。这些痴迷者对自己的工作专心致志、孜孜不倦，早晨睁开眼睛就想业务和工作的事，半夜醒来还是想业务和工作的事。

我赞赏那些能把自己的工作讲清楚、把事情做好的干部，其他的事情知道更好，不知道也不为过，关键是要把自己的一亩三分地种好，把自己的工作做好。我不喜欢"百事通""万金油"式的干部，说起来天花乱坠好像什么都懂，但说到自己的专业、自己的企业却支支吾吾、说不清楚。我选干部的时候，会选痴迷者，这是我的原则。中国建材和国药集团很多业务平台的管理者都是痴迷者。

◆ 做好细分市场

我为什么再三跟大家讲专业主义？因为企业的能力有限，人的精力有限，财力也有限，所以要心无旁骛地做好主业。

要做好细分市场，因为任何行业在市场经济情况下都会出现过剩，尤其是在疫情下，在经济下行的情况下。过剩行业的企业怎么办？是不是要转行？企业可以转型而不是转行，转型是指在原来的行业里，通过持续创新来提升企业的水平，从中低端迈向中高端。

总之，做企业尤其要重视核心业务、核心专长、核心市场、核心客户。

长期主义

◆ 做企业是件苦差事，坚守最难

做企业需要一个漫长的过程，是一件苦差事，需要坚守。我认为企业家精神的主要内容是创新、坚守和责任。坚守是最不容易的，做好一家企业需要 10 ~ 20 年的时间。如果想做到极致，可能需要三四十年的时间。有人问我这时间是怎么算出来的，我说这不是算出来的，是做出来的。中国建材旗下的好企业，如北新建材、中国巨石都用了 40 多年的时间，才做成了不错的企业。

◆ 伟大的企业要历练 50 年以上

北京大学的刘俏老师写了本书：《从大到伟大：中国企业的第二次长征》。他认为一家企业称得上伟大必须有 50 年以上的历练，短时间内成功的企业还不能被称为伟大的企业。大多数企业距离成为伟大的企业还有很长的路要走，因为大多数企业还没有历练 50 年的时间。做企业是充满坎坷、需要不断奋斗的，要坚守下去才会终成正果。

◆ 一生做好一件事

我一直讲，一生要做好一件事，当然，我不反对一生做好好几件事。对我来讲，一生把一件事做好就不容易了。我做了 40 年企业，做成了两个世界 500 强，开始时并没有这样的目标。

▲ 2013 年，中国建材和国药集团双双进入世界 500 强

我刚管理中国建材的时候，当时公司只有 20 亿元的收入，我退休的时候公司有将近 4000 亿元的收入，但是这用了 18 年的时间。2011 年中国建材第一次进入世界 500 强的时候，我正在出差的路上。同事打电话告诉我集团进入世界 500 强，排在第 485 位。在国药集团也是这样，我在国药集团的 5 年，营业收入从 300 多亿元增长到 2500 亿元，2019 年达到 4900 亿元。2013 年国药集团进入世界 500 强也出乎我的意料。

这些事情都是扎扎实实一步一步做出来的，我没有什么远大的目标，而是千里之行，始于足下，一步一步地去做。做企业是份苦差事，唯有久久为功方能成就一番事业。

◆ 中国的事业是企业

我曾问过一位企业家三个问题：如果让你再选择一次，你还愿不愿意做企业家？从未来看，你愿不愿意一生坚守做好企业？你愿不愿意让你的子女也做企业？这三个问题也是我经常问自己的问题，是对企业家的终极拷问。

做企业确实要长期坚守，要当作终生的事业，不能懈怠，更不能逃避。遇到困难，要勇于面对。过去做企业讲得比较多的是情商、智商，这一年讲得较多的是逆商。在企业的成功因素中，情商、智商可能只占 30%，逆商可能占 70%。做企业要有长期打算，要准备好去应对各种困难。

中国要有一流的经济学家、一流的科学家、一流的军事家，也需要一流的企业家。如果没有企业家创造财富和精良的产品，社会很难有发展。美国有句名言：美国的事业是企业。其实，中国的事业也是企业，但企业要靠企业家带领才能做好。

新年来临之际，我送给大家一句话："相信自己，相信直觉，相信常理，相信未来。"

02 ◎ 做有效的经营者 ^①

我写的《经营制胜》这本书的核心观点就是从管理到经营。这是我近几年反复思考的一个问题，不仅给大企业的领导者讲过，还是我 2018—2019 年在清华大学五道口金融学院讲课的主要内容。为什么要从管理到经营？我是这样考虑的。

从管理到经营

从改革开放到现在，我们从最初的短缺经济时代进入了一个过剩经济时代。企业的主要矛盾发生了深刻的变化。改革开放初期，我们的企业管理和西方的差距很大。不过西方也有过同样的经历。20 世纪五六十年代，西方经历了管理热潮，后来日本在 20 世纪六七十年代也经历了管理热潮，我国在 20 世纪八九十年代经历了管理热潮。当时我是厂长，我经常去日本学习日本的管理，引入了"管理十八法"进行推广。时间过得很快，一晃 40 多年过去了，今天中国的企业管理在全球范围并不落后，尤其是经历了这些年的中外合资、代工等，我国企业的管理水平已经很高了。近几年，我到日本丰田、德国奔驰等汽车企业去参观交流，感觉我们自己的汽车企业在管理上跟它们相差不多。

但是，现在有一个新的问题，就是过剩。对今天的企业来讲，管理不是不重要，而是它不再是企业的主要矛盾。今天，企业的主要矛盾是什么呢？那就是企业在面临市场、技术、创新的不确定性时，要做出正确的选择，我称这个选择为"经营"。西方语境里的"management"在中文语境下对应的应该是"经

---

① 2021 年 3 月 20 日，2021 企业战略落地论坛在北京举行，本文根据作者在会上的演讲整理而成。

营管理"。在中文语境里，"管理"大多数时候是眼睛向内，苦练内功，提高效率；而"经营"是要提高效益。所以，西方的"management"和我们理解的"管理"是不同的。我喜欢把经营和管理分开，我认为今天很多企业面临的问题不再是传统的管理问题，即把成本降低，把质量做好，把服务做好。其实，即使管理做得很好，如果选择不正确，企业依然会失败。这不光是我们的认识，美国哈佛大学商学院的克莱顿·克里斯坦森教授 1997 年写了一本书《创新者的窘境》，当时就提出，如果企业过于依赖管理可能会衰败，也就是说，如果和创新失之交臂，我们就有可能失败。

我讲这个逻辑就是想告诉大家，企业主要领导者的主要精力应该放到经营决策上，就是放在对战略的选择、对形势的判断上，而不要再像过去一样只盯着管理。不是管理不重要，而是经营更重要。管理怎么办呢？转移给下面的干部就可以了，而主要的领导者需要盯着变化。也就是说，管理是"正确地做事"，经营是"做正确的事"。

我在德国遇到德国业主委员会（德国业主委员会就相当于我们的中国企业家协会）前主席，他 80 多岁了，我问他："根据 80 多年的人生经验，你觉得企业最重要的是什么？"他说了两句话：一是领导者要做正确的事，要做正确的选择；二是下面的干部要正确地做事。所以，做企业既是一个经营题目，又是一个管理题目。如何把这两者结合起来，就是我们的使命。

做有效的经营者

要做有效的经营者，需要具备五项核心能力。

◆ 正确的选择

我们讲到战略问题，其实，战略就是选择，选择做什么、不做什么。我认为战略最重要的是目标设定，缺什么找什么，而不是有什么做什么。这正好也和瑞·达利欧写的《原则》一书中的观点比较契合，他所谓的做事的原则，就是先定目标，再看如何完成目标，研究解决问题的方案，最后再去执行。

企业要正确地选择业务，有的企业在选择业务的时候来回变换，始终也没选到一个合适的业务。但是有的企业选好一个业务以后，就扎扎实实地一直做下去，而且持续创新，结果做得很好。因而，选业务至关重要，选定了以后就要一直把它做下去。

我们既要正确地选择业务，也要正确地选择人。选人和选业务哪个更重要？我认为应该是先人后事，因为再好的业务如果没有人做，最终也做不好，而且无法证明业务选择是否正确。所以，选人很重要。

选什么样的人呢？我认为有两点标准。一是要政治正确、德才兼备、以德为先。为什么要选人格厚重、有德行的人？因为只有人格厚重的人才能使得事业长久，企业才能长久。二是选专业主义者、痴迷者，不要选"万金油"式的干部。

◆ 有效的创新

创新既包含高科技创新，也包含中科技、低科技，甚至零科技创新。零科技创新是什么？零科技创新就是商业模式的创新。德鲁克在 1985 年出版的《创新与企业家精神》这本书里提出了零科技商业模式的创新。我觉得这非常重要。

创新一定要有效，要有目的。有目的的创新可以减少 90% 的创新风险。大家都知道，创新是有风险的，我们老讲，"不创新等死，创新找死"。后者指的是盲目的创新。因为创新是有风险的，所以企业家的主要任务就是要平抑风险，减少风险。

1912 年，熊彼特提出企业家要"创新＋冒险"。在工业时代早期，机会遍地，确实敢冒险就可以成功。像中国改革开放初期，有"胆商"的人就容易成功。但是到了 1985 年，德鲁克写《创新与企业家精神》一书的时候，已经是工业时代成熟时期了，他发现冒险不行了，他认为企业家应该创新、创造财富，应该有目地寻找机遇。同时，他认为企业家的能力是平抑和减少风险。今天也一样，这个时代的企业家的能力主要是什么？主要是有效创新，这是有效经营者的核心能力。

◆ 创造价值

对今天的企业家来讲，很重要的是企业必须获利，或者说企业必须能发现价值，并创造价值、提升绩效。衡量一个企业家是否优秀，最后还是要回到价值和绩效上。所以，这是有效经营者的核心能力。

◆ 整合资源

现在，几乎每个行业都过剩。比如，水泥行业产能已经过剩35%，没有必要再搞一个硕大无比的水泥厂，我们要对行业进行整合。当今世界上的大型企业几乎都是靠联合重组发展起来的，考验企业家的不见得是创造资源的能力，而是整合资源的能力。所以，企业家的资源整合能力也是非常重要的。

◆ 共享机制

今天，两极分化是社会中的大问题。虽然我国的经济发展得很好，但是两极分化仍然是社会的隐忧，怎么办？我们非常欣赏那些会赚钱的企业家，不过企业家的财富究竟该怎么分配？这可能成为一个核心问题。过去我们搞平均主义，公平但没效率。现在我们讲究效率，但是出现了公平问题，有没有解决方案呢？我觉得在企业这一微观层面，可以用机制来解决公平问题。什么叫机制？就是企业效益和员工利益之间的正相关关系。人力资本其实也是资本，应该和金融资本一样参与分配，这就是机制的原理。有了机制，就可以更科学地分配财富，就会创造大量的中产阶层，就会逐渐消除两极分化，既坚持了效率优先，又兼顾了公平。所以企业应该建立共享机制。

我为什么要写书

迄今为止，我一共写了十几本书，这里向大家推荐近几年出的三本书。

第一本是《经营方略》。这本书是我这么多年来的经营手记，是从我1000万字的记录里淘出来的35万字，都是原汁原味的记录。这本书就是我经营的素材，呈现了这么多年我都做了什么，是怎么想的。

第二本是《问道管理》。中国政法大学商学院工商管理系主任带着5个MBA学生，用了5个礼拜天、30多个小时，问了我508个问题。这本书也是原汁原味的，先是用录音设备把我们的对话记录下来，然后整理出版。这本书也是很质朴的一本书。

第三本是《企业迷思》。这是我 2015—2017 年 3 年时间里给北京大学光华管理学院讲课的核心内容。

实际上，我从 1994 年开始就在清华大学、北京大学讲课。我那时是北新建材的厂长，也读过 MBA，他们请我去当实践老师，没想到一当就当了 25 年，还因此获得了清华大学经管学院颁发的"卓越贡献奖"。2015—2017 年这 3 年我讲课的题目叫"穿越迷思做企业"，主要讲如何解决做企业过程中遇到的一些困惑，比如多元化和专业化，高科技、中科技和低科技等。实际上，我经常在脑子里想这些事情，这些都构成我的迷思。做企业就是要边思考边往前走，穿越迷思。我当时讲了 100 个故事、100 个观点、20 对迷思，给大家连续讲了 3 年。《企业迷思》这本书的优点是它很真实，这本书被评为 2020 年度出版社优秀图书奖一等奖。最近出版的《经营制胜》这本书选自 2018 年和 2019 年这 2 年我在清华大学五道口金融学院给博士生讲课的内容。

▲ 清华大学经管学院白重恩院长颁发"卓越贡献奖"

我常讲，我哪里会写书，我不是在谦虚，这是我的心里话。我的书大部分是我的经营和管理体会，是对过去的总结和归纳。我的书不是写出来的，是做出来的，都是我的经历、我自己的思考。我想把我的这些经历和思考写出来，让年青一代去读，给他们插上路标。我想让他们知道我们怎样获得了成功、曾经在什么地方出过问题，就像路标一样为他们引路。

我的老领导陈清泰，曾任国务院发展研究中心党组书记，他说："志平，你要写书，不能让我们的企业家总是从零开始。你看西方的著名企业家写了很多书，我们的企业家也应该动动手、动动笔。"这是他十几年前跟我说的，我这个人比较认真，我想他说得对，所以就照做。我想这是很有意义的事。

我想跟大家说，我写的书年轻人读了，不能保证会成功；企业家读了，也不能保证就能做成世界 500 强。但是，读我的书有一个好处：可以少犯错误。我的书，与其说是我的经验，不如说更多的是我的教训。书中的很多观点、体会来自我过去走过的弯路。令我刻骨铭心的一些东西我才愿意分享给大家，希望大家看后不再犯这些错误。《苏世民：我的经验与教训》就是黑石集团创始人写的一本书，主题非常明确。我想我的书也是我的经验与教训。

有些人对我写书的时间感兴趣，问我什么时候写书。其实，我首先是个读书人，读书大部分是在晚上 10 点到 12 点。市面上经管类的经典书、畅销书，我大部分都读过，或者阅览过。什么时候写呢？早晨，因为早晨头脑清醒，我会思考、写书、写文章。我晚上一般不写作，即使写，也是在 12 点以后我能够深度思考的时候才去写。

有句格言叫"忙碌的蜜蜂没有悲哀的时间"，这么多年一直鼓舞着我，让我在繁忙的工作之余坚持读书、写作。

03 ◎ 公司治理的实践与思考[①]

　　过去 40 年，我既做过国有独资公司的董事长，也做过北新建材 A 股上市公司、中国建材股份 H 股上市公司的董事长，中央企业推行董事会试点后，我在中国建材任董事长，也以外部董事的身份出任过国药集团的董事长，所以有媒体称我为"董事长专业户"。

　　2019 年从中国建材退休之后，我担任了中国上市公司协会和中国企业改革与发展研究会两个协会的会长。中国上市公司协会的一项重要的工作就是推动提高上市公司质量，上市公司质量的核心是治理，要提高治理水平。中国企业改革与发展研究会近期的工作重点是围绕国企改革三年行动推进国企改革的相关工作。国企改革三年行动的一项重点任务就是完善现代企业制度，也涉及公司规范治理的问题。下面我就公司治理的实践和思考谈几点认识和看法。

治理是更高级的管理

　　改革开放初期，我们强调得比较多的是管理，但随着外部经营环境的变化，随着企业的发展和规模的扩大，"治理"这个词引起了我们的重视。如果仅靠管理而治理做不好的话，企业是做不大的，或者做大了也可能会崩塌。现在大家把公司治理看得越来越重要。西方管理学认为，治理至少要满足五个方面的要求：一是保障股东的权益，二是强化董事会的职能，三是发挥内控机构的功能，四是尊重利害关系人的权益，五是提高信息的透明度。

[①] 2020 年 12 月 14 日，作者应邀给中央汇金投资有限公司治理专门委员会做"重组整合与公司治理"的讲座，本文节选了部分内容。

治理和管理还是有所不同的。第一，治理主要是为了防范风险，以提高公司价值为目的，要素是绩效和公司的价值；而管理实际是以提高效率、提高效益为目的，要素是质量、服务、价格。第二，治理是人对制度而言，突出的是公司的制度，强调董事会、监事会、管理层之间的制衡；而管理是以人、财、物为要素，强调的是管理层的内部控制。第三，治理的点位主要在决策层面，而管理的点位主要在基础层面。第四，治理要求公司管理透明化、公开化，如A股上市公司都有季报，H股上市公司都有半年报。可见治理和管理是不同的。

今天我们的企业从管理时代进入了治理时代，企业如果治理不好，依然可能做不大或者倒下。治理就好像是盖楼房的基础结构，管理好比是砌墙装修，是在治理的基础上去做的一些具体工作，如果大的框架不好，楼房就盖不高。这是根上的事情，很重要。

现代公司制的特征是"有限性"

现在国资委管理的企业都已转变成公司制，不再是过去企业法下的企业。比如，中国建材的全称是"中国建材集团有限公司"，2009年我去国药集团任职时，国药集团的全称是"中国医药集团总公司"，当时是企业法下的公司。企业法下公司的组织结构没有董事会，只有经理或者厂长、法定代表人，而公司法下的是有董事会的，董事要负法律责任。

过去，企业改成有限公司时有一个障碍，就是关于资产评估的问题。资产评估升值之后要交税，但企业不能没有缘由突然增加一笔税，再有，评估也不是小事，很多企业的评估过程费时又费钱，最后还要交税。后来采用把公司上一年度的净资产作为公司资产总值的办法，这样就把公司法下的企业变作公司法下的有限公司。但这同时带来一个新问题：怎么理解有限公司？怎么理解公司法下的公司？公司的治理该怎么做？

公司的特征是"有限"。有限公司指的是股东的投资是有限的，相应的法律责任是有限的，权利也是有限的。企业一经注册就社会化了，以全部注册资本构成所谓的独立法人财产权，在民事诉讼中负法律责任。而股东只有股东的权利，除此之外没有其他任何权利，所以不能侵害公司利益，不能操纵董事会，必须维持公司的独立性。即使是百分之百的独资公司，股东也不得侵害公司利益。许多企业对这一方面的理解不够，尤其是家族公司，上市之后从上到下都应该深刻理解公司公众化带来的变化。

有限公司要保证公司的独立性，这恰恰是公司治理最核心的思想。公司的独立性靠什么保证呢？靠独立的董事会，这也是挺重要的。所以要依公司法治理公司，认认真真地学习公司法，清楚股东的权利是什么、董事会的权利是什么、经理层的权利是什么。西方常发生集体诉讼问题，我国也会有，新证券法增加了对中国特色集体诉讼制度的规定。西方集体诉讼主要是打经济诉讼官司，涉及的法律问题就是刺破公司面纱制度，也就是说如果公司不独立，那么股东要承担的不是有限责任，而是无限责任。

有些股东希望按照出资承担有限责任，但想拥有无限权利，什么都想管、什么都干预，觉得权利越大越好。其实股东的出资是有限的，责任应该是有限的，同时权利也应该是有限的，我们都应该明白这一点，这是公司治理的核心。

探索"央企市营"模式下的公司治理结构

"央企市营"是我在中国建材和国药集团的做法，就是中央企业进行市场化经营。我在 2002 年做中国建材董事长时，就提出了这个说法，我认为中国建材虽然是中央企业，但必须进行市场化的运营。"央企"的含义有四点：一是坚持党组织的领导；二是带头执行党和国家的方针政策；三是主动承担经济责任、政治责任、社会责任；四是确保国有资产的保值增值，为全民做贡献。

那么"市营"指的是什么？有以下几个要点。

第一，股权多元化。现代产权制度表明，多元化的股份制比单一的国有企业和单一的家族企业更容易进行科学管理，效率更高。我认为企业要有多元化的股权结构，理想的股权结构是有积极股东的结构。比如北新建材或者中国巨石，中国建材是第一大股东，然后还有第二、第三大股东，占股都超过 5%，这样就形成了大家能够商量问题、能够互相制衡的结构，剩下的可以是散户。在实践中我们可以看到，凡是一股独大，除了大股东剩下的都是散户的股权结构的公司，召开股东会的效果并不理想，其他股东来也行，不来也行，因为都是散户，股权比例太小了。再有，如果股权过于分散，往往会出现内部人控制的问题，这是指公司被大股东控制，大股东和小股东之间存在矛盾。从企业实践来讲，公司有第一大股东，也有两三家负责任的积极股东，剩下的是散户，这样的结构运行效果就挺好。

第二，规范的公司制和法人治理结构。公司一定要把董事会、监事会、经理层等体系建立好，形成规范的治理结构。

第三，职业经理人制度。委托代理理论是现代企业理论的重要组成部分，因为股东不可能直接去经营企业，于是委托给董事会，董事会也不可能直接去做，于是再委托给经理层，层层委托。如果经理层不是董事会委托的，而是股东委托的，就出现问题了。公司法中的规定非常明确，就是要逐级委托。其实建立董事会只完成了委托代理的一半，没有职业经理人就没有形成整个委托代理的闭环。

过去，在国有企业中推行职业经理人制度比较困难。现在中央企业在二、三级企业推行职业经理人制度，在一级企业主要实行契约化管理，实际上是职业经理人和契约化管理并行。一些新兴产业如互联网或者高科技企业，比较愿意引进职业经理人，一些传统企业主要是契约化管理。实际上国企改革一直在推行这件事，我认为职业经理人可建立在现有人员转换的原则上，并明确同等条件下企业自己培养的人才优先，因为不可能一下子空降很多职业经理人。要把职业经理人市场化的流动性和企业的归属感结合起来，按照"市场化选聘、契约化管理、差异化薪酬、市场化退出"原则，推行经理层成员任期制和契约化管理，企业适合哪个用哪个。

第四，内部市场化机制。过去我们讲劳动、人事、分配的三项制度改革，今天的内部市场化机制改革，不光指这三项制度，还包括员工持股、管理层股票计划、科技分红和超额利润分红权等，这些都属于内部市场化机制的范畴。也就是说，我们的机制从过去的以奖励为主，变成了现在的以股权为主。

第五，按照市场化规则开展运营。这里讲的就是市场化竞争。国有企业也是企业，是市场主体，应该按照市场的规则去运营。其实这么多年来，大多数国有企业处在充分竞争领域，没有额外的政策支持，完全是在市场中充分竞争。所以我认为国有企业必须让自己真正成为市场主体，真正参与市场化竞争，否则别人永远也不知道我们做得到底怎么样。

伟大的公司有伟大的董事会

西方有一句名言："伟大的公司有伟大的董事会。"一家没有强大董事会的公司，注定不会成为一家有竞争力的好公司。

◆ 董事会的历史沿革

董事会最早是西方公司的产物，现在各个国家企业的内部管理体系不完全一致，和它们的文化传统、历史沿革等有关。德国是监事会体系，没有董事会；英美有董事会；日本企业叫株式会社，社长相当于我们的总经理或在职的董事长，而会长相当于退居二线的总顾问。我国企业有董事会、监事会、经理层。董事长往往是内部在职的，是法定代表人，也兼任党委书记。也有总经理兼党委书记的，同时是法定代表人，但这种情况不是很多。在这样的体系中，董事会在企业里是非常重要的，是企业真正的领导机构和决策机构，不是企业的外部组织。企业内所有的领导角色都应该由董事会这个核心组织来做。

关于董事会，美国学者鲍勃·加勒特写的《鱼从头烂》这本书讲得非常透彻，包括公司的有限性、董事的责任等。里边有一句话令我印象深刻："组织健康的关键在于有一个考虑周到、尽职尽责的董事会作为企业的核心。"建立董事会是企业现代制度建设的基础。纵观董事会的历史沿革，前后经历了三个阶段。

第一个阶段是仪式型董事会。这种类型的董事会基本上董事长讲一讲，大家听一听就签字了。董事不怎么发表意见，认为反正都是领导说了算。当年搞百户试点时，基本就是这种情况。企业大多是"一套人马、两块牌子"，董事长、总经理是一个人，或者一拨人分分工，董事会成了变相的党政联席会，加之当时缺少与社会改革配套的大环境，那场改革没能深入下去。

第二个阶段是开放型董事会，或叫解放型董事会。美国安然和世通事件发生之后，《萨班斯法案》出台，董事会要承担责任，逐渐形成了开放型董事会。董事从原来觉得没什么责任到突然承担很大的法律责任，于是之后也出现了问题，就是一个决议议论来议论去，谁都不愿意签字承担责任，或者管理层的决策十有八九都被否定了，影响了整体的投资效率，这也行不通。

第三个阶段是积极进步型董事会。董事会到底是干什么的？是批准或否决经理层意见的一个组织，还是要为整个公司的发展出谋划策？董事会是要为未来打算、创造绩效，还是只负责监督？董事会要创造价值，对企业发展和未来负责任，不是简单地控制风险的组织。董事会始终面临着促进发展与防范风险的两难。如果一味地只讲发展，可能会有风险，企业也可能会因风险崩盘；如果过分防范风险，又可能影响企业发展。所以，董事会是在这两难之间进行平衡。

◆ 建立合规绩效学习型董事会

我做过不同类型的董事，我的经验是要建立合规绩效学习型董事会。所谓合规型董事会，就是要遵守公司法，包括国资委的一些规定和要求，及时公开透明地进行信息披露，有责任有义务指导管理层，确保并监督企业各项生产经营活动安全合规等。所谓绩效型董事会，就是要从长远的角度、用战略的眼光来带动企业做决策和发展，关注公司的长远利益和绩效，高度重视并认真对待股东的评价，按照企业的特点量身定制适合企业的商业模式和管控模式。所谓学习型董事会，也是学习型组织的一部分。一般来讲，学习型组织不是指大家都去读书，而是指大家的互动能力很强，董事会内部积极交流互动，树立共同愿景，改变心智模式，强化团队学习，形成一个共同决策的团队。学习型董事会强调在合规和绩效之间取得平衡。

◆ 开好董事会是董事履责的关键环节

开好董事会是董事会运作的基础，也是董事履责的关键环节。董事职责是通过董事会来实现的。董事会能不能开好、能不能有效，非常重要，其中有几点很关键。

第一，让董事充分掌握信息。我在北新建材工作时，跟日本的新日铁、丰田、三菱这三家大企业谈合资，其实合资的项目并不大，但这三家公司的总社派了一波又一波人，做细致的调研。当时我就问丰田的一位副社长："这点儿投资对你们来说规模并不大，为什么要这么多人一次又一次来调研呢？"他说，日本投资界讲"见人见物"，要投资一个项目必须得见人见物，不能只是打个报告，看一看就批准了。因此我在中国建材和国药集团做董事长期间，每做一个重大决策，我都请董事包括外部董事做深入调研，见人见物，让他们得到准确的信息。我觉得这是开好董事会的一个前提。要预留足够的时间，让董事有时间了解关于议案的各种信息。当然首先要做好议案，议案中的数据、各种背景分析等要让大家能看得懂且尽量翔实。

第二，开董事会时要充分讨论。我在国药集团开董事会时，会议一般从9点开到21点，会安排足够的时间供大家充分讨论，让大家能够畅所欲言，有不同意见当场提出来。我记得有一项收购案上了三次董事会，大家真正理解了这件事，才能通过，这个过程是必要的。此外董事会得议大事，不要鸡毛蒜皮的小事都上董事会，这一点也是要把握的。

第三，董事长要学会和强势董事、总经理做好沟通。比如国资委有外部董事，其中一些是强势董事，他们有资历，说话很有分量，董事长就要和他们沟通好。和总经理沟通也很重要，像我作为国药集团的外部董事长，跟总经理的沟通必须顺畅。要开好董事会并不是件容易的事，因为董事会是企业里非常重要、核心的会议。

◆ 充分发挥外部董事的作用

国资委的外部董事来源有三种：第一种是专职董事，企业或机构的一些在职同志被调去做专职外部董事；第二种是企业退休了的一把手或财务总监、总会计师等，他们有专长或者有决策能力；第三种是社会贤达、知名人士、专业人士，如新加坡淡马锡公司会从社会上聘请一些人来当外部董事。国资委有一个董事库，经过审核符合条件的可以入库，然后再将他们选派到相关企业。现在中央企业董事会里外部董事占多数，内部董事是少数，这样就不容易出现内部人控制的问题。

董事会的专业委员会一般由内部董事长来主持，但薪酬与考核委员会、审计与风险管理委员会是由外部董事做召集人。这样做的好处是，从制度上保证发挥外部董事的长处，对公司内部产生一些制衡。如何让外部董事获得更充分的信息？我们当时提出"两要，两不要，三个确保"，让外部董事能够行使他们的职责，能够获得充分的信息。

第一，"两要"。一是要保护外部董事的外部性、独立性和客观性。二是要保证外部董事的专业"内部化"，提高他们对于所任职企业的专业水平。外部董事必须要积极学习专业知识，提高专业水平。比如我原来是做建材的，后来到国药集团，跨行之后怎么做董事长？我做国药集团董事长的第一年，国庆节7天假期中，找了8本写给投行的专门研究医药行业的书，认真地学习。正是因为如此，我在国药集团那些年，员工没有把我当成外行，因为我能够充分参与到他们的一些讨论之中。

第二，"两不要"。一是不要拉拢外部董事，不要把外部董事"拉下水"，让外部董事的职责变得和内部董事的一样。因为在制度上，设立外部董事的目的就是制衡内部董事。二是不要对外部董事有所隐瞒，不论好信息还是坏消息，都要让他们知悉。对外部董事来讲，知道坏消息比知道好消息更重要。

第三，"三个确保"。一是确保外部董事的独立性，二是确保外部董事获得信息的完整性，三是确保董事会决策的客观公正。这么多年，我无论在中国建材还是在国药集团当董事长，公司的外部董事都发挥了长处，董事会在重大决策上没有出现过纰漏，没有出现过大的问题。

关于外部董事，我还有几点想强调：一是要多组织外部董事调研，让他们多角度地了解企业的信息。二是作为内部董事，特别是董事长，针对重大事项，要和外部董事，尤其是主导外部董事多沟通。归根结底就是让外部董事获得充分的信息，同时提高外部董事的专业水平，给他们一些决策的依据，他们才能更科学高效地决策。

我在中国建材的时候，董事会有11位董事，其中6位外部董事，5位内部董事。我在国药集团的时候，董事会有9位董事，其中6位外部董事，3位内部董事。国药集团的6位外部董事中，3位是国资委体系里的在职或退休的负责人，3位是社会贤达和专家，后者中1位是从药企退休的董事长，1位是淡马锡公司的领导，1位是上海财经大学的财务专家。这样加上3位内部董事，构成"三三制模式"的组织，我觉得这样的组织结构提升了企业的透明度。新加坡的淡马锡公司，董事会中只有1位是内部董事，即执行董事，剩下的全是外部董事。淡马锡公司是国有企业，但没有人把它当成国有企业，因为它的决策高度社会化、市场化，解决了国有企业的市场化问题。

◆ **新时期董事会的建设**

2016 年，全国国有企业党的建设工作会议召开之后，董事会的运作进入了一个新阶段，即健全和完善中国特色现代企业制度阶段。习近平总书记强调两个"一以贯之"：坚持党对国有企业的领导是重大政治原则，必须一以贯之；建立现代企业制度是国有企业改革的方向，也必须一以贯之。如何将两个"一以贯之"贯彻好，是所有企业都要认真思考的。那么企业在实践中该怎么做呢？

第一，党委书记和董事长"一肩挑"。这为强化国有企业党建、完善党对国有企业的领导奠定了基础。

第二，党组织研究讨论是董事会、经理层决策重大问题的前置程序。重大经营管理事项必须经党组织研究讨论后，再由董事会或经理层做出决定。企业党委发挥"把方向、管大局、促落实"的作用。董事会是决策机构，董事一人一票签字履责，经理层抓落实。这样权责界限就清晰了。

习近平总书记在全国国有企业党的建设工作会议上对国有企业领导人员提出了"对党忠诚、勇于创新、治企有方、兴企有为、清正廉洁"的 20 字要求[1]。《国务院办公厅关于进一步完善国有企业法人治理结构的指导意见》中，对董事长、董事和经理层也提出了具体要求。其中对董事长和职业经理人提出了三点要求：一是政治坚定，二是善于经营，三是充满活力。对于董事和监事也提出三点要求：一是德才兼备，二是业务精通，三是勇于担当。

董事如果违规决策该怎么办？要按规定追责。坦率来讲，由于有些信息不对称，或者客观环境的变化，经营决策上往往会出现一些失误。如果董事没按程序、规则去做，导致产生不良的后果可能就要被追责；但如果是属于"三个区分开来"和容错纠错机制里的失误，可以考虑给予宽容。

以前总讲董事对股东负责，这句话有待商榷。实际上董事要对公司负责。董事在会议决议上签字生效，就要负法律责任，负无限责任，甚至负刑事责任。所以不要认为做董事是个光环，实际上是份责任。

[1] 《习近平在全国国有企业党的建设工作会议上强调：坚持党对国企的领导不动摇》，2016 年 10 月 11 日，http://www.xinhuanet.com/politics/2016-10/11/c_1119697415.htm。

04 ◎ 打造更多隐形冠军[①]

"隐形冠军"是德国人提出来的。欧洲债务危机时，德国渡过危机靠的是德国制造，强大的德国制造背后是什么呢？德国管理学家赫尔曼·西蒙经过几十年的潜心研究，写了《隐形冠军》这本书，为我们揭开了谜底。书中讲了德国制造业成功的秘密，就是德国有大量的在业内享有盛誉但又鲜为人知的隐形冠军企业，支撑着德国强大的制造业渡过了金融危机。

▲ 应国资委干部教育培训中心邀请，为国有企业干部线上授课

什么是隐形冠军

到底什么是隐形冠军？赫尔曼·西蒙在书中提出了三个标准：一是产品在

---

① 2020年7月16日，作者在国资委干部教育培训中心"培育隐形冠军推动企业创新发展"培训班上做讲座，结合当前的形势和自己多年的企业实践和学员进行交流。

国际市场的份额排在全球前三或者在所在大洲排名第一，也就是说在市场上有相当的地位；二是年销售收入一般在 50 亿欧元（相当于四五百亿元）之内，其实该书的第一版中说的是 5 亿美元，但随着经济社会的发展，隐形冠军的年销售收入也在增加；三是不同于众所周知的世界 500 强企业，隐形冠军的社会知名度较低，可能大家都不知道它的名字。按照这三个标准，赫尔曼·西蒙在世界上一共找到 2734 家隐形冠军企业。其中，德国 1307 家，美国 366 家，日本 220 家，中国 68 家。这个数据也在不断更新，在 2019 年第二届中国国际进口博览会期间举办的隐形冠军发展高峰论坛上，远道而来的赫尔曼·西蒙在现场演讲中提到，他们一共发现了 92 家"中国籍"隐形冠军企业，增加了近 30 家。而在德国，隐形冠军企业则多达 1400 余家，中国与德国在这方面的差距还是很大的。德国有这么多的隐形冠军，其实是有历史原因的。历史上德国是小联邦，不像俄罗斯等有国内大市场的国家，它必须要去开发国际市场，这对产品质量等就有很高的要求。德国在精密机械制造方面有很坚实的基础，精密机械制造练就了德国人的匠人精神。

其实隐形冠军就是窄而深地去做企业，看起来领域不宽，往往是在一个小众的行业里，但是它精耕细作，做得很深入，做到了极致，比如德国的指甲刀等工具做得非常好。正如一个人在设定目标的时候，不能既想做百米赛跑的冠军，又想做马拉松的冠军，一家企业要成为隐形冠军，应该突出一项主业，专注于一个狭窄的领域，在一个大市场里做某一项业务，把它做大，这是基本的逻辑。隐形冠军实际上有两大支柱：一个支柱是专业化的技术，另一个支柱是国际化的市场。

比如，德国的福莱希公司，大家可能没有听说过它，全世界 70% 的狗链是由这家公司生产的，产品卖到了 100 多个国家，而且它只做狗链这一门生意。德国的克林—康塞珀特公司是专业生产卫生洁具的厂家，它也做到了极致，生产的浴缸品质非常好，全世界很多五星级酒店都买它的浴缸。这反映了隐形冠军的一个态度：高度专业，只做能做的事，只讲向深度开发，不讲向广度进军。专注于铅笔制造 200 多年的德国企业辉柏嘉，是全球最大的铅笔制造商，每年销售约 20 亿支铅笔，销往 120 多个国家，也做到了极致。还有一家公司其实也很有名——紧固件行业的龙头企业伍尔特。紧固件的全球市场规模大概有 3 万亿元，工业上、日常生活中用的紧固件有很多，比如皮带上、管道上都会有紧固件，大家不太重视它，但是它确实有一个很大的市场。伍尔特始创于 1945 年，只生产螺丝、螺母等紧固件产品，但不管是卫星还是儿童玩具都需要用它的产品。2019 年公司的销售收入达到 142.7 亿欧元，折合人民币约 1128 亿元，伍尔特就凭借紧固件，做到了这么大的市场，是不折不扣的隐形冠军。

隐形冠军的竞争力背后，是庞大的人才队伍、强大的技术研发能力和过硬的产品质量，也就是专业化的技术是隐形冠军的支撑。像伍尔特这种公司，给大企业提供了大企业不愿意生产的产品，支撑了德国制造业产业链，德国经济的基石正是这些隐形冠军。2019 年 3 月，我到德国阿盖尔机械制造有限公司的工厂参观，这家公司专门为奔驰等德国制造业企业提供配套服务，做了很多年。奔驰公司实际上是由这样的若干个公司配套而成的大企业，这些配套公司大都是隐形冠军，它们可能不是最终产品的制造者，但是跟若干大企业配套，也很不简单。

我专门到奔驰公司参观，看它到底靠什么做到这么好。我觉得其中的关键是德国的教育体系。受益于德国双轨职业教育体系，德国有很多技校和应用大学。技校为企业培养工人，应用大学为企业培养工程师。技校的学生们毕业以后到工厂实习，然后成为工人。应用大学的学生最后一年到工厂进行毕业设计。双轨职业教育体系非常好，值得我们学习。过去我国有工学院、专科学校，其实都属于应用大学，但后来很多变成了理工科综合性大学。其实，中国发展制造业需要有更多的专科学校、应用型大学，像德国一样培养大量的工程师。在奔驰公司附近的一个小镇，95% 的人都是工程师。在参观过程中，我还看到一个培训中心里都是十几岁的小孩，他们在做一些小模型，这些孩子都是在周末去熟悉工厂、熟悉制造业的。从小就培育孩子们热爱工厂、热爱制造业，培养他们制造业的基因，这很了不起。

德国为什么能出现这么多的隐形冠军，我们可以从德国的教育、文化中找到一些答案。

隐形冠军对中国制造业崛起的意义

在当前大力提倡"中国制造 2025"的背景下，中国作为全球制造业中心，认认真真地研究隐形冠军对于中国制造业崛起至关重要。

其实，德国也不是一开始就做得很好。1887年，英国曾要求所有德国的产品都要打上"Made in Germany"字样，以示与英国产品的区别，因为当时德国的产品有很多劣质货、冒牌货。德国人痛定思痛，下决心提升产品质量。德国用了上百年的时间，最后实现了质量和技术的腾飞。

还有个样本就是日本。日本的产品现在做得非常好，很多人喜欢买日本的马桶盖、电饭煲。其实日本当年的产品质量也一般，20世纪六七十年代，美国曾有一幅漫画很形象地说明了丰田汽车的质量低下：几个人在推一辆丰田汽车（因为它经常抛锚），下面写着"Made in Japan"，意思是说日本制造是低质量的代名词。后来日本人请了戴明、石川馨、狩野纪昭等质量管理专家，在他们的努力下，日本企业发愤图强，秉持工匠精神，进行了质量变革，发明了TQC等工法，产品质量飞速提升，最后也成为世界一流。日本的盛田昭夫写了本书 Made in Japan，就用了当年美国人讽刺日本人的这句话回敬了美国人，在中国出版时，书名叫《日本制造：盛田昭夫的日式经营学》，这本书是日本产品质量翻身的一个象征。

现在，美国提出要"回归实业"，欧洲提出要"再工业化"，日本提出"去空心化"，等等，都是想把实业再做起来，想重振制造业。二产是三产的根，如果没有制造业，也不存在制造服务业；如果没有强大的二产，三产也会受到影响。当年的德国和日本，服务业都不如美国发达。美国三产占比约为80%，但德国三产占比不足70%，所以在这方面也颇受诟病，有人说德国的制造业很发达，但是服务业跟不上。但是，在脱实向虚的趋势下，德国人还在做实体经济，这是非常关键的。在欧洲深陷主权债务危机的时候，德国一枝独秀，实际上就得益于它的制造业，得益于这些隐形冠军。

我国现在也意识到了这个问题，提出要大力发展实体经济。2019年，习近平总书记在郑州考察调研时指出：中国必须搞实体经济，制造业是实体经济的重要基础。我们现在制造业规模是世界上最大的，但要继续攀登，靠创新驱动来实现转型升级，通过技术创新、产业创新，在产业链上不断由中低端迈向中高端。一定要把我国制造业搞上去，把实体经济搞上去，扎扎实实实现"两个一百年"奋斗目标[①]。我国是制造大国，但还不是制造强国。过去因为制造成

① 《习近平：一定要把我国制造业搞上去》，《人民日报》2019年9月19日第1版。

本低，跨国公司来我国代工生产很多产品。现在，随着我国经济的发展，墨西哥、越南等国家的制造成本比我们更低。如此一来，我们就面临着双重挤压：一方面，高端产品主要还是西方在做；另一方面，中低端产品又可能会搬到越南等其他发展中国家生产。在这个时刻我国应该加大制造业的投入，用隐形冠军的思路来武装制造业，使制造业企业能够做大做强。现在我国制造业占 GDP 的比重为 26% 左右，广东省该占比能够达到 30% 左右。过去我们希望提高服务业在 GDP 中的比重，现在我们也希望提升制造业的比重，维持强大的制造业中心地位，让大家爱上中国制造。

我们要向中高端发展制造业，要大力振兴实业，使我国的中高端技术和产品享誉全球，在世界经济再平衡中主动作为。我们要学习隐形冠军的模式，窄而深地去做企业，突出企业的专业能力，在研发、技术等方面要下功夫，培育更多的隐形冠军。

其实，我国的隐形冠军现在也不少。1994 年成立的义乌市双童日用品有限公司 20 多年来只专注于生产吸管。吸管这个产品的生产门槛并不高，是个小众行业，但是想做到精益求精，得到全世界客户的认可很不容易。双童获得了行业 2/3 的专利，做成了全球吸管行业的第一品牌，每年它生产的各类吸管近万吨，凭借每根不足 1 分钱的利润，将企业做成了年产值上亿元的隐形冠军。

蓝思科技 2003 年在深圳成立，是全球消费电子视窗与防护玻璃行业的开拓者与引领者。智能手机镜头上面的小玻璃就是蓝思科技生产的，全球每两片手机镜头玻璃就有一片是蓝思科技做的。2019 年蓝思科技的营业收入达到 303 亿元，净利润 24.7 亿元，也是隐形冠军。

国显科技成立于 2006 年，于 2015 年通过联合重组成为中国建材旗下的公司。国显科技专注于 TFT-LCM 液晶模组，能够提供全球 20% 的平板电脑模组显示屏。国显科技不生产面板，只是将面板做成模组，然后卖给平板电脑、手机厂家。消费电子产业链很长，有很多生产环节，比如做面板的、做玻璃的，其中很多公司都是隐形冠军。蓝思科技和国显科技都是在做某一个环节的产品，都做到了全球市场领导者的规模。

2016 年，工业和信息化部提出《制造业单项冠军企业培育提升专项行动实施方案》，目的是到 2025 年，总结提升 200 家制造业单项冠军示范企业，巩固和提升企业全球市场地位，技术水平进一步跃升，经营业绩持续提升；发现和培育 600 家有潜力成长为单项冠军的企业，支持企业培育成长为单项冠军企业。其实我国这些年一直在培育单项冠军企业，工业和信息化部已经评出 250 多家单项冠军企业和 160 多个单项冠军产品。我们可以将这些企业都视为符合我们自己标准的隐形冠军。如果我们也能有 2000 家隐形冠军，我们在国际市场上就会有更大的优势。如果从我国的中小企业数量的角度来看，我觉得我们应该有五千到上万家隐形冠军，如果真的做到这一点，我们就能够成为世界制造强国。

怎样培育隐形冠军

培育更多隐形冠军企业，就是将习近平总书记提出的"一定要把制造业搞上去"的重要指示落到实处，主要是在中小企业里进行培育。现在我国的世界 500 强企业已经不少了，党的十九大明确指出要建设世界一流企业，这是大企业的奋斗目标。而我国大量的中小企业的发展方向就是成为隐形冠军。怎样打造隐形冠军企业？我认为可以从以下四个方面入手。

◆ 文化方面

赫尔曼·西蒙在《隐形冠军》一书中讲的内容很多，但其核心就是隐形冠军企业的三个标准：全球的市场、世界级的中小企业、几十年如一日地去做。隐形冠军要耐得住寂寞，持之以恒、专心致志地去做一件事情。从文化上来讲，就是要有工匠精神、企业家精神和"悍马精神"。

第一，要有工匠精神。

工匠精神就是专心致志、踏踏实实、一丝不苟的精神，比如春秋时期的鲁班就是工匠精神的代表。过去我国的建筑雕栏玉砌，很多东西都做得很精细，所以在我们的文化里是有工匠精神的。1997 年我在日本学习，日本人认为他们有工匠精神，他们的产品质量更好。我认为中国人也有工匠精神，只不过这些年我们追求速度、规模，对质量没有盯紧。

我想，要有工匠精神，首先得有工匠。社会要特别重视技术培训，重视技术工人的手头功夫，要大力培养工匠精神。

第二，要有企业家精神。

2017 年 9 月，《中共中央 国务院关于营造企业家健康成长环境弘扬优秀企业家精神更好发挥企业家作用的意见》中讲到了企业家精神，我概括了一下，就是创新、坚守、责任。不只是做大企业需要企业家精神，做隐形冠军实际上更需要企业家精神。

首先，企业家是创新的中心，需要对现状进行挑战、不断创新，这是大家都认同的企业家的一个特点。企业家要细致地研究创新机会，不能盲目创新。其次，做企业不容易，是一份苦差事，尤其是做隐形冠军。做企业是熬出来的，是炼出来的。做企业要有坚守精神，一生做好一件事。再次，企业家创造财富不光是为了自己，还要承担责任，为社会做贡献，要义利相兼、以义为先，要达己达人，有利他精神。

第三，要有"悍马精神"。

所谓的"悍马精神"就是跑遍全球打市场的精神。德国的产品能卖到全世界，得益于第二次世界大战之后很多士兵复员进入了企业，这些人很有开拓精神，他们当时不懂英语，就到全世界去开拓市场，赫尔曼·西蒙用"悍马精神"来形容他们。

其实我们中国人也有"悍马精神"，如温州商人到世界各地开拓市场，销售产品；义乌小商品市场也把产品卖到了全世界。中国建材在全球做 EPC 国际工程，一家家工厂拔地而起。中国建材的水泥厂和玻璃厂数量占全球总量的65%，很少有企业在一个领域里能够占这么高的市场份额。我们的很多技术人员到全球各地去，甚至在沙漠里、在戈壁滩上做项目，克服各种各样的困难，出去开辟市场，这也是"悍马精神"。

◆ **环境方面**

我们要想培育隐形冠军，环境也很重要，我讲的环境主要指企业内部有一片让隐形冠军成长的沃土。其中的重点是机制，如果没有好的机制，企业很难做起来。讲到机制，我经常想到两家企业。一家是华为。我认为华为的成功主要是靠企业家精神和"财散人聚"的机制。任正非总讲，分好钱就能够赚更多的钱，华为正是靠机制发展起来的。另一家是万华。1997年前后，万华还只是山东的一家小厂，后来发展成了一家跨国公司。一方面得益于科技分红等激励措施，万华的技术创新发展得很快，做了不少新产品。比如，大家戴的树脂眼镜镜片全世界只有少数几家公司能做，其中就包括万华。万华还研发了尼龙12。什么是尼龙12？我们经常用的导线需要来回弯曲而不能断，塑料难以满足，万华研发出了尼龙12这种新材料。另一方面得益于员工持股。万华的员工持股占20%，政府占21.6%，这两个加起来做一致行动人，剩下的才是散户。

企业要想有很专业的技术、很大的国际市场，必须让技术人员和市场人员有积极性，必须有机制来激励他们。企业要想成为隐形冠军，就要创造具有激励机制的内部环境。

◆ 管理方面

做企业，美国人追求大规模，利用上市融资迅速占领市场；德国人做家族企业，相对保守，慢工出细活，一点一点往前走，把事情做到极致。我觉得现在做企业，既要学美国的做法，也要学德国的做法，把两者结合起来，也就是说，既要快速地得到资本市场的支持，也要把产品做好，做到极致。

第一，关于专业化还是多元化。

隐形冠军绝大多数是专业化的，赫尔曼·西蒙也主张专业化。专业化实际上有市场风险，当一种技术被淘汰的时候，企业就全军覆没了。如蒸汽机被淘汰了，做得再好也没有用，因为之后的产品是内燃汽车以及电动汽车。可是如果将资源高度分散去多元化发展，也存在风险。比较这两种风险，我还是倾向于专业化，因为绝大多数的企业家更熟悉某一个领域。

今天我们的企业普遍遇到了是专业化还是多元化的问题。赫尔曼·西蒙的《隐形冠军》给了我们答案：中小企业要做专业务，拓展国际市场；大企业要瘦身健体，突出主业，分摊业务，形成若干个隐形冠军。这样就把这事讲清楚了，集团大了以后，不能只做一个专业，但是一个企业做很多专业也做不好，怎么办？要组建几个平台，每一个平台上的企业要专业化，做隐形冠军。

是专业化还是多元化一直是我们面临的难题，这么多年来，我们做企业始终围绕着这两项探讨和抉择：到底是把鸡蛋放在一个篮子里，还是放在几个篮子里？如果放在一个篮子里必须放对，否则如果这个篮子出了问题，企业就全军覆没了；如果分别放在几个篮子里，安全系数肯定更高，但是篮子太多，又增加了成本。专业化还是绝大多数企业应该走的方向。有很长历史沿革的大企业有更强的管理能力和实力，可以做多元化投资，但即使做多元化投资，下边构建的业务单元仍然应该是专业化的。专业化和多元化也是对立统一的，工业时代早期，企业都是从专业化起步，后来随着市场的发展机会越来越多，很多企业都走向多元化。但是随着市场竞争日益激烈，需要迈向高端化，企业又回到了专业化的道路上。我主张专业化，尤其对中小企业来讲，更适合走专业化道路。

惠普公司的创始人戴维·帕卡德提出的著名的帕卡德定律里有三条：第一，在企业的发展过程中人才的成长速度跟不上企业的成长速度，企业会很快衰败；第二，如果面临的机遇太多，选择太多，企业可能也会衰败；第三，很多企业衰败并不是因为不创新，而是因为战线拉得过长，导致顾此失彼，找不到重点和关键。很有意思的是，后来惠普公司出问题恰恰是因为违反了帕卡德定律，这就告诉我们要坚持专业主义，聚焦主业，而不是谋求杂七杂八的机会。

我不是完全反对多元化发展，我也同意专业化做到一定程度以后，如果企业确实有一定基础，或者专业化发展的空间很小了，也可以探索发展一些新的业务，但是我主张有限多元，即业务不要超过三个，一个为主两个为辅，再多不一定能做好。

以我过去所在的中国建材为例，我做了 18 年一把手，其实中国建材这么多年就做了一项业务，就是聚焦建筑材料，没有去做别的，非常专业化。中国建材有一套"格子化管控"方法，就是集团可以有限多元地发展，但是集团旗下的每一个业务平台都精耕细作，只做单一的业务。这些年企业效益一直很好，没有出现乱局。

第二，"四问""四要""四不做"。

在实践中怎么选业务一直是企业的难题，选业务非常之关键，其实做企业就是两件事：一是选业务，二是选人。怎么选业务？我建议要做到"四问""四要"四不做"。

选择业务之前要先做一次"自我检讨",要进行"四问"。一问自己在行业里有没有优势,如果没有足够的优势,一般不要做。二问市场有没有空间,有多大的空间,适不适合自己做。三问商业模式能不能复制,如肯德基、麦当劳、星巴克的商业模式都可以复制。四问能不能与资本市场对接。大家要对照这"四问",看看业务能不能做,如果不能做,就不要做了。

选择业务还要牢记"四要"。一要做风险评估,明确风险点在哪里,风险是否可控可承受。其实做企业,风险是客观存在的,问题是如何降低风险,如何在风险来临之后进行有效切割,如何把损失降到最低。二要专业协同,明确企业的业务之间有没有协同性,协同效应有多大。如中国建材和中国中材合并的时候,投资机构快速算出协同效应是 27 亿元。协同效应指的是不光合作的新业务能赚钱,而且老业务也因为做了新业务而赚钱。三要收购团队,不能全靠自己原有的团队去做,尤其在做新业务的时候,老业务团队可能很难胜任,于是需要收购团队。四要执着坚守,做任何一个业务不可能一朝一夕就做好,比如北新建材的石膏板业务做了 40 年,中国巨石的玻璃纤维业务也做了40 年。

在业务选择上要设定底线,就是"四不做"。一是产能过剩的项目不要做。二是不赚钱的项目不要做,谁都算不出盈利点在哪儿、盈利模式是什么的项目不要做。三是不熟悉的项目不要做,企业里没有一个人熟悉项目,只是听别人讲故事,那这个项目千万不要做。四是有法律风险的项目不要做,比如正在打官司的项目不要做,因为存在很多不确定性。

◆ 选人方面

要想做隐形冠军,选人很重要,需要的是专业的人才和团队,尤其是领导者,应该是心无旁骛、兢兢业业的痴迷者,可能需要有几十年的经验,对行业有深入的了解。

其实围绕着是先选人还是先选业务,即到底是先人后事,还是先事后人,赫尔曼·西蒙也进行了分析。他认为应该是先人后事,如果没有人,选不对人,有战略也没有用,一定要把人放在首位。

在选企业一把手这个问题上，我主张选痴迷者。所谓痴迷者，就是干一行、爱一行、精一行，能俯下身子、钻得进去的人，不能这山看着那山高。如果一个人只有小聪明，不够专注，他很难做好企业。稻盛和夫说，他当年做京瓷的时候，那些聪明人全跑掉了，最后就剩下几个木讷的人把京瓷做成了世界500强。他说木讷的人并不是傻瓜，而是扎扎实实做事的痴迷者。

找一个痴迷者其实不容易，企业的风险实际上很大程度上在于新老交替的时候能不能找到专心致志、以企业为家、一生做好一件事的痴迷者。做企业一把手的应该是人格厚重、有大智慧、有理想、有格局、有境界的人，不能找小算计、小聪明、这山望着那山高的精致利己主义者。

开创我国隐形冠军之路

怎么去开创我国隐形冠军之路也是我们最关心的事情。

第一，把打造隐形冠军作为我国企业发展的重大战略。

我国是一个制造大国，制造业里绝大多数是中小企业，所以我们必须把打造隐形冠军作为企业发展的一个重大战略。我们不能光盯着大企业、世界一流企业，还要盯着隐形冠军，如果这两者协调好了，在两个层面都能够做好，我国就能够站在世界产业舞台的中央。

我希望大家记住并践行"四条主义"和"三项精神""四条主义"：一是专业主义，隐形冠军就是专业主义者；二是精密主义，像德国、瑞士的精密加工行业一样做产品，一定要精而又精地去做；三是长期主义，几十年如一日地坚守；四是全球主义，我们的市场要足够大，立足于国内，放眼全世界，要把国际市场牢牢地攥在手中，国内市场和国际市场要双循环相互促进。"三项精神"就是前面提到的工匠精神、企业家精神和"悍马精神"。

第二，中央企业要打造上千家隐形冠军。

中央企业主要包括公益类企业和商业竞争类企业。公益类企业有一定的自然垄断性，经营业务关系到国家安全、国民经济和国计民生。商业竞争类企业分为商业一类和商业二类，商业一类是充分竞争领域的企业，商业二类是研发机构等非充分竞争领域的企业。商业竞争类企业绝大多数产品很具体、服务很具体。

中央企业的每个集团公司实际上是投资公司，下面的二、三级企业要打造成专业化的平台，要成为隐形冠军。如果一个业务平台是收入为 500 亿元的隐形冠军，那三四个业务平台不就能组成一个世界 500 强企业了吗？我国有近百家中央企业，如果每家中央企业能有 10 家左右的隐形冠军，我们就能有上千家隐形冠军了。

中央企业的集团公司将来要成为隐形冠军的集合体，既保证集团的营业额，又保证利润。集团是投资公司，可以去合并收入、合并利润，下面的每一个平台公司都是隐形冠军，同时这些平台公司既上了市又有机制，这是理想的中央企业的整体结构。隐形冠军对于中央企业来讲也非常重要，中央企业的发展目标不应只是做世界一流企业，中央企业是由中小企业组成的，应该将所属企业打造成隐形冠军。

第三，后疫情时代我国应培育上万家隐形冠军。

德国现在有 1400 余家隐形冠军，我们国家这么大，中小企业这么多，又是全球制造中心，我们应该让世界爱上中国造。要巩固和提升我国全球制造中心的地位，就需要一大批企业发展成隐形冠军。按照现在的算法，我国只有不到 1000 家隐形冠军，未来可以先做到 5000 家，然后再做到上万家，这可能需要 10～15 年的时间。

我们心里得有这个数，要将企业进行分类，大企业致力于成为世界 500 强和世界一流企业，海量的中小企业要按照隐形冠军的模式发展。当然中小企业也不一定都要发展成全球的前三名，如果能在全国、某个省发展成前三名，那也很好。隐形冠军不一定非得按照赫尔曼·西蒙的标准判断，它是一个方向、一个理念，企业主要应学习执行他讲的逻辑：要专业化，窄而深地做，突出技术专长，开拓市场，把产品做到极致，这也恰恰是今天我国企业要上的一课。

尤其是新冠疫情以后，大家都在问下一步该做点什么。我说还是得把自己的主业做好，不要想来想去。市场波涛汹涌，企业这艘小船要把好方向，坚守专业、坚守主业，加大科研投入力度，培育企业的核心竞争力。同时企业家要有工匠精神、企业家精神、"悍马精神"，技术市场一起干，把企业做好做精。

05 ◎ 从中国产品到中国品牌 [①]

我国是世界制造大国，在 500 余种主要工业产品中有 220 多种产量位居世界第一，但叫得响的世界品牌还不多。2019 年，我国有 129 家世界 500 强企业，在福布斯发布的 2019 全球品牌价值 100 强中只有华为上榜，名列第 97 位，品牌估值为 80 亿美元。这不能不让我们认真思考。

"三个转变"指明了方向

2014 年 5 月习近平总书记在河南考察时做出"三个转变"的重要指示，"推动中国制造向中国创造转变，中国速度向中国质量转变，中国产品向中国品牌转变"，这三句话是中国转型的核心所在。目前，我国产业界在打造民族自主品牌方面已经形成共识，创造民族自主品牌既是我们的现实责任，也是我们的历史使命。

品牌是全球经济和科技竞争的制高点。世界主流市场已经被著名品牌瓜分，不足 3% 的知名品牌占有 40% 的市场份额，销售额超过 50%，个别行业超过了 90%。

新冠疫情将给全球化带来深刻的变化，贸易保护主义也会给我国外贸行业带来巨大压力，"两头在外、大进大出"的传统外贸结构难以为继，这也恰恰倒逼我国企业加快从中低端走向中高端、从产品走向品牌的步伐。我相信，这将是我国产业转型的一个转折点。

[①] 2020 年 5 月 10 日，中国品牌云峰会线上召开，作者受邀参加并做主题演讲。

如何打造自主品牌

我在北新建材时打造了"龙牌"这一产品品牌，如龙牌石膏板、龙牌漆等。龙牌是全国驰名商标，得了工业大奖。2019 年北新建材的龙牌品牌价值为 700 亿元。我在中国建材打造了"中国建材"这一企业品牌，2013 年品牌价值被评估为 300 亿元。中国建材有几个子品牌很有名，都是行业内的全球著名品牌，如龙牌石膏板、巨石玻纤、Sinoma、国检，等等。我从业 40 年，一直致力于品牌工作，对于品牌工作有几点体会。

▲ 中国巨石智能制造基地年产 15 万吨玻璃纤维生产线

第一，品牌工作是"一把手工程"。一把手必须亲自抓品牌设计、塑造、推广、宣传，北新建材龙牌的卡通龙设计、中国建材的 Logo（商标）设计以及企业宣传语都是我安排和制定的，北新建材的宣传语是"质量和信誉是我们永远的追求"，中国建材的是"善用资源，服务建设"。

第二，品牌是企业长期一致性的理念。比如在北新建材时，我提出了龙牌就是要"质量一贯的好，服务一贯的好"。

第三，品牌有价值，要走"优质优价"路线。低价恶性竞争会毁掉品牌。

我在北新建材时提出"质量上上，价格中上"，龙牌的价格是同类产品中最高的，却是各大工程的首选。

第四，全力维护金字招牌。北新建材早期有"一个脚印"的故事，因为石膏板产品上有一个脚印，我专门召开会议并带头受罚，这件事为全员敲响质量意识的警钟，至今一直铭记在大家的心中。

迎接中国自主品牌新时代

我国改革开放已经 40 多年了，创造了一大批自主品牌，企业界也正在为打造国际品牌而不懈努力。我国要打造国际品牌，让世界爱上中国造，成为品牌强国，我觉得有几项工作至关重要。

一要认真研究国际品牌形成的内在原因，提高我们对品牌的认知水平。二要制定品牌战略，把品牌工作作为企业工作的重中之重。德鲁克说，21 世纪的企业只能依靠品牌竞争了，因为除此之外它们一无所有。三要大力弘扬创新精神和工匠精神，用硬核科技和完美质量树立中国制造形象。四要树立创造自主品牌的自信心，要积极宣传和维护自主品牌，讲好中国品牌的故事。五要加大品牌投入。品牌塑造是个长期的过程，也是个需要投入的工程，要下定决心为品牌投入，当然也要进行精心设计，好钢用在刀刃上。

06 ◎ 从战略高度看提高质量的重要意义[①]

当前，我国抗击新冠疫情取得了决定性胜利，经济也在快速复苏；但全球疫情还在蔓延，欧美经济大幅度萎缩，国际经济形势十分复杂。在这个时刻，国务院国资委和中国质量协会把中央企业的领导人员集中起来，做提高质量的培训，真的是难能可贵。越是在困难的时候，企业越要扎扎实实地做好自己的工作，尤其是质量管理工作。

新发展格局下提高质量的重要意义

改革开放以来，我国发展外向型经济，采用了"大进大出、两头在外"的模式，对外依存度比较高，主要靠向外部出口产品来拉动内部的经济发展。但随着我国经济的发展和外部环境的变迁，现在党中央提出加快形成以国内大循环为主体，国内国际双循环相互促进的新发展格局的发展战略。在这个重大变化下，企业的关注点要有所变化，要把国内的消费市场作为一个重中之重来看。当然，不是国际市场不重要，而是国内市场对我们而言尤为重要，很多外贸企业正在积极地出口转内销。要实现以国内大市场为主体的目标，对企业来讲，既是机遇也是挑战。

机遇是什么？是我们"坐一望一"。"坐一"是指我们有 14 亿人的大消费市场，这不是任何一个国家的企业都可以拥有的；"望一"是指改革开放以来，我国企业凭借"悍马精神"占领了国际市场。在这样一个时刻，我们要加大国

[①] 2020 年 9 月 17 日，国务院国资委在杭州举办国有企业质量提升培训班，作者受邀出席并做讲座分享。

内市场大循环的力度。挑战是什么？我觉得根本的东西是质量和品牌。

第一，要重视国内市场产品的质量。

要实现国内市场大循环，满足国内消费者的需求，就要改变我们对于质量的一些观点。比如过去，一些跨国公司到我国来提升产能，大量的代工制造企业专注于把出口产品的质量做好。但现在我们需要严把国内市场的产品质量，满足国内消费者的需求。

日本的许多质量一流的产品是供给国内市场的。我到丰田考察，它展示的很多高端车在中国市场上见不到，真正的高端车都留给日本本土消费者。不光是丰田，其他公司也是如此。这么多年，我们在外向型经济的引导下，出口产品的质量是一流的，出口转内销的产品质量做得也不错，但是在国内销售的产品质量有待提高。要以国内大市场为主体，就要把国内产品质量做得更好。改革开放 40 多年，我国有了今天这样的经济水平，我们要重新去思考质量的定位。另外，做好质量不应该分产品，贵的东西、便宜的东西都应该把质量做好。

第二，提高质量是长期、细致的工作。

我在中央企业工作 40 年，最开始就是做实验室主任，主要进行产品质量检测。40 多年前，我读了一本影印版的书——《质量控制》，学习怎么进行质量控制，怎么推行 TQC 小组等。改革开放后企业管理的实践是从质量管理开始的，是从 TQC 开始的。当时国家经济贸易委员会推行管理十八法，基本上是借鉴日本的管理方法，其中最重要的就是 TQC。这 40 年来，我们一直在提升质量，尤其是围绕 TQC、ISO 9000 贯标、PEM 卓越绩效管理评价体系推广做了大量工作，使得我国企业的质量有了实质性提高。

我曾在北新建材当过 10 年厂长，上任后遇到的第一件事就是韩国客户退货，原因是我们出口的石膏板产品上有一个脚印。我说："这个脚印踩在了我们的心上，踩在了我们的招牌上，必须得处理。"处理谁？我贴出了一个罚款告示，罚自己 500 元、主管副厂长 250 元、车间主任 100 元，不罚工人。这是我当厂长后发的第一个通知，那时我一个月的工资就是 500 元。回想起来，我们当年做质量管理真的下了狠心，不然哪有今天？我国成为世界第二大经济体、最大的制造中心，我国企业经历了一段漫长的、艰苦的管理过程。我离开北新建材的时候，大家让我留几句寄语，我给他们留下 8 个字——"质量上上，价格中上"，至今还是他们的管理理念。

我去日本丰田汽车公司参观时，有一个工作流程引起了我的注意：车出厂之前，一个工人拿着小锤子敲螺母听声音，检查螺母的松紧程度。我突然想起来，20 年前去参观丰田生产线的时候就有这一幕，没想到 20 年以后还有，也许这就是丰田产品质量好的原因。丰田的质量管理是一贯的。过去我们学习质量管理的时候推行 TQC，车间里贴着鱼刺因果图，直到今天，丰田的车间里还贴着这张图。

第三，新发展格局并不是放弃国际循环。

中国是全球制造中心，这个地位我们还要捍卫，不能放弃。为什么？因为我们有海量的市场主体和海量的产品，所以我们在供应国内市场的同时，还要保持全球制造中心的地位。这个地位会不会被撼动？2019 年我在达沃斯与德国西门子、瑞士 ABB 等公司的领导者交谈。我问他们会不会将公司迁移到越南、印度去。他们告诉我不会搬走，因为公司的设计中心、研发中心、加工厂都在中国，而且他们看好三大市场，即欧洲市场、北美市场和亚洲市场，亚洲市场以中国市场为主，中国的配套能力、中国的人才特别是高端人才，越南、印度没有办法取代。我听后觉得特别踏实，跨国公司不会那么轻易就搬走，但前提是我们必须在质量上做好，必须进行转型。今后我们要制造更多的中高端产品，将部分低端产品制造业迁移到其他国家，而且这些迁走的企业也多是中国企业，可以带着基础产品"走出去"。

我们要想维持住中国的全球制造中心地位，就得靠两件事：一是提高质量，二是实现智能化。过去人工成本是很重要的生产成本，制造业发生迁移的核心原因就是人工成本上升。但是随着智能化的发展，工厂不需要那么多工人，人工成本也就没那么重要了。我最近去江中药业调研发现，它的中药工厂自 2012 年起，全部实现了智能化，成为无人工厂。我觉得有"智能化＋质量控制"，我们的全球制造中心地位就能够保持住，双循环就能够维持下去。我们要站在这样的高度看待质量工作。

中国经济转型战略下提高质量的重要意义

我国经济正处在转型期，从高速增长到高质量发展阶段，首先就要解决质量问题。现在企业足够多，产品足够多，很多产业特别是中低端产业都过剩。前段时间，太原钢铁终于把用于生产圆珠笔笔芯滚珠的不锈钢做出来了，我听了很高兴。不要小看那么一个小圆球，过去我们生产不出来，现在终于做出来了，很不容易。我国制造业要向中高端迈进，要攻克硬核科技，通过智能化向产业中高端发展。在转型升级的过程中，质量工作是我们的重中之重，没有质量做保证，我们转不了型，升不了级。

近 20 年来，中国企业快速地成长，但仍存在大而不强的问题。强是什么？就是企业的创新能力和市场竞争力。市场竞争力的核心是什么？就是质量和品牌，这些根本的东西我们要做好。我国企业正在努力做强做优做大国有资本和国有企业，要把产品质量、服务质量做好，要解决"在新的历史起点上，如何提高质量，如何加强质量管理"这一难题。中国经济进行转型升级，不能再继续那些以大量中低端产品为主的生产模式，而是要生产中高端产品，减少资源能源浪费和环境污染，生产高价值、高质量的产品。

品牌强国战略下提高质量的重要意义

我国产品出口量全球第一，是名副其实的全球制造中心。全球工业化门类有 500 类，其中有 220 类我国的规模都是第一。但是在福布斯 2020 全球品牌价值 100 强里，只有华为上榜，排在第 93 位，品牌估值是 85 亿美元。如今，3% 的品牌产品占据 40% 的市场份额，个别的产品能占到 90% 的市场份额，所以很多时候大多数企业只能去做代工，否则做了也没市场，问题就出在这里。法国品牌的箱包、日本品牌的衣服其实很多都是中国企业制造的，但是贴的是外国的牌子，很多中国企业还缺少自己的品牌。这里有一个重要的原因，就是与我国企业长期的质量控制有关。归根结底品牌是核心，是一种长期的质量保证，就是"质量一贯的好，服务一贯的好"。

当然品牌不完全是质量，品牌对我来讲可能是个迷。如手表行业里，日本的精工、卡西欧，中国的上海牌、天津牌、海鸥等各种各样的手表，做得都非常好，但是价格卖不上去。瑞士人却过一阵就能出来一款售价几十万元的手表，而且总能流行一阵子，这究竟是怎么回事？我带着这个问题专门拜访了瑞士的一些公司，学会了一句话：品牌工作是"一把手工程"。虽然只有一句话，但也是非常重要的一句话。比如格力，董明珠一直在抓品牌工作，自己也成了品牌形象大使。我们真的到了一个品牌时代，如果我们在经济转型中不解决品牌问题，不培育自己的品牌，最后还将处在制造代工的阶段，赚不到应该赚的钱，所以我们一定要做好自己的品牌。

品牌工作有两件事很重要。一是要增强自信。比如建材行业，30年前，我们不会造大型成套装备，基本都是买跨国公司的，今天变成跨国公司买中国建材做的成套水泥装备和玻璃装备，全球65%的市场属于中国建材，这就是"三十年河东，三十年河西"。今天格力做的空调，我相信比日本造的好。我们要提升民族自信，支持国产产品和国产品牌。二是要改变长期以来形成的竞争理念，要保证优质优价，好的产品价格可以高一点，也就是"质量上上，价格中上"，逐渐把品牌培育出来。总的来说，要创造一个品牌，质量是前提，但是很多旧有的观念也要进行改变。

07 ◎ 从质量时代到品牌时代 ^①

改革开放以来，我国经济快速发展，回过头来看整个发展过程，我们用市场换技术、用市场换资本，确实取得了很大发展。然而，从产业界角度来讲，我们在品牌方面有所牺牲。市场上缺少叫得响的国产品牌，这是我们存在的不足。现在在以国内大循环为主体、国内国际双循环相互促进的新发展格局下，把品牌工作向前推进一步，是非常有意义的事情。近年来有一个热词叫"国潮"，这个提法非常好。中国品牌在快速崛起，企业应该抓住中国品牌崛起的这个风口，在做好产品、提高质量的基础上，把更多心思放在塑造品牌上。

质量是品牌的基础

40 年前，质量曾是我国企业的一个短板，这些年来，我国企业扎扎实实地进行管理，解决了一个很大的问题，就是把质量做好了。跨国公司在中国设工厂、我国企业生产的产品出口到全球，对我国企业整体质量的提升也起到了很大作用。今天我们的主要矛盾不再是质量问题，而是品牌问题。当然，这不是说质量工作就要放下，质量也非常重要。

现在我们已经由质量时代跨越到品牌时代。以前讲"酒香不怕巷子深"，现在看来，酒香也怕巷子深，产品质量再好也需要树立产品品牌。酒业是品牌工作做得非常成功的行业，值得很多行业学习。贵州茅台的酒不愁卖，就是因为企业把品牌放在了第一位。

---

① 2020 年 9 月 23—25 日，由新华社民族品牌工程办公室联合中国品牌建设促进会、国务院国资委新闻中心等单位共同举办的 2020 中国品牌日系列活动在上海举行。作者受邀参加 2020 中国品牌建设高峰论坛并做主题演讲。

质量是品牌的基础，但并不是说有质量就一定有品牌。过去我国不少的制造业企业采用代工模式，全世界很多知名品牌的产品是在我国生产的，所以我国企业的生产质量没有问题，不过在设计、品牌策划等方面还存在不足。企业家应该有这样的意识，不能只是一味地干产品的活儿，还要在品牌工作上下点功夫，有工匠精神、做好产品质量是前提，但是只做好这些，不见得在市场上就一定能够赢得客户，企业家的认识需要转变。

打造品牌强国

我国是制造大国，但还不是品牌强国。现在摆在我们面前的问题就是要组织国内的评级机构对自有品牌的价值进行评价。我们要赢得话语权，就必须建立自己的品牌评价系统。尤其在双循环的大前提下，我们首先要考虑有 14 亿消费者的国内市场，再考虑国际市场，这一点也值得深入思考。日本企业把最好的产品留给国内的消费者。日本企业认为，国内消费者是其长期的客户，国内市场是长期的市场。

品牌的问题包含质量问题、设计问题、技术问题、观念问题。改革开放 40 多年来，我们的产品在质量上已经迎头赶上，现在最重要的是要增强自信，创造民族品牌，真正走入中国品牌时代。德鲁克说，21 世纪的企业只能依靠品牌竞争，因为除此之外它们一无所有。这句话说得非常好。在这个时代，技术迭代发生得很快，一家企业能做，其他企业很快也就能做了。贵州茅台的酱香酒很多酒厂都可以做，但是贵州茅台品牌只有一个。我们要牢记习近平总书记的话，推动中国制造向中国创造转变，中国速度向中国质量转变，中国产品向中国品牌转变。在这样一个转型的时代，我们要从制造大国向品牌强国迈进。

08 ◎ 数字经济时代的商业创新[①]

以前讲得比较多的是企业创新，而商业创新是一个更大的概念。我认为，第一，商业创新是以数字化为基础的创新；第二，商业创新是系统的创新，企业创新往往是眼睛向内的，而商业创新是眼睛向外的；第三，商业创新包含了企业创新。

数字创新的意义

前不久，涂子沛出了一本新书——《数商》，邀请我给书作序。最初我觉得很奇怪，因为我所在的建材行业主业是做水泥，属于传统行业，怎么能给一本研究数据的书作序呢？在写序的过程中我想到，多年来我们讲得比较多的是情商、智商。情商是理解他人的能力，智商是辩证思维的能力。那什么是数商？数商就是对数字学习、理解和应用的能力。今后，我想写一本书——《逆商》，讲应对困难、逆境的能力。现在做企业需要数商和逆商。为什么数据对我们很重要？过去，大家认为互联网是手段，数字化也是手段，但其实数字化不仅仅是手段，它改变了传统的思维方式。我是学高分子专业的，记得以前有位老师曾说过："我们写了这么多的分子式，结构这么复杂，难道说这些物质就是这样的吗？其实这只是一种表达方式而已，现阶段我们用这样的方式表达它。"由此，我想到了数据，数据是最新的表达方式，它可以表达技术，这就是今天的表达方式。

作为中国上市公司协会的会长，我到过联想、海康威视、工业富联等企业

① 2020 年 8 月 6 日，用友 2020 商业创新大会在珠海召开，作者受邀出席并做主题演讲。

调研，最近还去了雅戈尔、北汽等，我看到这些企业都在进行数字化的变革，它们创新的最大特点就是进行数字化创新。中国的数字化创新产业走在了前沿，这改变了企业发展的方式，也改变了企业未来的战略布局。过去企业间是竞争关系，现在企业可以把产能互相结合起来，就像通过云平台把各自的空间充分利用起来一样。数据应用和商业创新改变了企业的经营模式，企业也要迎接这种变化。

管理是永恒的主题，但今天企业里最重要的不再是管理，而是经营，面对市场、创新技术、商业模式的变化和不确定性，企业领导者必须做出选择，这是今天的当务之急，或者说是主要矛盾。我给很多企业的领导者讲，要把管理下移，交给部下，领导者要眼睛向外，做出选择，因为在这方面没有人能代替他们。

资本市场和创新的关系

有些人认为美国的创新走在世界前列是因为制度，美国作家埃德蒙·费尔普斯写了一本书——《大繁荣》，他认为制度对于创新不是最重要的，价值观、文化才是最重要的。我认为除了价值观和文化，更重要的其实是资本的力量，可以说是"技术＋资本"支持了美国的创新。如果没有美国纳斯达克市场，就不可能产生 Google（谷歌）和 Facebook（脸书）这样的公司，同样，中国的阿里巴巴、百度、腾讯等也都是在资本市场的支持下发展起来的。同时这些企业快速成长的市值也支持了资本市场的发展，并为投资者创造了巨大财富。创新和资本市场是并驾齐驱的，是相辅相成的。

目前，我国科创板共有 143 家上市公司，募集的资金近 2200 亿元，市值是 2.97 万亿元。可以说，资本市场支持了创新。前不久我去过京东方调研，过去我国面对"缺芯少屏"的局面，现在京东方等企业通过创新打破了国外企业对屏幕的垄断，掌握了主动权，而且在这个领域获得领先，现在很多手机、台式电脑、iPad 的面板都是中国制造的。京东方就是在资本市场的支持下发展起来的。因为投资屏幕领域需要大量资金，初期项目所在地政府给予支持，随着公司的发展，政府逐渐退出市场，资本市场进入，这个过程非常巧妙，几方面的力量都被综合利用起来了。资本市场对芯片也给了巨大支持。中芯国际回归A股，募集资金约 500 亿元，市值超过 6000 亿元。

创新离不开资本市场。资本市场是支持创新的土壤，几乎高市值的上市公司都是有创新技术的公司。我主张"业绩 + 创新"，企业有业绩、有创新、有贡献、有未来，这是资本市场最欢迎的。

要进行有质量的创新

关于什么是创新，有很多人说不清楚。盲目创新、浅尝辄止的人也不在少数，给企业造成巨大的损失，因此我提倡要进行有质量的创新，企业要扎实做到"四个结合"。

第一，自主创新和集成创新相结合。我最近去北汽进行调研，北汽有大型的国家级新能源汽车实验室，我看到走廊的两面墙上挂满了牌子，华为、百度等各类公司参与了这个实验室的建设。今天无论做芯片，还是做电动车，都需要协同起来集成创新。

第二，持续性创新和颠覆性创新相结合。像北汽蓝谷就是在汽车行业内做颠覆性创新。但是全世界汽车保有量约为 14 亿辆，电动车保有量约为 2000 万辆，每年新生产 200 多万辆，其中中国有 100 多万辆，目前占市场大多数的还是汽油车。因此，企业在进行颠覆性创新的时候，也要做好持续性创新。

第三，高科技创新和中科技、低科技、零科技创新相结合。事实上，零科技也有创新，大量的商业模式创新实际并没有太多科技可言，只是技术的应用与组合。高科技创新对社会的贡献率约为 1/4，约 3/4 的贡献来自中科技、低科技甚至零科技创新。

第四，科技创新和商业模式创新相结合。科技创新要做，商业模式创新也要做，现在中国的商业模式创新做得非常好，走在了世界前沿。科技创新和商业模式创新是互相结合的，没有科技的手段，商业模式创新也实现不了。企业要利用数据技术进行大规模的商业模式创新。

09 ◎ 后疫情时代的企业升维战略[①]

"升维"，意思是企业在突出主业的情况下，要提高定位，要站得更高、看得更远，要有格局、胸怀。企业围绕形势的变化、市场的变化、技术创新的变化，提高主业的市场高度、经营高度和创新高度，把主业上升到一个新高度。当前，在经历了突如其来的新冠疫情后，企业正处于"升维"的新起点。

管理升维：突出主业，做好"三精管理"

疫情以来，大家都在想到底该怎么做。作为中国上市公司协会会长，这段时间我走访了 20 多家上市公司，在和董事长进行深入交流时，我总要问三件事：一是企业目前的经营状况如何，二是如何看待企业下一步的发展以及市场情况，三是打算怎么做。

通过交流，我总结出有四点很重要：一是大家很有信心，这个时候我们尤其要树立信心。二是国际形势充满不确定性，未来我们的经济走势也有不确定性，唯一能确定的，就是集中精力做好自己的企业，做好自己的事情，这也是企业家应有的态度。三是大家不约而同地把数字化作为下一步创新转型的主旋律。四是围绕以国内大循环为主体、国内国际双循环相互促进的新发展格局这一新的市场战略来进行思考和布局。

做企业既要做正确的事，也要正确地做事。前者是要做好业务选择，后者是要做好管理，尤其是日常管理。在后疫情时代，企业的管理至关重要。关于

---

① 2020 年 9 月 9—10 日，第四届企业家校长节在上海举办，近 2000 位企业家与会学习，近 10 万名企业家在线上同步学习。作者应邀参加活动并分享企业发展的升维战略。

管理升维，我建议在企业中推广"三精管理"。"三精管理"是我在中国建材总结的工法，也是经过实践和时间检验的好方法。"三精管理"主要包括以下三个方面的内容。

第一，组织精健化。果树要多结果子，就要不停地剪枝；企业要发展，也要不停地"剪枝"；减少层级、减少机构、减少冗员至关重要。这不光能降低成本，最主要的是能提高组织竞争力，提升组织活力。因为企业大了，如果管理不好，会得大企业病，导致组织力量越来越弱，一有风吹草动就会轰然倒下，这是企业的自然逻辑。

第二，管理精细化。企业要降低成本、提高质量、增加品种。在精细化管理中，要始终围绕成本和质量这两个基本点。即使今天，不管企业有多先进的技术，如果忘记了这两个基本点，仍然避免不了失败。

第三，经营精益化。做企业要赚钱，要有经济效益，这要求企业要把经营做精。要把经营做精，就不能盲目扩张，不能简单地进行低价低质竞争。不少企业因为低价竞争而破产。企业产品需要合理定价，尤其在经济下行、产品过剩时，企业是降价扩量，还是走稳价保量同时提高质量、提高价格的路线？我认为，价格是企业的生命线，我们要改变竞争理念，要走一条优质优价的竞争路线。

创新升维：进行高质量创新，重视集成创新

什么是创新？到底企业该怎么创新？

第一，要进行高质量的创新。创新要突出质量，因为创新是有风险的活动，是高投入、高风险的，当然也是高回报的。我们常讲，"不创新等死，盲目创新找死"，创新要讲究目的和方法，要很好地规划，战战兢兢地创新。创新不是口号，也不能运动化，对企业来说，要以科学、务实的态度去创新。

第二，创新不只意味着高科技，中科技、低科技和零科技也有创新。现在讲高科技创新很重要，因为"卡脖子"的都是高科技。然而，对于制造业、服务业的企业来说，创新不见得都是高科技创新，中科技、低科技和零科技创新

的贡献率也很高。零科技创新是什么？就是商业模式的创新。比如借助互联网平台，企业就可能打造一个商业王国。过去一段时间出现的快速发展的企业，其实很多都在进行商业模式的创新。

第三，集成创新的模式比较适合现阶段的中国企业。创新有三种方式。一是模仿创新，二是自主创新，三是集成创新。改革开放以来，我国企业走的基本是模仿创新的道路。模仿创新也是当年日本工业的发展方向。它的好处是可以降低成本和加快发展速度，后发企业大多会进行模仿创新。但是，模仿创新不足以支持企业持续发展，而自主创新需要资金支持，需要企业实力，这并不容易。

我们真正要采取的创新方式应该是集成创新。20世纪70年代，美国就提出了集成创新，就是把各种要素组合起来，既有自己的创新思想，也借鉴别人的创新成果。比如电动汽车的核心是"三电"，即电池、电机、电控系统，世界上不少企业都在做，原理上大同小异，技术上也互有借鉴，只是款式设计各有专长，总的来说，电动汽车是集成创新的产物。千万不要小看集成创新，它往往更具有颠覆性。大家想想平板手机颠覆按键手机的过程。其实平板手机的技术，诺基亚、摩托罗拉都有，并不复杂，但诺基亚和摩托罗拉认为手机不需要复杂的电脑功能。一念之差，苹果就打破了传统手机市场的格局。苹果公司在做手机时，不光把智能化功能应用到手机上，更重要的是引入了时尚设计和销售理念，这是革命式的改变，它没有把手机作为一个通信工具，而是把手机作为一款奢侈品去营销。如今，新型的电动汽车也融入了时尚元素，用新潮的设计迎合年青一代消费者的习惯。做燃油车的企业一定要意识到，电动汽车时代已经来临了。事实上，全世界从来没有一个国家、一个企业是关上门、完全自己生产产品，一定是集成起来、汇集起来生产产品。

产业升维：从中低端迈向中高端，从速度和规模转向质量和效益

产业升级，从中低端迈向中高端，这是历史性任务。各个企业都要主动进行产业升级。现在，我国的一些加工业企业迁移到越南、非洲国家，这不一定是坏事，因为在这一迁移过程中，中国公司带着技术走向了世界，同时留下中

高端产业，并在国内发展中高端产业。这是符合发展规律的。

我们还要从速度和规模向质量和效益转型。20 年前，中国的世界 500 强企业屈指可数，而现在中国世界 500 强企业数量排在全球首位，这本身就标志着我国经济的快速发展，标志着我国企业的快速成长。但坦率地讲，这样的速度和规模对今天的我们来说并不是最重要的。最重要的是要提升企业的质量和效益，甚至发展速度可以放慢一些，而企业要做得更精一些。我国企业的数量足够多、产品的数量足够多，不能再简单地追求数量，而要追求质量，在供给侧方面要下大功夫，从过去解决"有没有"的问题转变为今天解决"好不好"的问题，要多在"好"字上下功夫。

市场升维：提高国内市场消费能力，从产品转移到企业转移

提到市场，现在讲得比较多的有两条：一是"两新一重"，二是以国内大循环为主体、国内国际双循环相互促进的新发展格局。关于在双循环下企业到底该怎么做，还有不少争论，也是今天企业面临的问题。以国内市场为主体有两个含义：一是要提升国内市场的消费能力，让企业在国内市场能够把产品卖出去，以此来应对国际贸易保护主义；二是要吸引国外企业进入中国市场，用中国的大市场来吸引国际投资和先进技术，即使面对贸易保护主义，我们也要继续保持开放。无论是中国国际进口博览会，还是中国（北京）国际服务贸易交易会，都表明我国是敞开胸怀的。历史经验证明，关起门来发展是不行的。

但是，以国内大循环为主体也给我们提出了不小的挑战：一方面，要提高居民消费水平，这就必须增加居民收入，要进行分配改革，让更多人获得高收入，进入中产阶层，这是非常重要的任务；另一方面，企业要提高制造水平和服务水平，要创立自己的品牌。不然，以国内大循环为主体就会变成一句空话。

美国著名经济学家史蒂芬·罗奇在《失衡：美国与中国的相互依存》一书中提出，中国凭借强大的制造能力，跨过太平洋把产品运到美国销售，因此美国人都用中国产品，同时把美元送给了中国。中国又用美元去买美国国债。于是，美国人在负债下生活。罗奇认为，这个模式是不可持续的，必须改变。中

国要扩大内需和消费，而中国消费不足的原因是居民收入低、社保不完善。罗奇认为，对于中美两国之间的不平衡，谁先意识到并先下手，谁就会赢得主动权。

要扩大内需，企业就要调整战略，首先就是要提高产品质量，创造自己的品牌。就质量而言，我们做得其实不错，但品牌是比较复杂的问题。这里面既有制造水平的问题，也有民族自信的问题。

今天讲以国内大循环为主体，正是因为我们具备了一定的条件。当然，我们还应该做得更好。总的来说，我国的内循环已经有了不错的基础，所以对企业来说，有很多机会。

以内循环为主体绝不是不要"双循环"。中国不会放弃制造中心的地位，只是要从中低端走向中高端。日本当年因为劳动力成本的原因，把产业迁出去了，但是现在想迁回很难。因为一个产业一旦迁移了，它所有的配套产业就都迁移了。智能化的应用可以使企业通过减少用工人数来对冲单体成本的升高。

一方面，我们不但不能放弃制造中心的地位，还要不断巩固；另一方面，我们也要看到贸易保护主义的倾向和趋势，今后的国际化会慢慢形成区域化的发展格局。这就需要从产品"走出去"转变为企业"走出去"，从而适应全球化格局的新变化。当年日本也是这么做的。近年来，日本的 GDP 增长缓慢，但是 GNP 规模很大。从追求 GDP 到追求 GNP 是新的财富逻辑，这也是"双循环"背景下我们应该思考的问题。

资本升维：做好资本市场，用资本市场创新支持企业创新

30 年来，我国资本市场从无到有、从小到大、从弱到强。截至 2020 年 9 月 4 日，我国资本市场有 4002 家上市公司，总市值达 75 万亿元，相比发展了 200 多年的美国资本市场，我们取得的成绩非常了不起。资本升维的核心在于持续做好资本市场。这取决于以下四个方面。

第一，经济基本面要好。我国现在的经济基本面是不错的，虽然经济下行压力很大，但是在全球的主要经济体里是一枝独秀。据世界银行 2021 年 1 月的预测，2021 年中国 GDP 增幅会达到 7.9%，这是一个很高的增幅。所以我们

的经济基本面是健康的，稳中向好、稳中有进。

第二，监管层水平要高。我国资本市场的监管理念是"建制度、不干预、零容忍"，强调要把制度建立好，重视预期管理，减少市场干预，强化监管震慑，对于做假账等行为"零容忍"，这样市场才可能健康发展。

第三，上市公司质量要高。中国上市公司协会主要通过培训等方式推动上市公司质量的提高，2019 年培训了 6000 多人次，2020 年通过线上方式培训了上万人次。关于这点，我提了 9 个字："知敬畏，守底线，尽责任"，目前上市公司已经达成共识。

第四，投资者水平要高。中国的投资者结构和国外的不同，中国有 1 亿多投资者，其中只有三四十万家机构投资者，其余是散户；而在西方，绝大部分是机构投资者。因此，中国的投资者水平还需要不断提高。

为什么要讲资本升维？在座的绝大多数是中小企业管理者，过去企业的资本来源主要是银行贷款，但是过于依赖银行贷款会带来两个问题：一是企业的杠杆越来越高，利息负担越来越重，形成恶性循环；二是增加了银行的风险。所以企业要加大直接融资的力度。我国现有 2.4 万多家私募基金，但管理的资金只有约 15 万亿元；美国有约 2900 家私募资金，却管理了约 85 万亿元的资金。私募基金可以培育很多优质公司上市。美国的亚马逊、谷歌等许多新经济企业，都是由美国著名的基金培育而后上市的。

企业要实现上市，需要经过培育，要被基金、投资者发现。怎么被发现呢？2019 年在参加中央电视台的《创业榜样》栏目时，我对创业者和基金公司说："创业者最重要的是要把自己的故事厘清，要学会讲自己的故事，吸引投资者给自己投资。中国未来的高市值公司在哪里呢？可能还没有上市，可能在大家中间。"

要实现"升维"，企业家既要开拓视野，也要做好当下。虽然有些企业目前的规模不大，但是会在企业追逐梦想的过程中发展。但追逐梦想和发展，归根结底需要脚踏实地、尊重规律、扎扎实实地去做事，需要心无旁骛地做主业，需要"种好自己的一亩三分地"。

10 ◎ 如何破解企业成长中的怪圈①

美国前总统约翰·卡尔文·柯立芝曾说过，美国的事业是企业，其实，中国的事业也是企业。我国有1亿多市场主体，按照公司法注册的有3800多万家，其中绝大部分是中小企业，还有8000多万家个体工商户。一个国家的经济主要靠海量的市场主体，也就是靠企业。

企业的逻辑是成长的逻辑，就如同种下一粒种子，它是需要成长的，我们需要思考如何让企业健康成长。企业成长往往面临两大问题：要么长不大，要么长大以后就崩盘。如何破解这个怪圈，如何解决好企业健康成长的问题，是需要我们认真思考和面对的事情。

企业发展的"三要素"

企业发展的要素有哪些？我认为至少有三点：一是技术，二是互联网，三是资本。

第一，关于技术。 说到技术，我们想到的往往是科技。科技包括科学和技术：科学是发现未知的事情；技术是发明，是对科学知识的应用。企业的创新绝大部分是在技术层面，解决产品开发和制造的问题。企业应该拥有核心技术，发挥技术创新的专长，没有技术就很难生存发展，即使是经营一家餐馆也需要炒菜的技术。技术创新有高科技创新、中科技创新、低科技创新、零科技创新。当然，目前大家关注更多的是高科技创新，比如华为一年要投入1300

① 2020年10月15日，2020中国中小企业发展高峰论坛在唐山召开，作者受邀出席并做主题演讲。

多亿元进行高科技研发，通过投入巨资来进行自主创新。但并不是每家企业都能进行高科技创新，绝大多数企业尤其是中小企业实际上做的是中科技和低科技业务，但这并不丢人，我们生活中需要大量的中科技、低科技。

▲ 华为松山湖欧洲小镇，科研人员工作环境优美

企业最核心的竞争力是技术，一定要找到技术来源，技术来源主要有三种：模仿创新、自主创新和集成创新。模仿创新是我国改革开放以来最基本的创新模式，日本也是靠模仿创新发展起来的，因为模仿创新时间短、投资少，所以目前大部分企业还在采取这种模式。但是，随着企业发展水平的提高，模仿创新难以为继，需要进行集成创新。既有自主研发的，也有借鉴别人的，两者相结合就是集成创新。而在前沿技术领域，必须进行自主创新。自主创新很不容易，投入很大，花费时间长，难度也很大。企业首先应该思考有没有技术，没有技术应该考虑技术来源在哪儿，要切实解决好技术的问题。

第二，关于互联网。互联网对企业来说不仅是一种技术，也是一种商业模式。互联网的商业应用包括消费互联网和工业互联网，淘宝等电商公司属于消费互联网领域，目前中国在消费互联网领域的发展世界领先。我国的互联网产业正在由消费互联网向工业互联网发展，比如海尔卡奥斯工业互联网平台聚集了 390 多万家生态服务商。如今，我国工业互联网已同步发展起来了，未来也将走在世界前列，因为工业互联网是 B2B 模式，我国有 3000 多万家公司，拥有充足的市场需求，这是我国互联网产业发展的坚实基础。中国企业必须将互联网引入企业中来解决市场问题。

互联网是大概念，包括智能化、数字化等。我国一些企业在智能化方面做得非常好，生产线实现了无人化。但智能化也引发了人们的思考：如果企业都实现了智能化、无人化，那么工人做什么？这确实是一个问题，也是我一直思考的问题，但是这个问题暂时无法从社会分工层面回答，只能用哲学来回答。工业革命以来，人类始终向着提高效率、减少人的直接劳动这个方向努力，不断地用机器代替人。每一次变革都会出现类似的忧虑。但是，每一次变革都带来了新的繁荣。从哲学上，这个问题是说得通的。人过去按劳分配，那是因为只能用劳动创造产品，如果现在机器人帮人类去创造产品，那就可以按需分配了。所以我认为，智能化会带来极大的物质丰富，会改变人类的分配方式和社会生活方式。

第三，关于资本。我国是一个高储蓄国家，存款总额近 200 万亿元，居世界第一。银行贷款属于间接融资，我国的股权直接融资金额约为 14.9 万亿元，美国约为 85 万亿元。可以看到，虽然我国是高储蓄国家，但直接融资规模较小。这给了我们很好的启示，提醒我们要加大资本市场建设力度。资本市场不只包括上市公司，还包括民间投资机构，上市公司和民间投资机构共存于一个生态系统，因此，也要加大对民间投资机构的支持。中国的独角兽企业主要分布在北京、上海、杭州、深圳四个城市，说明这四个城市创新和资本高度对接，资本市场非常活跃。中小企业在发展过程中要增加直接融资，减少间接融资，有效降低企业负债率，不能让利润主要用于支付利息。

企业如何经营发展

经营和管理是两个范畴的事，经营是做正确的事，管理是正确地做事。

企业领导者首先要成为经营者，要解决赚钱的问题。当然，管理也能降低成本进而创造利润，但是管理水平高，未见得产品就卖得出去。摆在很多企业面前的问题是经营问题，是解决怎么赚钱的问题，因此要抓住四项核心工作。

第一，核心业务。企业必须有清晰的业务定位。关于应该多元化还是专业化发展，我认为中小企业应该走专业化发展的道路，成为"单打冠军"，也就是赫尔曼·西蒙提出的隐形冠军。德国现在有1400多家隐形冠军，这也是德国制造业实力强大的重要原因之一。隐形冠军的特点是窄而深地经营，主业非常突出。我国需要培育更多的隐形冠军，支撑制造业发展。企业一定要突出主业，按照业务归核化原则把非主营业务剪掉，不然那些业务会成为"出血点"，使企业亏损。

第二，核心专长。企业要明白自身的核心专长是什么。如前面所说，技术就是核心专长。打个比方，一家饭馆的拿手菜或特色菜就是核心专长，如果没有核心专长，就鲜有客户光顾。想要"一招鲜吃遍天"，企业至少要在某一件事上比竞争对手做得好。

第三，核心市场。企业要清楚核心市场在哪里，核心利润主要来自哪里。

第四，核心客户。企业经营主要是培养一批忠诚的核心客户，有没有以及有多少忠诚的核心客户至关重要。当然，企业对客户也要忠诚。优秀的企业往往对客户忠诚，会持续为客户创造价值。

企业如何做好管理

管理是眼睛向内，是处理人、机、物、料的关系，是降低成本、提高质量、优化服务，这是企业永恒的主题。讲到管理，大家常想到要学习德鲁克等人的管理理论。学习理论固然重要，但是更重要的是有管理方法。日本之所以诞生了丰田等这么多优秀的企业，是因为日本企业拥有科学的管理工法，比如零库存、TQC、5S、定制化等，可以说日本企业将产品的质量做到了极致。我国企业也要推广管理工法。"三精管理"是我在中国建材和国药集团工作多年来的总结，包括组织精健化、管理精细化、经营精益化。

第一，组织精健化。和自然界的植物一样，企业在成长过程中也会不受控制地疯长，而管理就是通过不断地"剪枝"来阻止其疯长。企业不停地成长，就需要不停地"剪枝"，减机构、减层级、减冗员。有人可能觉得枝叶剪掉了多可惜，但如果不剪果实就长不好。企业也要不断地精健化。

第二，管理精细化。管理的核心是降低成本、提高质量。在精细管理中，我们要始终围绕成本和质量这两个基本点，即使企业有先进的技术，如果忘记了这两个基本点，仍然避免不了失败。

第三，经营精益化。精益化指的是效益，即使成本降为零，企业也不见得会赚钱，因此要在效益经营上下功夫。这方面有三个关键。

一是品牌建设。过去我国走了"用市场换资本、用市场换技术"的发展路线，有得有失，得的是改革开放以来快速取得了巨大的经济成果，失的是品牌，比如合资汽车企业的利润主要被品牌和技术方赚走了。今天我们要把品牌做起来，掀起国潮风，要打造一批像飞鹤、云南白药、美的、格力、海尔这样的民族品牌。

二是合理的价格。一直以来，我主张的定价思路是"质量上上、价格中上、服务至上"，千万不能进行低质低价的价格战。质优价廉难两全，质量是有成本的，如果因为质量做不好，只能打价格战争夺市场，最后的结果往往是品牌被淘汰。所以企业要提升产品质量，优化服务，拒绝价格战，这样才能有健康的市场。

三是产品细分。有的企业在发展过程中遇到困难就想转行，其实企业应该思考的是转型而不是转行。转型是进行技术升级、产品升级和结构调整，而不是简单地转向不熟悉或不擅长的行业。比如沃尔沃公司当年认为汽车是夕阳产业，转而去做飞机发动机和雷达，结果做不好又回头重新做汽车，最终汽车也没做好。而丰田公司一直坚持做汽车。丰田汽车的品种很多，公司发展也很好。因此，企业在遇到困难时，不能立刻从本行业撤离，而应该通过做精做细产品来开拓细分市场，每细分一次，产品附加值就增加一些。

▲ 美的智能生产线，国产品牌向高端化转型

讲以上问题就是想告诉大家该如何做好企业经营管理。我们不能仅仅研究宏观问题，还要研究自己。不论中小企业还是大企业，都需要在发展战略、经营和管理上下功夫。希望这些想法和建议对大家有所帮助。

11 ◎ 技术、互联网和资本

——企业发展的三维空间[①]

技术、互联网和资本是企业发展的三维空间，也是今天创新创业回避不了的三个问题。

技术：企业不是兴趣小组，能赚钱的才是好技术

我们要特别重视技术，其实任何一个企业能够生存，能够发展，靠的主要是核心技术，也就是企业必须得有技术。科学和技术有很大的不同，科学解决的是发现的问题，技术解决的是发明的问题。从某种意义上来讲，技术是对科学的应用。对企业来讲，其实大量的创新是技术层面的创新，技术必须符合企业的发展方向，能让企业赚钱才行。所以，我认为，再好的技术也得赚钱，不赚钱的技术不是好技术。

企业是个营利组织，必须重视盈利指标的完成情况。以前，摩托罗拉做的铱星电话是很好的技术，通过卫星解决当时的基站覆盖技术难题，让人类通信进入卫星时代，在世界上任何一个"能看到天空的角落"都能进行无线通信。但是在实践过程中，它的成本太高，没法和蜂窝电话竞争。摩托罗拉在铱星电话技术上投资了几十亿美元，最后被它拖垮了。所以，我们在做任何一个技术的时候，都要考虑获利能力。我认为，能赚钱的就是好技术。大家可能觉得比较俗，但是不赚钱企业就活不下去，也谈不到对技术的支持。企业不是一个兴

[①] 2020 年 12 月 5 日，作者在第九届全国创新创业教育研讨会上做主题演讲。

趣小组，想做什么就做什么。风险投资公司对于有三成把握成功、七成风险的项目也敢投，但做企业毕竟不是做风险投资，有七成把握成功的项目企业才能去做，企业必须认真评估风险。

技术不仅包括高科技，还包括中科技、低科技甚至是零科技。今天我们经常讲高科技，如生物制药、大数据、新能源等，对这些高科技我也很感兴趣，我认为如果不研究颠覆性的技术，企业就可能被颠覆。

但是除高科技外，有的技术很实际，也能让企业赚很多钱。比如有一种发泡剂，发的泡又小又多，用在石膏板中会使石膏板变得很轻。一般的石膏板可能每平方米重 10 千克，这种发泡石膏板可能每平方米重 6 千克，不仅减轻了重量，还节约了大量的石膏。这就是北新建材几个普通员工发明的，可能不算高科技，但解决了效益问题。中国巨石是做玻璃纤维的，需要用一种叫叶蜡石的矿石，这种矿石又少又贵。后来，中国巨石使用高岭土和其他材料合成了相同的成分，一吨就降低了 600 元的成本。这算是中科技创新，但是它帮助企业赢得了市场竞争，在东南亚金融危机时渡过了难关。

创新主要有三种：模仿创新、自主创新和集成创新。我倡导自主创新，但更倡导集成创新。模仿创新实际上是后发国家的常规路径，可以减少原始研发的投资，节省时间。我们过去总讲的引进、消化、吸收再创新，其实就属于模仿创新的范畴。但坦率来讲，模仿创新的企业只能达到二三流的水平，不可能成为一流。随着经济的发展，单纯的模仿创新不可持续，我们要自主自立，不然会被"卡脖子"。

但是从 0 到 1 的自主创新需要的时间比较长，投入也比较大，不是一般企业能负担得起的，一般由国家或高校的研究院、大企业的研究中心来进行。我在国药集团做董事长时了解到，研发一种全球普及的新药，比如降血糖的二甲双胍，大概需要 10 年时间及 10 亿美元的投资，最近国药集团的同志们跟我说，10 亿美元不够了，现在平均要 26 亿美元。对大多数企业来说，它们投入不了那么多的资金，这是要面对的实际问题。

因此，我倡导集成创新，有借鉴，又有自己独特的创新成果，把二者结合起来。我在中国建材这么多年也开发了不少新产品。比如，碳纤维算高科技，它就是集成创新的产品。碳纤维是外国人发明的，做得较好的是美国和日本的公司，这些年，中国用集成创新的方法把它做成产品。中国建材生产的用在手机上的折叠玻璃，不仅在厚度上薄了一个数量级，而且能折叠 20 万次。这个产品也是集成创新的成果。我很赞成自主创新，但是对企业来讲，需要量力而行，找到适合自己的创新方式。

互联网：拥抱智能化，"+"概念加出了无限可能

今天，如果我们广义地去谈互联网，一方面，互联网要解决企业的市场问题；另一方面，互联网还要解决智能化的问题，解决企业的效率问题。新中国成立初期，一个年产 200 万吨的水泥厂需要 1.2 万人，20 年前需要 2000 人。现在需要多少？需要 200 人，而最新的智能化工厂只需要 50 人。所以，智能化让管理变得简单了。以工业富联为例，过去一个车间需要 300 多个人，现在的"熄灯工厂"只需要 30 多个人做巡视工作就行了，所有的生产过程都是机器人自动完成。

▲ 工业富联智能化运作的熄灯工厂

互联网给了我们一个很大的启示，就是"+"的概念，这个概念非常重要。国药集团在河南新乡开了一家医院，拥有 5000 张病床，是河南最大的

医院。过去医院靠什么赚钱？主要靠卖药。现在药品降价，我比较担心医院还能不能赚到钱。结果医院的人说："我们的 5000 张病床都有陪床，这是一大特色。那么多人住在医院里，这一天光卖卫生纸就能卖不少钱啊。"这就叫"医院＋"。

资本：钱要变成资本撬动创新创业

熊彼特 1912 年写的《经济发展理论》这本书，认为资本就是企业家勇于创新的杠杆。储户把钱存在银行，银行把钱贷给企业家，企业家拿去创新创业。企业赚的钱以利息的形式回到银行，银行再分给储户。转了一遭，钱变成了撬动创新创业的资本。

一个创意要转变成创新，然后再从创新到创业，这个过程需要资本的支持。创新创业有了一定的规模，企业可以先引入股权投资，发展到一定程度，企业 IPO 上市，再逐步从几十亿级向百亿级、千亿级市值的上市公司跨越，这就是资本运营下的企业成长路线。

中国的独角兽公司主要分布在北京、上海、深圳、杭州，这些地方的独角兽公司数占全国的 82%，因为这些地方是创新和资本的结合地。可见资本至关重要。

一些企业认为自身缺少资金，在我看来，它们缺的是资本。用资金的代价很大，如果完全靠贷款，靠间接融资，成本就很高，而且还有刚兑的问题。资本虽然也有成本，即给投资人的回报，但成本和风险相对较低。

现在，我们在大力发展资本市场，科创板推出，创业板注册制落地，资本市场的每一次改革前行，都会使企业的创新迈进一大步。我的看法是，"十四五"期间我国的资本市场一定会迎来一个稳定健康的新发展期，资本市场也是我国经济的底气和力量所在。资本市场对企业的创新创业和未来发展至关重要。

12 ◎ 双循环下的企业布局和经营[①]

企业必须深刻理解双循环的本质，它既是应对国际大环境的举措，也是国内经济发展的必然要求。在双循环新发展格局下，企业怎么思考未来的布局？应该注意哪些经营问题？

改革开放以来，我国走了国际大循环这样一条发展道路，也就是用国际大循环来带动国内经济发展。30多年前"亚洲四小龙"的经济迅速发展，韩国、中国台湾、中国香港、新加坡基本都发展外向型经济。尤其是中国台湾，通过发展以加工制造业为主的外向型经济迅速产生外汇积累。因此，我国率先在东南沿海地区，如广东、江苏、浙江一带发展外向型经济，就是"两头在外、大进大出"。我们过去总讲拉动GDP增长的"三驾马车"，即投资、消费、出口，最多的时候我国外贸出口占GDP的比重接近40%。

但是随着经济的发展，这些年一些西方国家搞单边主义、贸易摩擦等对我国经济造成了一定的影响。近几年，我国的外贸出口占GDP的比重下降，2018年占比不足20%。2019年以来中美贸易摩擦加剧，再加上2020年突如其来的新冠疫情，这些环境的变化使我们必须重新思考经济发展的路线。我们不能再继续用过去的那种"两头在外、大进大出"的模式带动经济发展，原因一方面是贸易不平衡，另一方面是随着我国经济的快速增长，人们生活水平和消费能力的日益提高，国内大市场越来越成为企业更关注的市场，企业服务和工作的方向产生了变化。企业既要重视国际循环，也要重视国内循环。在这个背景下，党中央提出双循环发展战略完全符合我国的现实。

[①] 2020年12月29日，作者在格局屏天下做在线讲座。

企业应该如何布局

◆ 立足于创新转型升级，助推国内高质量大循环

第一，要向着中高端布局。

中国企业过去以劳动密集型为主，产品往往以低成本获得竞争优势，而下一步我们要提高产品质量，在制造产业的布局上向着中高端迈进。在这方面其实我们已经走了一段路，有不少经验。这几年我国提出高质量发展，从过去的重视速度、规模过渡到重视质量、效益，把产业推向中高端。

过去我在中国建材工作时也做了不少中高端产品，包括水泥、玻璃等传统建材现在都在朝着中高端的方向发展。过去的水泥大部分是 32.5 的低标号水泥，现在是 42.5 和 52.5 的高标号水泥；同时，中国建材大力发展特种水泥，增加产品附加值，而不像过去只追求产量；玻璃产品也从过去做普通玻璃到现在做电子玻璃、光伏玻璃等，增加产品附加值。除基础建材外，新材料也是中国建材的主营业务。比如碳纤维是航空航天领域的关键材料，美国的波音 787、欧洲的 A380 等飞机的结构件大量使用碳纤维，神舟系列飞船、导弹等制造也要用到碳纤维。这个材料过去我国生产不了，美国和日本的公司"卡我们的脖子"，不卖给我们高档碳纤维。这些年中国建材坚持进行自主研发，打破了国外企业的垄断，推出了 T700、T800、T1000 等高端碳纤维。我举这些例子就是想说明，这些年我们实际上在努力推动产品走向中高端。为了满足经济发展、国防的需求，企业必须进行这样的转型。

其实每个产业的竞争都很激烈，很多产业都过剩，再加上新冠疫情的影响，过剩产业里的企业该怎么办？我觉得非常重要的还是要提升质量和增加品种，这是我的第一个建议。

第二，要向新兴产业布局。

现在新兴产业发展得非常快，如消费互联网、工业互联网、新能源汽车、生物制药、新材料、智慧农业、智慧养殖，等等，市场都很大。

以新能源汽车为例，理想汽车、小鹏汽车、蔚来这些智能电动汽车公司在美国上市后，市值都已经超过千亿元。蔚来现在有 700 多亿美元的市值，比美

国福特公司的市值还要高。美国福特公司一年的产量约为 1000 万辆汽车，而蔚来一年的产量连 10 万辆也不到，但它的市值远超福特这种老牌汽车公司。这就说明一些新兴产业正在迅速地成长。

在双循环新发展格局下，企业要着眼于新兴产业，要看到它们巨大的潜力。就拿新冠疫情期间来说，比亚迪大规模生产口罩，赚了不少钱。除口罩外，生产防护服、呼吸机、试剂盒等都成为医疗行业的风口。我前不久专门去调研了华大基因，华大基因向全世界出口核酸检测的试剂盒，产量是天文数字。迈瑞医疗是深圳一家做医疗器械的企业，现在有 4000 多亿元的市值。过去它主要做监护仪，现在产品范围越来越广，而且各种设备的质量非常好。它生产的呼吸机销售到全世界。疫情对很多人来讲是灾难，但是对于这些企业来讲，是一个重大的机会。

医疗健康产业以后是个大产业，智慧农业也是。智慧农业的基础其实就是大棚种植。中国建材从荷兰引进技术，在山东德州搭建了上千亩的玻璃大棚来种西红柿，现在又推广到全国，建设了 27 个基地。普通的塑料大棚每平方米的西红柿产量大概是 20 千克，但是这种玻璃大棚每平方米的西红柿产量可以达到 120 千克。

前面我鼓励大家在现有的产业里进行转型升级和持续创新，现在又提倡在一些新兴产业里进行投资，但我觉得这两者并不矛盾。

第三，要向数字化转型布局。

这对企业来说非常重要。现在我国在消费互联网领域走在了全球的前列。尽管今天我们对消费互联网存在争论，但是不管怎么说，互联网的应用是巨大的创新。2000 年左右互联网进入中国，这 20 年间我们的商业社会发生了翻天覆地的改变。今天的消费互联网领域，尽管已经有了很多巨型公司，但是其实仍然有机会，因为消费互联网的本质就是云平台建设，去中介化减少了传统贸易的成本，这就是它巨大的生命力。互联网也可以应用到工业中，工业互联网的发展空间更大。消费互联网依托我国十几亿人的消费市场，而工业互联网的服务对象是广大的市场主体。我国有超 1.3 亿个市场主体，工业互联网有海量的客户，这是互联网发展的下一个风口。

除互联网的应用外，数字化转型的方向还包括智能化。我最近去了几家公司，看了以后很激动，我国制造业的智能化发展远远超出了我的想象。云南白药、石药集团的生产线都是智能化的。其实建材行业也是这样。新中国成立初期，一个 200 万吨产量的水泥厂需要 1.2 万人，现在只需要 50 个人三班倒，也就是一班只需要十几个人，因为生产线全部智能化了。智能化不只是减少了劳动力，最重要的是它的生产技艺更加精准，提高了产品质量，降低了生产成本。过去水泥的自动化生产线上，一吨熟料耗费 110 千克标准煤，但是新的智能化生产线上，一吨熟料耗费 85 千克标准煤，这就是智能化了不起的地方。

第四，要能够和资本市场对接。

如果企业规模较小，可以争取股权基金的支持。如果企业做到一定规模成为独角兽，就可以借助资本市场来进一步发展。所以现在无论是创新还是企业成长，企业发展到一定程度，都离不开资本市场的支持，这一点非常重要。

第五，要向着混改、重组整合布局。

在发展的过程中，任何产业最终都会走向过剩。因为市场经济的好处是通过竞争提高技术、提高产品的质量、提高服务水平，但是市场经济有个弱点，它会导致过剩和无序的竞争，给产业带来很大的压力。

最开始，当企业遇到这个问题时，出现倒闭潮，就像多米诺骨牌一样，不少企业接连倒闭，甚至银行也跟着倒闭了。后来人们发现了这个问题的严重性，于是西方人就开始进行企业重组，用重组潮代替倒闭潮。西方正在经历第 6 次重组潮，我国也一样，党中央提出"多重组，少破产"。现在我们遇到过剩的问题，就加大重组，重组本身会推动整个行业进行整合。我在中国建材时就重组了上千家水泥企业，在国药集团时重组了 600 多家医药企业。重组的过程并不是"我来你走"，而是大家的股本互相融合，成为混合所有制企业。过去国有企业和民营企业、民营企业之间难免有恶性竞争，但是重组在一起，市场就得到了整合，价格恢复，企业都能赚到钱，这就是混合所有制的好处。我算是做混合所有制的一个先行者，在 2006 年，我就开始大规模地做混合所有制。中国建材和国药集团这两家企业都是通过混合所有制发展起来的，所以我主张大家开展混合所有制重组。

◆ 坚持巩固调整提升，助力国际高水平大循环

双循环并不是说局限在国内循环，拒绝国际循环，那是不可能的。40 多年的改革开放奠定了我国的经济和消费基础，我们有了完备的产业链和强大的制造业体系，产品质量、服务水平、旅游设施建设等也都有了比较好的基础。尽管国内的市场很大，但是国内的企业也非常多，它们生产了海量的产品，如果我们不参与国际大循环的话，过剩会加剧，给企业带来的压力将会非常大，特别是一些沿海城市的外贸企业。所以要巩固好我国在国际大循环中的地位，继续开拓国际市场，发掘国际客户，这些也是非常重要的。具体来说，在国际循环中我们应该做到如下几点。

第一，要巩固我国中高端制造中心的地位。

我国是全球制造中心，这点不能动摇，只不过我们要从过去的生产中低端产品转变为生产中高端产品。

新冠疫情期间，我国产品在产业链和供应链上占有优势，那是因为我们比较早地控制住了疫情，经济复苏得很快，所以我们进入并占据了全球产业链和供应链中一个比较主动的位置，说明我国的产品还是有相当的竞争力的，中国的企业还有上升的空间。我们不能一股脑儿全都眼睛向内，还要发挥我国制造业的优势。

20 多年前我去美国，在洛杉矶看到一些仓库，其中一个面积有 2 万多平方米，存放用作花园围墙的铁艺制品，全部都是中国制造出口的。中国企业从巴西、澳大利亚等地将铁矿石运到中国，炼化以后铸成铁艺制品再运到美国的仓库里，铁艺制品被从仓库分散到家居中心销售，这是过去全球产业链上中国企业常见的角色。但是今天，我们不能继续做这种中低端的产品了，因为它们很耗能，而且把污染留在了中国。在新的国际大循环中，我们要提升在产业链中的地位，生产中高端的产品，这也是经济发展的一个过程。

第二，要让企业"走出去"。

一方面，经历新冠疫情之后，全球化将有非常重要的格局性变化：过去全球范围内产品和原料的远距离运输畅通无阻，而今后将逐渐演变成区域性的全球化，比如划分为北美市场、欧洲市场、亚洲市场等。2020 年 11 月签订的《区

域全面经济伙伴关系协定》（RCEP）标志着东盟十国以及中国、日本、韩国、澳大利亚、新西兰共十五个亚太国家形成的自贸区正式启航，自贸区约覆盖全球总人口的 47%、全球 GDP 的 32%，这就是区域性全球化的改变。

另一方面，企业要从过去的产品"走出去"转向企业"走出去"，我们需要建立越来越多的跨国公司。如果企业在美国、欧洲国家有很多客户不能放弃，但是产品出口到当地会遭遇加税，怎么办？办法就是在当地设厂。大企业需要"走出去"经营，这是下一步参与国际大循环要重点打造的。我们不可能只是简单地把产品卖出去，"两头在外"的发展模式要改变，要适应国际形势的变化。

第三，要重视"一带一路"。

在"一带一路"建设方面，我们已经做了很多工作，下一步还要更加重视效益和防范风险。

总之，国际大循环我们绝不放弃，有条件的企业还要继续深化。

◆ 推动国内国际双循环相互促进

国内大循环和国际大循环不是两个独立的循环系统，而是有联系的，不能被割裂，应该相互促进、彼此成就。习近平总书记反复论述强调，新发展格局决不是封闭的国内循环，而是开放的国内国际双循环[①]。

第一，要用市场换市场。

过去我们是用市场换技术、用市场换资本，现在是用更深入的改革开放来证明我国是一个开放的市场，吸引国际上更多的产品进入中国。同时我们也希望其他国家同样对中国开放，用我们的市场来换取对方的市场，不能只是我方开门，对方不开门。RCEP 就是用市场换市场的一个例子。此外，我国也在积极参与国际上一系列双边、多边的贸易谈判，推动我国企业和其他国家企业之间尽快形成双向、互利互惠的开放局面。

第二，要重视全球范围的技术集成创新。

我们现在讲得比较多的是自主创新，过去我们认为技术是可以买卖的，是

---

① 《在经济社会领域专家座谈会上的讲话》，《人民日报》2020 年 8 月 25 日第 2 版。

可以流通的，是有成本、有价格的，但现在技术变成了竞争的工具，不自主创新，就可能被"卡脖子"。在有条件的情况下，我们还是要和全球的科技公司、跨国公司进行技术合作，进行集成化的创新，不能完全封闭起来，什么都自己干。

第三，要加大人民币结算力度。

现在国际贸易的结算基本上还是以美元和欧元为主，但是人民币在国际贸易结算中的应用越来越多。如果人民币能够成为国际贸易结算的常用货币，会为我国企业参与国际大循环创造非常有利的条件。比如，中国向印度尼西亚购买大量棕榈油可以不支付美元，而是支付人民币，印度尼西亚在买中国的设备时也用人民币结算。实际上现在这种离岸的人民币结算中心越来越多，逐步形成一对一、一对多的人民币通道，将有利于促进人民币国际化。当然，我所说的人民币作为国际贸易结算货币不是要取代美元、欧元，只是人民币要成为国际贸易结算工具，要在国际贸易和货币体系中占有一席之地。

企业应该如何经营

对于双循环下企业的经营，我认为要突出"四个核心"。

第一，要突出核心业务。

做企业必须有一项主业，企业必须做好主业。考虑到企业人力有限、财力有限、管理能力有限，业务专业化对企业，尤其是对大多数中小企业来说，可能是更好的选择。

吉姆·柯林斯曾写过三本书，一本书叫《基业长青》，很多著名企业家都很推崇这本书，书中介绍了 18 个高瞻远瞩的公司；另一本书叫《从优秀到卓越》，内容关于企业是怎么做到卓越的；还有一本书叫《再造卓越》，这本书的由来是 2000 年左右，他在《基业长青》中提到的那些样本企业纷纷倒下，于是他想研究为什么这些曾经辉煌的企业会倒下，为什么倒下的企业中有的还能东山再起。所以《再造卓越》是一本研究失败企业的书。做企业就好像爬一座山峰，爬上去可能需要 10 天的时间，但是掉下来可能只需要 10 秒。有的上市公司的管理者问我："我正在这 10 秒之中，我该怎么办？"首先，我一再强调企业要突出主业，瘦身健体，有取有舍；其次，在出现危机的时候不要掉以轻心，要全面应对，尽早处理好出血口；再次，解决问题的时候不要病急乱投医，要稳扎稳打，防止一错再错；最后，要重视现金为王，这个很重要。我们做企业，要有利润，有现金流。现金流非常重要，企业倒闭往往是因为现金流枯竭了，资金链断掉了。

世界上没有强者恒强的道理。2018年我去拜访任正非时，他拿了本书给我，是田涛、吴春波写的《下一个倒下的会不会是华为》。我问他："任总，这本书代表你的观点吗？"他说："代表我的观点。"也就是说，其实任正非在想华为会不会倒掉。这是企业家的忧患意识和危机意识。做企业不能总想成功，也得想困难和危机，危机随时都可能发生，所以一定要战战兢兢地经营，要如履薄冰、如临深渊，因为失败离我们并不遥远，可能只有一步之遥。

第二，要打造核心专长。

企业的战略也要有特色，要差异化经营，千篇一律不是好战略。俗话说，"一招鲜吃遍天"，企业要把那一招做好，把自己的特色做好。

品牌很重要，以国内大循环为主体，要解决的一个大问题就是品牌。改革开放以来，我国企业的产品质量已经提高了很多，但是我们没有品牌。当年我们用市场换技术，同时也引入了国外的品牌，现在想打造国产品牌很难。我们特别希望把国产品牌做起来。最近几年国潮复兴，不少好的国产品牌正在慢慢崛起。比如烟酒行业、乳业、汽车业都崛起了一批国产品牌。习近平总书记2020年视察一汽集团研发总院的时候说，一定要把关键核心技术掌握在自己手里，我们要立这个志向，把民族汽车品牌搞上去[①]。

下一步我们一定要把品牌做起来，这也是双循环中以国内大循环为主体的应有之义。以国内市场为主体，就是要让国内消费者用上最高质量的产品，在国内市场打响自己的品牌。我觉得这些特别重要。

第三，要紧跟核心市场。

企业必须清楚最重要的市场在哪里，要重视核心市场。以水泥行业为例，水泥是个短腿产品，它的运输半径不长，所以中国建材在做水泥业务的时候就组建了45个核心利润区。比如，四川雅安有5个水泥厂是中国建材的，因为

---

① 《习近平：一定要把民族汽车品牌搞上去》，2020年7月24日，http://www.gov.cn/xinwen/2020-07/24/content_5529705.htm。

水泥合理的、经济的运输半径是 250 千米，那就要构筑 250 千米以内的核心市场，这非常重要。在核心市场上，企业可以加大投入，因为市场需要投入才能有更好的产出。

第四，要抓住核心客户。

企业存续和发展最核心的要素是客户，怎么能让客户喜欢我们，这是最根本的事情。我在北新建材当过 7 年的副厂长，主管销售。我那时候就对销售人员说："其实你们想清楚一件事就行了，那就是凭什么我们的客户要千里迢迢来到北新建材买我们的产品。如果把这个问题想通了，我们的产品就不愁卖。"客户为什么喜欢我们？我们凭什么让客户喜欢我们？这是根本。企业有客户才能够生存，所以一定要创造忠诚的客户，不能丢了客户。

此外，我们要为客户提供更多的增值服务，这也很重要。比如，我们到饭店吃饭点了一大桌子菜，吃不完，就造成了浪费，如果有服务员在我们点菜时告诉我们菜已经足够了，不用点更多，我们就会觉得很温暖。这就是一种增值服务，看起来好像饭店少销售了几个菜，但是长期来讲，饭店获得了客户的回头率。这个道理其实很简单，但是不容易做到。

前面我讲给客户创造价值，实际上是给客户让利。除了给客户让利以外，企业还要给上下游的经销商让利，有时候甚至对竞争对手也要让利，这样以后才能挣得更多，这是个大逻辑。在北新建材工作时，我从一开始就制定了"让利经销"的制度，给予经销商们更多生存和盈利的空间。做企业一定要懂得让利，我们让利，别人才愿意与我们合作；如果利益全都自己得了，就没人愿意与我们合作了。

以国内大循环为主体、国内国际双循环相互促进是一个大战略，关键是在这样的战略下，每一家企业都要思考如何在变化中抢占先机，如何发挥优势，如何减少劣势。每一位企业家都要认真思考，因为这是一个新的格局，这是一个新的时代。

13 ◎ 在双循环中创新发展产业链①

在双循环新发展格局下，如何在国内大循环中创新产业链，在国际大循环中积极巩固和提高中国企业在全球产业链中的地位，是摆在我们面前的重要问题。

在国内大循环中创新中国产业链

第一，要发挥自主创新、集成创新的优势，补短板，解决"卡脖子"的难题，打造中高端制造业。我过去在中国建材工作，说到建材大家可能会先想到水泥和玻璃，实际上中国建材有三块业务，一是以水泥和玻璃为代表的传统建材，二是新材料，三是国际工程。从新材料的发展过程中可以发现，我国仍有不少技术被"卡脖子"。比如，手机屏幕有四块玻璃，分别为两片液晶面板玻璃、触控玻璃、表面非常坚硬的高铝金刚玻璃。这些玻璃的制作工艺很复杂，过去我国一直做不了，被美国和日本公司垄断。近些年中国建材打破了垄断，做出了面板玻璃和金刚玻璃。面板玻璃只有 0.3 毫米厚，而且耐高温，是液晶显示的关键材料；金刚玻璃含 20% 的铝，强度非常高，不容易摔碎。中国建材生产的碳纤维，过去也是由美国和日本公司垄断。中国建材用了 12 年的时间，把 T700、T800、T1000 高端碳纤维材料做出来了，获得了国家科技进步一等奖。通过这几个例子，我想说明我们要加大自主创新和科技创新的投入力度，解决产业链上的关键材料问题。

第二，要围绕核心产业打造产学研一体化的集成平台。这方面也给大家举

① 2020 年 12 月 18 日，作者在首届中国产业链创新发展峰会上做主题演讲。

两个例子。我最近去西安调研，看到西安光机所 [①]、西北大学、西北工业大学、西安交通大学等单位在与企业合作研发上投入了大量的精力，尤其是在孵化方面，给我的印象极其深刻，如西安光机所就通过技术转化开发了一系列产品。我在西安还参观了西部超导材料科技股份有限公司，它们都是围绕着产学研一体化打造集成平台，成果非常好。

有些企业则在研发上互相结合打造了集成研发平台，比如北汽的上市公司北汽蓝谷主要做新能源汽车，它建立了一个由几十家学校、企业、科研单位联合的大型研究院。要想做好新能源汽车，必须有这样的研发条件。一体化研究是创新产业链所必需的，我们不光要关注制造业产业链结合，还得注意产学研结合，把研究和产业结合在一起，打造中高端制造业产业链，如果没有结合研发，不可能打造中高端产业链。

第三，要发挥资本和混改的优势。对于创新来说，体制很重要，制度很重要，文化很重要，资本更重要。创新创业需要资本的支持，既包括上市，也包括私募股权基金的支持，如西安光机所就是靠私募股权基金发展起来的。从这个角度来讲，资本市场是支持创新创业的土壤。

除此之外，我觉得混合所有制也至关重要。国企改革三年行动专门讲到国有企业要发挥产业链和供应链的引领作用。国有企业是大企业，要在产业链、供应链上引领民营企业，不仅要引领，还要积极稳妥地发展混合所有制，把大家连接在一起，形成产业链平台。过去我在中国建材重组了 1000 多家民营企业，在国药集团重组了 600 多家民营企业，形成了建材和国药大的产业平台。建材行业水泥市场一直比较稳定，实际上得益于重组形成的平台。所以国有企业和民营企业混合，"国民共进"也是我们打造产业链平台非常重要的工作。

在国际大循环中积极巩固和提高中国在全球产业链中的地位

第一，要持续发挥全球制造中心地位的作用。以国内大循环为主体是必须要大力推动的，但在国际大循环中，中国企业还需要巩固提升自己的地位。因

---

① 中国科学院西安光学精密机械研究所。

为我国的企业非常多，按公司法注册的企业就有 4300 多万家，这是一个海量的数字，说明我国的制造能力非常强大，必须融入国际产业链才能解决产能问题，不然产品都留在国内可能会造成严重过剩。现在我国的经济强势恢复，仔细分析一下原因可以发现，在全球供应链恢复发展上我们抢占了先机，呈现了非常好的态势，这也体现了我们产业链的优势。

第二，要加强与跨国公司的技术合作。我们总是想未来到底是什么样子的：是完全依靠国内循环，或者完全依靠国际循环，依靠国外的先进技术，还是以国内循环为主，同时和国际循环密切合作，也就是现在的双循环模式？很显然现在我国要走中间这条路，以国内大循环为主体，国内国际双循环相互促进。这就要求企业加强与跨国公司的合作，不见得每个产品都要自己做。全世界这么多的跨国公司都要做生意，我国企业要抓住各种机会因势利导与其合作。多年来的实践证明，如果关上门不合作，其实对我们不利，在这方面我们要解放思想。

第三，要继续开展"一带一路"产业链建设工作。"一带一路"需要产能合作，也需要资源共享。从长远来讲，我们需要"一带一路"的大市场，"一带一路"建设工作我们肯定不能放松，要继续深入开展。疫情之后，还要继续把这项工作做好，我们已经有了非常好的基础，应该在这个基础上再接再厉，这是我们产业链、供应链发展的需要。

我国的一些大企业也要逐渐朝着跨国公司的方向发展，要以跨国公司的形式参与到其他的经济区域里，中国的工厂还要"走出去"变成世界的工厂。比如，海信一年有 1000 多亿元的销售额，其中有 400 亿～500 亿元是在北美、南美、欧洲等地的五个分公司实现的，这很了不起。所以我们的很多大企业要主动"走出去"融入全球产业链和供应链，这样的话可以减少内部竞争的压力。

双循环战略提出得非常好，对于发展国际市场提出了新想法、新视野，同时引发了对产业链的创新和发展的新的思考。

14 ◎ "一带一路"为中国企业带来新机遇[①]

"一带一路"倡议的提出距今已有7年，我国也召开了两届"一带一路"国际合作高峰论坛。在全球疫情蔓延的情况下，探讨"一带一路"的重要意义及发展策略，具有重要意义。

"一带一路"具有重要意义

习近平总书记在2020年6月18日"一带一路"国际合作高级别视频会议上发表的致辞中强调："我们愿同合作伙伴一道，把'一带一路'打造成团结应对挑战的合作之路、维护人民健康安全的健康之路、促进经济社会恢复的复苏之路、释放发展潜力的增长之路。通过高质量共建'一带一路'，携手推动构建人类命运共同体。"[②] 习近平总书记的这段话讲了四个"路"：合作之路、健康之路、复苏之路、增长之路。这里我想讲三个方面。

第一，"一带一路"是我国经济发展的必然选择。 从国际经济发展的情况看，西方发达国家、日本、韩国、中国等经历了快速增长，预期接下来就是"一带一路"沿线国家。"一带一路"沿线国家是未来的一个大市场，会带给我国企业巨大的发展机遇。7年来，我国已经同"一带一路"沿线138个国家签订了合作协议，共同开展了2000多个合作项目；中国与"一带一路"沿线国家的货物贸易总额超过7.8万亿美元，中国对沿线国家直接投资超过1100亿美元，直接推动了沿线国家的经济发展。虽然受到疫情影响，但是我国2020年

---

① 2020年7月13日，作者在第六届"一带一路"园区建设国际合作峰会上的演讲。
② 《习近平向"一带一路"国际合作高级别视频会议发表书面致辞》，2020年6月18日，http://www.gov.cn/xinwen/2020-06/18/content_5520353.htm。

一季度在"一带一路"沿线国家的投资仍逆势增长了 11.7%，贸易额增长了 3.2%。所以我觉得"一带一路"的发展很有潜力。

第二，"一带一路"建设中，我国企业有巨大机会。中国企业在"一带一路"建设中有两个核心竞争力：一是中国的产品成套装备符合"一带一路"建设需要，性价比也非常高；二是中国企业在"一带一路"建设中具有承接性。我国近 20 年来所做的事情，恰恰就是"一带一路"国家正要做的事情，我们可以把这些经验搬过去，包括基础建设、人才等很多方面的经验可以直接运用，这是中国企业很重要的优势。中国建材计划在"一带一路"沿线国家建设 10 个园区，这也证明"一带一路"建设给我国企业提供了很多机会。

第三，"一带一路"是疫情后双循环格局的增长极。新冠疫情暴发导致贸易保护主义、逆全球化主义抬头，一些西方国家尤其是美国搞贸易保护主义、"甩锅"中国，给整个贸易国际化进程带来了很大影响。在这个时刻，我们一方面要继续与美国加强沟通交流，希望能回到中美第一阶段贸易谈判中，推动协议的继续执行；另一方面，我们也要把欧洲国家、日本、韩国等方面的工作做好。形势变化是客观的，这个时候我们更需要双循环的新增长级，而"一带一路"沿线国家就是新增长级。这 7 年来，我们已经打了非常好的基础，这些国家的经济在快速发展，虽然也受到了疫情的影响，但后疫情时代它们的经济会快速崛起。中国企业要把握好这些重要机会，重视"一带一路"增长极。在双循环的目标下，中国企业一方面要继续维护和发达国家的贸易关系，另一方面要在"一带一路"建设中积极开发新的市场。

"一带一路"建设的市场策略

第一，充分利用国家政策支持，在"一带一路"沿线进行合理布局。我国在"一带一路"沿线国家开展了很多支持项目，包括很多大型的基础设施建设项目。在这个时刻，希望我国政府、企业统筹布局，聚焦"一带一路"的 7 个重点区域——非洲、中亚、南亚、东南亚、中东欧、中东以及南美，现阶段优先以非洲和东南亚市场为抓手，事实上贸易量增长更多的也是这些区域。企业要跟着政府走，政府到哪里企业就到哪里。同时政府做投资时，也要考虑企业的综合布局。

第二，在"一带一路"建设中发挥自身优势。广大企业应结合"一带一路"沿线国家城市化、工业化进程，充分发挥数字化、新经济的优势。"要想富，先修路"，这是我国多年来的发展经验，"一带一路"沿线国家现在进行的城市化和工业化，是我国正在做或刚刚完成的事情。我国企业的产品、服务具有高性价比和承接性，这是别的国家没有的优势。在"一带一路"沿线国家城市化、工业化进程中，我国企业可以捷足先登，进行产能、工程建设等方面的合作，这是我们的重要机会。

同时，我国企业要发挥数字化经济优势，过去我国在工业化进程中相对落后，但如今在数字化、信息化方面已经走在全球前列，我们可以用数字化经济的优势助力"一带一路"建设。比如，非洲的互联网、电商产业有一定基础，这就给我国互联网公司与商业平台提供了非常好的机会，我国的线上业务在"一带一路"沿线国家有用武之地，可以大显身手。

第三，加强产业园区建设。在"一带一路"建设中，我国企业不能单打独斗，要加快产业园平台建设，实现工业园、贸易园、科技园、互联网产业园等多方位发展，让我国企业在"一带一路"建设上有更大的平台，便于在"一带一路"道路上更好地"走出去"。中央企业在白俄罗斯的中国—白俄罗斯工业园、在埃塞俄比亚的东方产业园，中国建材在赞比亚的建材工业园、在迪拜的海外仓等，都是很好的例子。我国政府有关部门和企业应加大海外产业园区的建设力度，为我国企业"走出去"提供更多便利。

"一带一路"建设需关注的问题

中国建材、国药集团在海外都有不少企业，中国建材几乎在"一带一路"沿线每个国家都建设了水泥厂，我也去过其中的不少企业，有一些体会，在此给大家提几点建议。

第一，要站在道德高地上做企业。习近平总书记多次强调，要秉持"真、实、亲、诚"的合作理念。我们要做世界公民，要做有品格的企业，在这方面中国建材积累了一些经验。我总讲企业"走出去"要坚持三个原则：一要为当地经济发展做贡献，"一带一路"建设不是消化、转移中国产能，而是以建设人类命运共同体为目标，我国企业在支持"一带一路"沿线国家的建设的过程中自身也得到发展；二要与当地的企业合作，如中国建材在埃及建设6条大型生产线项目时，与埃及8家土建公司合作，这样既降低了费用，也能够得到当地政府、企业和人民的拥护；三要为当地人民做好事，如中国建材在赞比亚建设产业园的时候，当地原本没有水井，中国建材帮助当地人打了100口井，之后又捐建了学校和医院，当地人很感动，所以我们一定要为当地人民做好事，成为受欢迎的中国企业。每年的世界艾滋病日，中国建材在非洲的公司都会给所在地的艾滋病基金会捐赠资金以支持非洲国家抗击艾滋病。在抗击新冠疫情期间，中国建材也给"一带一路"沿线国家捐赠了口罩。企业要重视并坚持做好这些工作，将心比心，要有同理心。

第二，国有企业、民营企业要联合起来成为"中国军团"。中国企业在参与"一带一路"建设时要互相支持、形成合力、联合作战，联合建设大型的产业园，不能恶性竞争，这一点我感触颇深。我们"走出去"时不分国有企业和民营企业，只有一个名称，那就是"中国企业"，我们是"中国军团"，大家要通力合作。

第三，要量力而行，发挥综合优势。"一带一路"沿线国家在城市化、工业化建设方面，不仅需要基础设施建设设备、资金的支持，还需要商业、技术、教育、医疗等方面的支持。中国企业在"走出去"的过程中，不是全要动"大钱"去架桥、修路，而是要重视"一带一路"沿线国家经济发展中的各种机会，企业要全方位利用综合优势"走出去"。比如中国建材在海外建设科研中心、建材超市、物流中心等，并不局限于制造业，我们在各方面都有机会，要平衡好轻资产项目和重资产项目的投资。

第四，中国企业要和跨国公司联合开发第三方市场。我国企业要继续加大和跨国公司的合作。比如，中国建材在非洲和法国施耐德公司合作开发项目，在东南亚、中亚和日本三菱公司合作开发项目，除此之外，还和德国、瑞士、丹麦的很多公司联合开发项目，中国建材因此赢得了其他国家企业的尊重。在"一带一路"建设、在"走出去"的过程中，企业不能"吃独食"，不是"我来你走"，而是大家共同开发，做包容性、友好的中国企业。

　　第五，要认真防范各项风险。中国企业在参与"一带一路"建设中还有不少风险，在"走出去"时要注意防范各项风险。一要认真研究当地的政治、文化等。一些国家存在政局不稳定甚至动乱等风险。二要紧盯当地政策的变化。尤其是在外汇管制国家，企业挣的是当地的钱，有贬值的风险，因此应想办法尽快换汇以降低风险。三是要防范有可能发生的恐怖活动，最核心的是一定要保护好企业和员工的安全。此外在疫情期间，也要特别注重在生产过程中的健康防护，在国内工作的同志要关心远在他国的职工，努力给他们提供最好的防护条件。我国疫苗研发出来后，优先给参与"一带一路"建设的干部职工接种，一定要保证他们的安全。

后　记

企业成长的逻辑
——学习、创新、责任[①]

我在企业工作了整整 40 年，说起来经历并不复杂。大学毕业后我被分配到北京新型建筑材料厂[②]，这家企业当时被划分为国家特大型企业。我在那里工作了 23 年，其间做过技术员、销售员，企业里每个层级的管理职务几乎都担任过。1987—1993 年，我做了 7 年副厂长；1993—2002 年，我做了 10 年厂长；2002—2019 年年底，我在中国建材做了 18 年中央企业负责人，算下来，我在国有大型企业做了 35 年高管。其中，2009—2014 年的 5 年间，我曾同时出任中国建材和国药集团两家中央企业的董事长，并把这两家企业带入了世界 500 强。

建材和医药这两个行业都是充分竞争行业。我每次出任企业领导职务时都是困难重重：当初在工厂做销售员时，工厂处在从计划经济向市场经济转型的过程中，产品卖不出去；当厂长时，工厂几乎"弹尽粮绝"，几千名员工"嗷嗷待哺"；去中国建材时企业债主临门，几近破产；去国药集团时它还是家弱小的企业，希望发展成国家的医药健康平台。

多年来，我带领大家迎难而上、努力拼搏，所在企业都发生了翻天覆地的变化。如今，北京新型建筑材料厂已发展成为一家闻名遐迩的上市公司——北新建材，从当初的收入不到 1 亿元，发展到 2018 年收入达 135 亿元，净利润超 24 亿元；中国建材从当初的收入约 20 亿元，发展到 2019 年收入达 3850 亿元，利润达 200 多亿元；而国药集团 2008 年时收入约 360 亿元，到 2014 年我离开时收入达 2500 亿元，利润超 100 亿元，2019 年收入达 4900 亿元，

---

① 2020 年 3 月起，作者在疫情最严重时应邀为《中国企业报》撰写连载系列文章（共 10 期），本文为文章节选。

② 1985 年更名为北京新型建筑材料总厂。

利润超 200 亿元。

因我在企业工作的时间比较长，积累了一些经验，我经常被高校邀请去给 EMBA（高级管理人员工商管理硕士）学员讲课，也被不少中央企业、地方国有企业和民营企业邀请去交流经验，大家对我个人的成长经历、企业的经营之道，甚至我的人生观都非常感兴趣，常要求我为大家系统地讲讲我的企业故事。为此我先后写过《笃行致远》和《改革心路》两本书，讲述了我的企业经历和改革的心路历程。其实，我做企业没什么秘诀，如果一定要讲的话，我想讲讲我人生的三个基点：学习、创新、责任。正是这三个人生基点让我一直坚守企业并做出了一些成绩。

学习

我是一个爱学习和思考的人，这么多年来我一直在学习。我喜欢向书本学习，也注重在实践中向他人学习。我从一个技术员成长为一名企业经营者，得益于一路的学习。

◆ 酷爱读书和解难题

我出生在一个干部家庭里。上小学时起初很贪玩，有时因调皮被老师罚站，但到五年级时突然开了窍，毕业时成绩居然排在全班第一名。中学时代我在年级也排在第一名。大学时我在河北大学就读，毕业时我的成绩在全年级三个专业班里仍排在第一名，整个化学系唯一的进京指标给了我。大学毕业后被分配进京工作时，我拿的行李箱很重，里面除了衣物全是书。

母亲是我成长道路上重要的启蒙老师。她毕业于一所师范学校，酷爱文学。受到母亲的影响，我从小就喜欢读书，喜欢读小说、背诗歌，尤其喜欢读名人传记。我经常看母亲喜爱的文学书，如丁玲、老舍、赵树理等写的书。我姐姐也喜欢读书，那时她喜欢读《钢铁是怎样炼成的》《红岩》《烈火金刚》等，我也跟着她读这些书，书中的保尔和成岗是我崇拜的英雄，奥斯特洛夫斯基的那段人生名言和成岗的那段大义凛然的绝笔诗让我终生难忘。

　　1973—1976 年插队的那段时间，反倒成了我读书的好机会。插队时村上有个女孩，她父亲在城里教育局工作，家里有很多书，尤其是有完整的初中和高中语文书，让我系统地补习了语文。她家还有个唱片机和一些课文朗诵唱片，如《谁是最可爱的人》《忆江南》等，我就跟着那些唱片学习朗读。那段时间，我还读了大量的小说，如鲁迅、茅盾、郭沫若的书，那些文学作品对我产生了很大的影响。

　　后来我在人民公社工作了一年，当农业技术员，读了米丘林[1]、摩尔根[2]的一些书，还读了一本汉译的有关植物生长的书，从此对农业产生了浓厚的兴趣。那时我分管育种，学习了有关玉米、高粱的杂交育种技术，还去果园学会了剪枝。没想到若干年后，这些技术原理被我运用在了企业混改和企业"瘦身健体"上。

　　插队时，我很喜欢《自然辩证法杂志》，这个杂志主要介绍西方科学和前沿思想，每出一本，我就从城里书店买一本回去。这些书满足了我当时的好奇心，后来被我带到大学，毕业后又被我带到单位。

　　大学期间，除了读专业书籍，我还喜欢读文学、历史、心理学方面的书，如《安娜·卡列尼娜》《基督山伯爵》《拿破仑传》《梦的解析》等。那时，学校的理科学生有两个理科借书证、一个文科借书证，我们班同学的文科借书证大都借给我用。当时宿舍里我的单人床靠墙的一面全是书，大家都笑我是和书一起睡觉。我一直没有午休的习惯，夏季每天中午都在学校操场看书，下午两点再和同学们一起去上课。解数学难题也是我的爱好，化学系学生学的是樊映川的高等数学习题集，而我买了一套六本供数学系学生用的俄罗斯高等数学习题集进行自学和练习。除此之外，我还经常去图书馆找题解，乐此不疲。直到今天，我也搞不懂自己为什么那么喜欢解题，但我知道解题的过程锻炼了自己的逻辑分析能力。

---

① 伊万·弗拉基米洛维奇·米丘林，苏联园艺学家，米丘林学说的创始人，著有《工作原理和方法》《六十年工作总结》等。
② 托马斯·亨特·摩尔根，美国生物学家，从事遗传学和胚胎学研究，著有《进化与适应》《遗传和性别》《实验胚胎学》等。

◆ 知识的逻辑是相通的

知识的逻辑是相通的，文学、艺术的大逻辑和经营管理的逻辑也是相通的。如电视剧《大染房》中的陈六子自幼不识字，但他痴迷于听"说书"，正是那些"说书"故事里的为人处事的道理给了他心智上的影响。德鲁克认为，读商科的人要学习短篇小说的写作和诗歌的赏析，因为短篇小说写作刻画的是人，诗歌赏析关乎的是情感，而企业管理的核心恰恰是人和情感。广泛地阅读是有好处的，但毕竟人的时间和精力有限，只能读好书，一般的书翻翻就行，如果有好的观点再认真读。读名著好处多，我在中学时代就认真读过中国的四大名著，后来我做企业时也经常联想起这些书。如《三国演义》是讲战略的，话说天下大事；《水浒传》是讲联合重组的，宋江就是靠"忠义"二字将各路英雄收入麾下；《西游记》是讲创新的，各种宝贝经常"变变变"；《红楼梦》是讲大企业病的，宁荣二府官僚主义和形式主义比比皆是，正如王熙凤所说的，大有大的难处。

我上大学时也曾怀揣出国的梦想，因而大学毕业后，我在工作之余还认真学习英语和专业知识。刚工作几个月，我被选为出国培训团的成员。那时出国是件大事，是一件既新奇又令人骄傲的事，于是我开始每天研读合同和相关的技术资料，还学习英文版的建材书籍。那段出国学习的经历改变了我的学习方向，使我对企业里的技术产生了浓厚兴趣。

当时，我读国外的技术书喜欢去两个地方：一个是北京王府井大街上的一家外文书店，书店二楼有不少汉译图书，我对质量控制方面的书很感兴趣，买了不少讲日本质量控制的书；另一个是专利局，我喜欢看介绍国外专利方面的书。我学的是高分子化学专业，这个领域的专利尤其多。那段时间，我每月的工资只有四十多元，除去吃饭，所挣的工资几乎都用在买书上了。我的业余时间大多是在读书学习，如果哪天和同事们出去玩了，晚上躺在床上会觉得心里空落落的，感觉这一天什么也没学，甚至会很自责。

◆ 出国参加培训对我的影响

我初次出国参加培训时二十几岁，在德国、瑞典等国家看到了西方的商业文明和工业文明，内心被深深震撼。我在沃尔沃公司看到每间办公室都有大电脑，还看到配件的自动化立体库，这些情景看得我目瞪口呆，因为那时我们手上能有一个夏普计算器就已经算奢侈的事了。在国外参加培训的这段时间，我主要学习了工艺技术，并对此产生了浓厚的兴趣，开始羡慕工程师，做起了工程师梦，于是毕业后要出国留学的念想就烟消云散了。

出国参加培训回来后，我在车间做化验室主任。那时化验室主任一般是由中年工程师担任，而我这么一个刚出校门不久的学生担任这个职务算是受到了重用。我的工作任务主要有三项：一是对树脂生产的工艺和制造负责，二是对生产线岩棉制品的质量控制负责，三是对原料的化验和工艺配方负责。

很快，我的命运又发生了改变。工厂生产的产品一直卖不出去，堆满了库房，每个月工厂只生产一个星期，平时大家都闲着。产品卖不出去有两个原因：一是当时正值计划经济的尾声，工厂生产的是新产品，没有被列入计划；二是当时厂里的销售员没有销售经验，也不了解产品，讲不清楚产品的特性。于是我提出要做销售员。

我翻译了一些国外的产品应用标准和图集给设计院和施工单位，除此之外，每年还为用户上 30 多次技术课，平均每 10 天一次。去香港参加展览会时，我把团里发给我的零花钱全买了市场和销售方面的书。随着改革开放的深入，国内出版了松下幸之助、艾柯卡、阿曼德·哈默等国外企业家的书，我都买来学习。做销售的那些年，无论去哪儿出差，我包里都装满了书，有一次去一家小餐馆吃饭，女服务员接过我的书包时说："妈呀，您的书包咋这么重呢？"我和她开玩笑："关公的偃月刀比我的书包重多了。"

做销售工作期间，我一边工作，一边读书，读了大量市场营销和企业家传记方面的书，而那些企业家传记对我的影响很大，为我打下了做企业的思想基础。我做销售工作时，在全国布局营销网，进行专家推广，重视品牌塑造，所有这些都和我那些年读的书有关。

◆ 工作越忙、压力越大，越要学习

1993 年年初，我出任北新建材厂长。在之前的一年，我有幸被推荐参加为期半年的日本产业教育培训，这对我日后的工作产生了一定的影响，我理解了

企业管理的一些常识。也是那一年，我参加了武汉工业大学北京研究生院工商管理的硕士班学习，企业推荐我去学习，让我为接任厂长做些准备。但接任厂长后，我感到压力很大，每天早晨四点就醒了，看着天花板发呆，因为工厂没有流动资金，连工资都发不出来。我给导师打电话说，工作太忙、压力太大，不想学习了，导师在电话里批评了我，说工作越忙、压力大，越要学习。

当时，工商管理硕士班的导师是尹毅夫老师，他毕业于燕京大学，英语很好。20 世纪 80 年代中美合作在大连办了一个工商管理的培训班，由美国人授课，尹老师做翻译，他也因此走上了教授工商管理的道路，主讲管理思维课和财会课。因为我是学化学的，没有学过财务，因而这次学习给我补上了企业管理重要的一课。

◆ 建立学习型组织

我在北新建材当厂长后，发现中层干部普遍有两个特点：一是年龄偏大，二是企业管理水平不高。因此，我把有能力、有潜质的年轻大学生提升为中层干部，同时把一些干部送去清华大学、北京大学读 MBA。干部通过学习，普遍提高了企业管理水平，关键是大家开会可以用管理术语沟通了。也正是那个时候，我提出"像办学校一样办工厂"，那是北新建材建立学习型组织的雏形。

1996 年我从工商管理硕士班毕业，北新建材也摆脱了我刚当厂长时的困境，企业呈现出勃勃生机。那年 6 月，华中理工大学 [①] 的一位副校长到北新建材参观，就企业管理等方面和我交流，他说："我一直在想中国的 MBA 学生应该是什么样子的，今天见到你，我有了答案。"他希望我参加华中理工大学的硕博连读考试，争取读管理学博士。华中理工大学的博士考试要求严格，但我顺利考取了管理学院陈荣秋院长的博士。陈老师是企业管理方面的专家，跟着他学管理受益颇丰，我也逐渐习惯了一边工作一边学习的节奏，顺利取得博士学位，我的毕业论文被学校评为优秀论文。在北新建材当厂长的 10 年间，我一直是边工作边学习，做到了学以致用、学用结合。

此外，在企业管理实践中我也特别重视学习，在整个工厂开展了"外学日

---

① 现华中科技大学。

本、内学宝钢"的活动。那时，我每年都安排两次出差去日本，钻到日本工厂学习日式管理，同时也派干部去日本和宝钢学习，并把 5S、TQC、定置管理、零库存等管理工法引入企业，这些工法极大地提升了企业的管理水平。有一次美国高盛的总裁到北新建材参观，他说："看了北新建材，我想到了日本的工厂。"日本三泽房屋的社长到北新建材参观后对我说："真没想到，北新建材的每一个细节都管理得这样好。"这些肯定让我倍感欣喜，因为我接手这家企业时它还是个脏乱差的工厂，是学习改变了企业面貌。1997 年年初，我去 AOTS（日本海外技术者研修协会）学习研修了 1 个月，我写了一篇《浅谈日本企业管理》，这篇文章翔实系统地介绍了我的学习心得，我认为这是我写得最好的一篇文章。

　　建立学习型组织，除了让大家系统学习经营管理，建立企业的共同愿景和加强企业内干部之间的交流至关重要。在北新建材做厂长时，我给北新建材的干部们写了六条价值观作为企业的愿景。一是企业的发展战略是将北新建材建设成为一个规模宏大的新型建筑材料技工贸综合产业集团；经营战略是创造独具特色的企业，并以规模效益达到市场竞争的目标，以技工贸结合的方式，充分利用资源实现低成本竞争。二是坚持"以企业为本"的思想，正确处理国家、企业和员工的利益间的关系，将企业保值增值和运作良好作为重要目标。三是追求在社会大系统中的充分和谐，视盈利和遵纪守法同等重要，所有的动机和出发点都是为了最终服务社会。四是质量和信誉是永远的追求，也是对社会的基本承诺，企业应无比珍惜历经千辛万苦赢得的企业形象，把不停创造企业无形资产作为公开的经营秘诀。五是具有坚定的信念和十足的勇气，拥有足够的智慧和知识。只有具备最活跃的思想、最新的技术和最科学的管理，才能创造企业的辉煌和掌握企业的未来。六是贯彻"以人为中心"的企业管理思想，组建一流的员工团队是企业建设的首要目标。干部要同心同德、任劳任怨；每位员工要热爱企业，以厂为家。应该说，在那个时候提出"以人为中心"的管理理念还是很前卫的。

　　这些深层次的文化理念深深地改变了北新建材的干部。为了加强干部们的交流，那时我安排工厂领导班子成员和二级单位的一把手每个星期一的早晨在企业食堂一起开早餐会，每次由一位二级单位的一把手讲讲他所在单位近期的工作情况和下一步的工作思路，最后由我给大家总结，主要是鼓励大家。这些深度的交流非常有益，不光交流了工作，也增进了干部们之间的友情。

◆ 提高经营管理水平

2002年2月，我来到中国建材做总经理。当时企业还没有董事会，总经理是一把手。我从人事部要来干部的档案资料，发现干部们都没有培训学习的经历，我觉得这是个大问题，因为不学习，干部就会落伍。我当时决定委托国家行政学院给企业做两期CEO、CFO培训班，我称作"扫盲班"，后来又安排班子成员参加EMBA的学习。这些学习对于提高集团管理层的管理水平起到了重要作用。

国有企业中也有各种培训班，但围绕企业管理和业务的培训不多。针对这个情况，我在集团做了三项关于培训工作的制度性安排：一是每两年在国家行政学院对三级以上企业的900多名领导成员轮训一次，每次学习2周；二是每年春秋季在国家行政学院做两场中青干部培训班，每个班50人，每次脱产学习2个月；三是每年在中国大连高级经理学院开展EMT培训（经营管理培训），主讲工商管理课程，从各级企业的经理中选拔学员，脱产学习2个月，并去日本参加培训2周，实际学习天数和高校EMBA的相当，效果很好。这些长期的培训计划成为集团的一项重要工作，时间久了，不知不觉为企业培养了大批业务干部。培训班还增进了集团各企业干部之间的沟通和了解，这也是集中培训的应有之义。

在办企业的过程中，也要把学习寓于日常工作中，使整个组织成为学习型组织。中国建材每个月都有月度会，集团中层以上的负责人、二级和重要骨干企业负责人都参加，差不多有100人。会议先由各企业通报月度KPI，再由总经理总结和安排工作，最后由我讲经营思路。集团月度会坚持了十几年，我也给大家讲了十几年。我讲的经营思路，不光有企业当期的经营想法，还有企业的发展思路和经营管理思路。久而久之，干部们的经营管理水平就提高了。

我们也把一些企业管理工法印制成内部教材发给大家学习，我称之为集团的"武功秘籍"，如《八大工法》《三精管理》《五有干部》等，成了大家的课外管理读物，也是大家学习和对标管理的工具书。这些年我在总结归纳的基础上也写了些书，如《整合优化》《问道管理》《问道创新》等，我把它们发给大家学习。我写书首先是写给企业内部的干部看的，是想让干部们更加娴熟地掌握经营管理的技能。

◆ 知行合一和教学相长

这些年，我不光在企业内部加强经营管理的团队型学习，也把企业经营管理的一些心得介绍给高校商学院的学生和兄弟企业的经营管理人员。我利用周末时间去商学院讲企业经营管理的实务和经验，算起来已有 25 年的时间了。2020 年年初，清华大学授予我"卓越贡献奖"，这些年，我出任了北京大学、清华大学等高校商学院的实践教授，在和师生们交流的过程中我也受益很多。我在教学中比较重视互动式交流，这些互动也扩大了我的视野。我常用教学相长来形容在商学院教学的过程使我自己得到提高。我先后被聘为第二届、第三届、第五届 MBA 教育指导委员会委员，我也被任命为中国大连高级经理学院 EMT 项目专家指导委员会主任委员。我是个热衷于企业管理教育的人，我觉得企业应和大学结合，既要像办学校一样办企业，也要像办企业一样办学校。商学院应是"理论＋实践"型的，既要有教理论课的老师，也要有教实践课的"教练"。

这些年的企业实践告诉我，要想做好企业，只靠读书学习不行，只靠经验也不行，而要理论联系实际，要知行合一，只有既学习又实践的人才能做好企业。此外，只有企业领导者爱学习不行，还需要把企业变成一个学习型组织，大家共同学习，互动也是学习的重要方式。企业管理者还要重视商学院的作用，有必要把干部送去商学院参加培训。我常建议大家多去大学走走。加拿大管理学家亨利·明茨伯格曾说，"大学是让人反思的地方"。企业家应多去大学换换脑筋，也可以找个安静的地方静思。这么多年，我养成了一个习惯，就是每日清晨醒来总要静思一会儿，有时也会生出一些智慧来。

◆ 我主张做企业要急用先学

我是 2009 年 6 月到国药集团出任董事长的，从此开启了"双料董事长"的职业生涯。我在国药集团工作的开展也得益于学习。2009 年国庆节 7 天长假期间，我在家系统地读了 8 本写给投资银行的医药行业的书。我也专门向上海医药工业研究院的侯惠民院士请教。我本来是学化学的，对制药有些基础的了解，再加上系统地"补课"，在国药集团成了"外行中的内行"。我认为，企业的外部董事一定要潜心深入学习企业的行业知识和专业知识，不是说一定要达到专家水平，但至少要成为"外行中的内行"，不然的话如何在企业行使决策权？令我感到高兴的是，我在国药集团领导的董事会所做的决策今天看来大都是正确的。那 5 年正是国药集团快速发展的 5 年，为后来的发展打下了基础。

我主张做企业要急用先学。这么多年，无论遇到什么问题还是做什么创新，我都要先学习一番，看看别人做过什么研究、有哪些经验。不少人知道，我的床边有个书筐，书筐里经常有二三十本与我当下所关注的问题有关的书。当然如今已进入网络社会，我也会从网上看一些资讯，反复比较不同的观点，找到一个令自己信服的观点，然后再去研究。大家知道我有读书的喜好，来看我时总会带一两本经营管理方面的书送给我。我晚上总要读两小时以上的书，无论多晚都会坚持。白天忙工作，晚上读书、写作，清晨思考，也写些东西，几十年如一日。

如遇到好的书或者企业里大家普遍关心的问题，我也会和大家分享。我是电视栏目《总裁读书会》全国领读者联盟的主席。这些年，我先后在《总裁读书会》上为大家领读分享了赫尔曼·西蒙的《隐形冠军》、德鲁克的《创新与企业家精神》、柯林斯的《再造卓越》，这些节目被多家电视台转播，收到了很好的效果。《再造卓越》这本书尤其值得大家认真学习。作者柯林斯还著有《基业长青》《从优秀到卓越》。《基业长青》分析了 18 家高瞻远瞩的公司，曾风靡全球。《从优秀到卓越》讲的是如何让平庸的公司变得卓越，可是 2000 年时，柯林斯在书中描述的很多样本公司纷纷倒下了，这让他明白了一个道理：世界上没有恒强的企业。在《再造卓越》一书中，他总结了卓越企业倒下的五个过程：狂妄自大、盲目扩张、漠视危机、寻找救命稻草、被人遗忘或濒临灭亡。当时，我有感于不少企业迅速地扩张，风险已"山雨欲来"，给大家解读了这本书。我提醒大家，"爬上一座山峰可能需要 10 天，但从山峰上掉下去可能只需要 10 秒"。2019 年，正和岛再次把这段内容分享给大家，有不少企业家看过后说，早些听我的提醒就好了。

◆ 学会讲中国企业的故事

我觉得在企业管理中，中国传统文化中的智慧也很有用。2014年的五一假期，我卸任国药集团董事长之后感到比以前清闲了些，就用假期的3天时间到曲阜的孔子研究院跟着杨朝明院长学习儒学。杨院长是位大家，著有《孔子家语通解》《论语诠释》等，我每天上午听他辅导，下午去孔府、孔庙和孔林参观、静思。后来孔子研究院聘任我做研究员，2015年9月我受邀在孔子研究院的讲坛上做了"半部论语做企业"的专题报告，这里的"半部"指的是我对《论语》一知半解，但其中的道理对我做企业很有帮助。报告的文稿刊登在《国企》杂志上，受到了读者的一致好评。当时，我问曲阜的一位同志孔子理论的核心是什么，他不假思索地说是"仁"，而后又反问我的看法，我说："孔子理论的核心是'恕'，是'己所不欲，勿施于人'，也就是说做事要能将心比心。"

除了学孔子理论，我还建议大家学《老子》，孔子理论大多是讲为人之道的，《老子》则更多地讲自然规律，如无为而治、以静制动、以柔克刚、利而不害、为而不争等，这些对我们当今做企业也很有指导意义。

改革开放以来，我国的企业管理基本是向西方学习的，西方的理论偏重于量化和实证，而中国的传统理论偏重于定性和辩证。企业要解决今天面临的问题，应把中西文化结合起来。稻盛和夫做了两个世界500强企业，用的就是佛家和儒家的思想，这也引起了我的深思。回想这些年，我们先是读美国企业家和日本企业家的书，后来又读韩国企业家和中国台湾企业家的书，现在应该让全球企业管理者读一下我们中国企业家的书了。但和他们相比，我国的企业家还不太善于总结归纳，还不太会讲中国企业和中国企业管理的故事，这种状况是时候改变了。

创新

我是一个有好奇心的人，凡事都想问个为什么，而且爱钻牛角尖。"创新"这个词我是在歌德的诗《浮士德》里第一次接触到，没想到正是"不断地探索，不断地创新"改变了我和我所在企业的命运。我在企业40年能获得成功，源于创新意识和创新行动。

◆ 创新意识源自好奇心

我觉得创新意识源自好奇心。小时候我是一个淘气的孩子，对什么都充满好奇心。我会趁着大人不在家时把缝纫机"大卸八块"再安装上，想一探究竟，幸好母亲对我很慈爱，每次都知道是我动了缝纫机却从来没有批评过我，有时缝纫机出现故障了还让我来修理。我在老家的村子里读书的时候，因崇拜村上一位老中医，曾买过一本《赤脚医生手册》，还自己做了一个医药箱，每天放学后去地里、路边上采草药。有一次，我从地头上拿到家里一小块碳酸氢铵化肥，在一个大铜瓢里加上盐做化学试验，结果把铜瓢腐蚀得铮亮，把奶奶当年陪嫁的梳妆桌面上的漆也腐蚀掉了，奶奶虽然很喜爱那张桌子，但她很疼我，也没说什么。

孩童时代的乐趣很多。每逢过年我很喜欢放小鞭炮，有时也从墙根的砖上刮一些硝盐，再加点炭粉包在纸里点燃，看到噼里啪啦的火星四射，心里很有成就感。我还喜欢做弹弓和风筝。做这两样东西需要有点儿小学问，尤其是糊风筝，要让风筝飞得稳、飞得高很不容易，用今天的话说就是需要懂"空气动力学"。

小时候，我很喜欢看《十万个为什么》，那是我的启蒙书，对我产生了很大的影响；还有吴运铎的那本《把一切献给党》，我对他自制的枪榴弹极感兴趣。我还读过一本外国小说《神秘岛》，对书里的一些科学知识非常感兴趣。这些书籍在我早期起到了启蒙作用。

插队期间，我当过生产队队长和公社农业技术员，尤其对杂交育种感兴趣。那时亩产很重要，大家都在想办法培育多产粮食的好种子，我当时主要培育杂交玉米和杂交高粱。当时我还要给十几个村的农业技术员上课，村里的农业技术员大多是有文化的中年人，而我只是一个高中毕业生，但我潜心学习，读了不少书，从没讲过外行话，因此大家对我很尊重。

后来上大学时，虽然我是学化学的，但对数学着了迷。一年暑假，我用一个假期写了一篇对数学极限理论的体会，开学后给数学老师看，结果他翻了翻对我说："你现在的主要任务是学习，不要总想发明，能发明的都被别人发明过了。"这位数学老师是我很敬佩的一位老师，我也是他最喜欢的学生之一，可是他说的"能发明的都被别人发明过了"这句话对我的打击很大，直到今天，还像个魔咒一样挥之不去。这样的话的好处是让学生可以踏实学习、不想入非非，坏处是影响了他们的好奇心和创新意识。因此我想，一定要鼓励年青一代拥有创新意识，即使他们有些幼稚的想法，也不要给他们压力。

◆ 工作中要学会思考问题

创新除了要有好奇心还要喜欢提问题。我在北新建材做销售工作时，给大家提过两个问题：一是凭什么用户要千里迢迢来我们这儿买东西，二是谁在一天到晚做客户的工作。我说这两个问题大家想通了，我们的产品也就能销出去了。关于第一点，答案就是"质量一贯的好，服务一贯的好"。关于第二点，我认为企业必须有"分利"思想，设置遍布全国的营销网络，让利给经销商。北新建材这些年就是靠这两点维系了客户、维护了营销网，使得产品畅销不衰。北新建材有上千个销售点，每个点约有 10 个销售员，那么每天就有上万人在推广产品，一想到这点我心里就很踏实。现在北新建材的销售点不少是家族的第三代人在经营，北新建材能发展到今天就靠这张忠诚的销售网。

我做厂长之后，常想的一个问题是"怎样才能经营好企业"。我觉得经营的最高境界不是去和人争、和人抢，而是做到让客户信服我们，主动把机会给我们。做企业最重要的金字招牌是把质量和信誉做好，要走优质优价的路线，而不要走低质低价的路线。这么多年，北新建材一直按"质量上上、价格中上"的思路经营，因为质量需要成本。多年做下来，忠诚的客户越来越多，反倒是许多和北新建材打价格战的企业先后倒下了。

企业会遇到不少问题，有些问题看似是技术问题，实际却是思维方式的问题，不能小看这些问题。我刚当北新建材厂长时，工厂的主产品石膏板销得不错，但额定年产 2000 万平方米的生产线每年最多只能生产 800 万平方米，当时大家认为是上了德国人的当，因为这条生产线是从德国引进。我把生产线经常停产的问题归纳了一下，大概有五个：一是石膏原料是从宁夏用火车运送的，有时原料断顿，导致停产；二是提供热源的炉子烧的是低质煤，经常熄火；三是生产线上制板车间的搅拌器经常筑机，导致停产；四是烘干系统经常塞板，导致停产；五是冬天寒冷，石膏板发裂不能生产。这五个问题在我当厂长前的10年左右时间一直困扰着大家，没有找到什么好办法解决。

做厂长那些年，我每天到石膏板车间查看和研究，有时半夜也去。这五个看似不能解决的问题，我都找到了原因。关于原料，我问为什么舍近求远，不用河北和山东的。大家说是德国专家定的，因为河北、山东的原料钾、钠含量高，做的石膏板会泛硝。我问试过吗，没人回答。我说德国专家只做矿样分析，并不研究矿点离工厂的远近，也不会考虑我们的经济效益。后来工厂按照我的建议用河北的原料试生产，结果产品质量没有任何问题。矿山改点后，企业既节约了运费，也没再发生原料断顿的情况。关于热烟炉熄火的问题，我认为是责任心的问题，我鼓励工人要认真工作，同时也按"多劳多得"的原则给工人提高了待遇，后来那炉子再也没熄过火。筑机和塞板的问题大多发生在后半夜，是因为当班工人困了溜岗睡觉导致停机事故，我就在车间重要操作岗位包括各值班室都安装了工业电视系统，在总厂有个总值班系统，这样所有生产线岗位的情况一览无余，就这样改变了多年来的筑机和塞板问题，生产线回归正常。而所谓的冬季石膏板发裂，我本来就不信，因为常识告诉我，石膏是热的不良导体，没有急剧的热胀冷缩，不可能因为寒冷就开裂。我了解到在整个制板车间没有暖气系统，工人们冬天都穿着棉大衣干活，大家不愿意冬季生产，我就给制板车间装上了暖气，解决了冬季生产的问题。工人们说："宋厂长当了厂长，石膏板真的不裂了。"我笑笑说："本来石膏板就不会裂，是人在冬天快被冻裂了。"我当厂长1年以后，石膏板生产线的产量达到了2000万平方米，消息传到德国，德国人也发出赞叹。

很多长期困扰人们的问题的成因往往是一些我们日常容易忽视的小事，所以大家要对看起来习以为常、见怪不怪的事情进行发问和重新审视。

◆ 管理创新要注重工法

在企业管理上，我主张用日本的工法。日本人研究出了一些管理方法，他们称之为管理工法，如5S、TQC、零库存、小组工作法、PDCA循环①的不断

---

① 指将质量管理分为四个阶段，即计划（Plan）、执行（Do）、检查（Check）、处理（Act）。

完善、对标管理等。管理是正确地做事。日本人归纳的这些工法成为对标的工具，为正确做事提供了便利，这些管理工法比较适合中国的企业，尤其是制造型企业。

我接手北新建材时工厂一片狼藉，马路上到处是碾压的石膏，院子里还有几座堆了多年的垃圾山。我当厂长后，先推行花园式工厂和花园式生活区的"两园工程"，引入日本的 5S 工法，很快就把工厂治理得干干净净。在质量管理上，我推行 TQC，后来又做 ISO 9000 质量体系认证，在现场管理上引入定置管理工法，现场管理井井有条。

我也用一些西方的管理理念，比如霍桑试验的结论，即组织的行为受环境的影响。我当厂长之前，工厂几乎每年都有伤亡事故。我分析重大事故的原因，大多是环境脏乱差，还有职工心不在焉。管理工法一方面解决了脏乱差带来的现场风险，另一方面能让员工保持良好的心情。比如，北京的春天经常刮风，空气干燥，往往让人心浮气躁，我就选在那个时间开全厂的春季运动会，让大家有个好心情。我当厂长的 10 年间，工厂没有发生一起工伤死亡事故，不少人对这件事很好奇。我并不是一个严厉的人，当厂长 10 年间，没有和大家红过一次脸，也没有提过从严管理的要求，而是引入一些方法，用管理创新把企业做好。后来我在中国建材做董事长，整合了上千家水泥厂，采用的依然是管理工法，只不过那时候既有日本的工法，也有我们自己独创的工法，如"三精管理""八大工法""六星企业"等。正是这些管理工法的应用，为中国建材这家处于充分竞争领域的集团式企业的发展奠定了基础。

◆ 北新建材的制度创新

1993 年我刚当厂长的那段时间，企业面临很多上级部门的检查，财务大检查、安全大检查，还有企业上等级、红旗设备竞赛等。那时政府管企业主要靠检查的方法，而企业的管理也依赖政府的检查。于是我在接受《中国建材报》采访时提出了"企业制度"的概念，报纸上刊登了题为《建立适应市场经济的企业制度》的文章，没想到第二天早晨，中央人民广播电台《新闻和报纸摘要》栏目还专门播报了这篇文章的主要观点。

1994 年党中央决定进行现代企业制度试点，核心是 4 句话 16 个字："产权清晰、权责明确、政企分开、管理科学"，选择100家企业做试点。北京新型建筑材料总厂作为国家建材局唯一的试点，更名为北新建材（集团）有限公司。在此基础上，1997年集团把石膏板等主业打包在深圳证券交易所上市，那时公司上市主要是想募集资金进行发展。

北新建材能上市得益于我们提前做的准备。1994年我们就和南方证券签了协议，让其帮助北新建材上市，后来又和高盛等探讨过去海外上市。我本来是学技术的，后来去搞销售，再后来做厂长搞管理，那时对资本市场一窍不通，像"市盈率"等专业词汇都是第一次听说。但实践是最好的老师，北新建材在1997年6月终于如愿上市，上市后募集了约2.6亿元，后来又增发两次，共从市场上募集了约8亿元，这些钱是北新建材后来发展崛起的基础。上市了拿了股民的钱，同时也把股民引入了企业，就是引入了市场化机制。效益好股价升，股民为我们鼓掌；效益差股价跌，股民就会"用脚投票"。我感慨"上市妙不可言，也苦不堪言"，我还专门写过一篇文章《把我的真心放在你的手心》，但我知道市场并不相信眼泪。恰恰是产品市场和资本市场的双重锤炼，造就了今天的北新建材。

▲ 1997年，北新建材在深圳证券交易所上市

◆ **中国建材发展的"四步跨"**

2002 年 3 月，我出任北新建材的上级单位中国新型建筑材料（集团）公司（以下简称中新集团）的一把手。这是一家极度困难的企业，当时销售收入只有约 20 亿元，其中大部分还是来自北新建材，债主临门、官司不断。我在这家企业也是用创新思路做了四件事：一是调整战略，由新型建材转向大宗建材；二是完成在香港上市；三是用混合所有制方式完成水泥行业的整合；四是实现两材重组。

调整战略不容易，虽然中新集团当时弱不禁风，但企业已经有 20 年左右的历史，要调整战略，这个弯儿一时并不好转。当时中新集团在行业内也并不被看好，大家认为连新型建材都做不好，怎么能做好水泥、玻璃这些大建材业务。所以我内心一直很纠结。但我想到一件事，中央企业一定要根植于大行业，石膏板是个百亿级的行业，而水泥是个万亿级的大行业，做企业不应"有什么做什么"，而应确立目标后"缺什么找什么"。于是我为公司更名，中国建筑材料集团有限公司于 2003 年 4 月正式挂牌，我知道这是个里程碑式的事件，它必将改变中国整个建材行业的格局。

企业更名后要发展急需资金，钱从哪里来？这个在北新建材时就曾困扰我的问题再次摆在我面前。还好我们迎来了机会，那时政府允许把国内 A 股打包到香港上市，我欣喜万分，把北新建材、中国玻纤①、中联水泥和国际工程打包为中国建材股份有限公司，于 2006 年 3 月在香港成功上市，募集资金 21 亿港元，后又增发 3 次，累计共募集资金 110 亿港元。作为一家中央企业，中国建材盘子小，在香港上市募集的资金虽不多，但意义在于和国际资本市场接轨，中国建材站在一个新的起点，又迈出了决定性的一步。

发展混合所有制和水泥行业的整合分不开。中国建材找准了水泥行业亟须联合重组的切入口，但水泥行业是重资产行业，要想整合只靠上市募集的资金还远远不够，所以我当时想到保留民营企业的一些股份，大家一起来做，用资本把大家连接起来。这就有了我在西湖汪庄给四家民营企业老板端出的"三盘牛肉"：一是合理定价，不欺负民营企业；二是保留民营企业老板 30% 的股份

---

① 2015 年 3 月更名为中国巨石。

做股东；三是民营企业老板留在企业做职业经理人。没想到这"三盘牛肉"极大地吸引了民营企业，它们纷纷加盟，中国建材的中联水泥、南方水泥、西南水泥、北方水泥应运而生，中国建材一跃成为全球最大的水泥企业。这场水泥行业的重组像个神话，而构筑精彩神话的就是混合所有制。

▲ 2006 年，中国建材股份有限公司在香港上市

后来，我把联合重组的方法带到了国药集团，同样迅速重组了近 600 家医药分销企业，形成了覆盖 290 个地级市的全国医药分销配送网，这又成为一段佳话。搞混合所有制并不是我的专利，但像中国建材和国药集团这样有章法、有规模的混合是我主导的。我还总结了一个公式："央企的实力 + 民企的活力 = 企业的竞争力"，这个公式被中央电视台等主流媒体广泛宣传。中国建材和国药集团 2014 年也被列为全国仅有的两家混改试点企业。

当时，在建材行业里有两家中央企业，一家是中国建筑材料集团有限公司，另一家是中国中材集团有限公司，均先后隶属于国家建材局和国资委。两家企业在发展中业务越来越同质化，也产生过恶性竞争，两家企业的合并也进入了议程。2016 年 8 月，"两材"正式重组，形成中国建材集团有限公司。2017 年 9 月，中国建材股份有限公司和中国中材股份有限公司两家香港上市公司正式合并，从而完成了两材重组的大业。

◆ 机制是改革的最后一扇门

在企业工作的漫长岁月里，始终伴随我的是改革。我做过百户现代企业制度试点、混改试点，从"黑发人"试成了"白发人"。我是一个改革者，但我并不是天生就喜欢改革，改革是一场利益再分配，往往伴随着艰辛和泪水，改革是被倒逼的。

西方国家国企改革是企业在体制、制度、机制方面的创新和完善。历史上大多也搞过国有化，但后来发现在充分竞争领域国有企业效率低，因而转向搞私有化，但在公益保障领域仍以国有企业为主。我国是社会主义国家，基本制度是以公有制为主体、多种所有制经济共同发展，因而我们必须要以国有经济为主导，搞好大中型国有企业。但我国是社会主义市场经济国家，所以国有企业也必须和市场相融合，这也就是改革的原因。

国有企业要进行市场化改革，就要解决公平竞争和效率的问题。要解决公平竞争的问题就要做到政企分开，让企业真正成为市场竞争主体，这需要进行国有资本管理方面的体制改革和国有企业实行公司化改造的制度改革。企业要提高效率就要进行内部机制改革，而国有企业的效率又涉及公平竞争，如果保护效率低下的国有企业，势必会影响市场的公平。这就是为什么我总讲机制改革的重要性。总结这些年国有企业的情况我们会发现，内部机制改革做得好，企业通常就会良性发展、有竞争力；反之，企业就难以长久发展。

说到机制，我在 2014 年给它下过一个定义：机制就是企业效益和企业经营者、业务骨干、员工利益之间的正相关关系，也就是说能让企业干部员工共享企业效益。我在北新建材当厂长时提出了"房子年年盖、工资年年涨"，员工心中的火一下子就燃烧起来了，因而有了北新建材的兴起。我来到中国建材后也是用混合所有制的方法引入了市场机制，调动了广大员工的积极性，才有了中国建材后来的发展。这么多年我体会到，做企业，资金、厂房、设备固然重要，但人更重要，谁能把人的积极性充分调动起来，谁就真正找到了经营管理的真谛，谁就能长盛不衰。

我是中国企业改革与发展研究会的会长，不光关心国有企业的改革，也关心民营企业的改革。我认为国有企业改革的方向是市场化，民营企业的改革要加强规范化，而二者的共同核心是内部机制。不要认为民营企业天然就有好的内部机制，华为"财散人聚"的理念不见得每位企业家都接受。

2019 年年底，有记者采访时问我工作了这么多年最大的遗憾是什么，我说最大的遗憾是没有把企业的内部机制改革好。我也写了篇万字长文《机制革命——推开国企改革的最后一扇门》，系统表达了我对企业机制改革的思路，用"新三样"打造企业发展的积极性，即员工持股、管理层股票计划、科技分红和超额利润分红，让人力资本在一定程度上参与财富分配，而不是过去的从劳动成本出发，这是根本的区别。

◆ 要做有效的技术创新

企业的技术创新可以分为三个阶段：一是模仿创新，二是集成创新，三是自主创新。从改革开放到 20 世纪 90 年代，差不多 20 年的时间我国企业大多是在模仿创新，即引进、消化、吸收、再创新。改革开放初期，我国企业的技术和装备还比较落后，国家外汇又十分紧张，只能引进少量的成套装备，而后进行消化吸收。北新建材当时进口德国的石膏板装备和瑞典的岩棉装备后，都进行了国产化创新，但这些创新基本上是在引进的基础上做的。

2000 年以后，随着我国工业水平的提高以及企业研发实力和经济实力的提高，我国企业开始了大规模的集成创新，也就是把自己的技术和引进的技术结合起来，逐渐形成有特色、性价比高的技术和装备，如中国建材建造的日产万吨的水泥线和年产 5000 万平方米的石膏板线等。在这个阶段，我们也开始有能力向广大发展中国家规模出口水泥、玻璃等成套技术和装备。

到 2015 年，我国提出"中国制造 2025"，加上互联网和智能化催生的新科技，我国开始进入以自主创新为主的阶段，尤其是近几年的中美贸易摩擦加剧，加快了我国企业自主创新的步伐。过去 40 年里，我国企业从"跟跑"到"并跑"，逐渐进入"领跑"阶段。比如在智能化方面，中国建材建设的大型智能化生产线几乎不需要人工操作。智能化不光节约了人工成本，它的精准操作还提高了产品质量和节能减排水平。

中国建材的业务是基础建材、新材料、工程技术服务"三足鼎立"的模式，所以在创新上既有对传统产业的升级改造，也有对新材料、新技术的开发，还有行业关键性、前瞻性的创新。中国建材拥有 26 家国家级院所、3.8 万名科技研发人员、1.2 万余项技术专利，形成了强大的创新能力。就创新能力而言，全球建材行业没有一家跨国公司可以与中国建材相比。过去，我们的生产线上人多而实验室人少，最近这几年，我们在布局大型的国际一流实验室，未来，更多的人会被安排从事研发创新工作，而工厂大多是无人的"熄灯工厂"。

在创新创业的过程中，我主张有效创新，反对盲目创新，也反对过度创新。因为企业归根结底是要产生效益的，在企业里能赚钱的技术才是好技术。我们常讲"科技"一词，实际上"科学"和"技术"属于不同的范畴。"科学"是发现，主要回答未知的问题；而"技术"是发明，解决企业中产品开发和生产工艺的问题。企业的创新主要在技术层面。

我主张开发的产品必须能量产，必须有一定的合格率，这样企业才能取得效益。所以这么多年来，中国建材的玻璃纤维、碳纤维、电子玻璃、太阳能薄膜电池等高科技新产品均能量化生产，并取得了良好的经济效益。

在产品的创新转型上，我提出了"三条曲线"和"四化转型"，就是做好现有业务的经营，用挣到的利润发展新业务，并研发更新一代的产品；同时，转型不是转行，而是推进业务的高端化、智能化、绿色化、服务化。正是这些清晰的创新路线，使得中国建材在创新上稳健前进。

我主张把持续性创新和颠覆性创新结合起来，在创新的两难中平衡发展。持续性创新是企业的看家本领，企业必须做好，同时又要投入一部分人力、财力研究颠覆性创新。不注重持续性创新，企业今天可能没饭吃，而不注重颠覆性创新，企业明天可能没饭吃。

我还主张开放式创新。今天是合作的时代，有些技术可能需要多家企业合作才能完成。我建议在海外设立研究院和技术中心，吸引国际一流的技术人员加盟。中国建材的凯盛发电玻璃的技术就来源于凯盛在德国设立的研发中心，这个研发中心在德国聚集了一些优秀的科学家，大家用了 8 年的时间终于攻克重重技术难关，在成都建成了全球单体面积最大的碲化镉发电玻璃生产线。

开放式创新还体现在生产服务业务上。全球 65% 的大型水泥和玻璃生产线是由中国建材建造的，但工厂的运营管理往往当地人做不了，发达国家的工程技术人员又不愿意做。而目前中国产能过剩，我们也有不少闲下来的技术人员，于是我们就想到成立一家智慧工业公司，专门去做国际上的水泥、玻璃工厂的运营管理工作，目前已管理 70 多家工厂，不仅赚了钱，还可以长期做备品备件，提供工厂运维服务。我们的目标是打造全球最大的建材管理集团。

◆ 水泥是个好东西

我在演讲时，常常会不由自主地讲到水泥，我说水泥是个好东西，台下听众往往会笑起来，我知道大家不认同我说的这句话。然而，这是我做了十几年水泥的体会，是我的心里话。铜约有 4000 年的历史，铁约有 2500 年的历史，而现代水泥只有 180 余年的历史。水泥主要是由石灰石和黏土混合烧制而成，它的发明纯属偶然。180 多年前，在英国波特兰岛上有个监狱，雨后石灰石上粘了很多黏土，犯人烧白灰时没有清理黏土而堆在窑里烧，结果得到的不是白灰而是灰色的水泥，这就是水泥的由来，所以西方人把水泥称为"波特兰水泥"。

水泥是人类近代史上最伟大的发明之一，它改变了城市建筑、桥梁、道路等。我常想，水泥好像是给中国改革开放定制的，现在全世界每年水泥的用量约为 40 亿吨，中国约为 23 亿吨，占全世界总量的近 60%。水泥不光用于城市建设，还用于水坝、隧道、核电站等很多大型工程的建设。我国的铁矿砂和木材大多靠进口，而可烧水泥的石灰石约有 9 万亿吨，我国又是个富煤国家，所以建筑大多是用水泥做的。水泥有个特性是它能做成可流动的混凝土进行浇注，而后再硬化，这就使得水泥有很多用途。如果没有水泥，城市和大型工程建设可能会被改写。

大家通常认为水泥一方面来得容易，好制造；另一方面，过去水泥厂排放大，污染环境。但这些年随着技术的进步，水泥厂都成了无烟无尘的花园式工厂，一些智能化的新工厂几乎是无人工厂，这些巨大的进步很多人并不知道。我有一次去看任正非时，一见面他就表扬我："老宋你真了不起，能生产那么多水泥，我昨天看高铁桥墩子，那得用多少水泥啊！"我知道任正非很喜欢研究建筑，他的这句话是由衷的。其实，水泥不是落后材料，而是先进材料。日本人把水泥细化，做出了一百多种特种水泥，售价也很高。没有技术落后的行业，只有技术落后的企业。以技术装备而言，我国水泥企业的技术装备目前是全世界最先进的，而且这些技术装备大部分是中国建材所属企业建造的。

一说到创新，大家自然会想到高科技。然而，绝大多数的创新来自中科技、低科技和零科技，今天大量的商业模式创新就是零科技创新。我还有个看法，就是不要认为大自然创造的原料没有科技含量，实际上大自然用亿万年创造出来的东西我们很难仿造，如石子、砂子等，我们恐怕很难做出来。所以我常讲，原料是自然的科技，材料是人造的科技，两个科技都很重要，我们要用自然科技创造的原料来赚钱，然后反哺人造科技材料的研发。水泥既有自然科技又有人造科技，所以大家把水泥业称作原材料业。

说到这里，我想起了中国建材的"水泥＋"业务，就是把"互联网＋"的思维用在水泥业务上。我去中国建材所属企业的一家水泥厂调研时，年轻的厂长介绍水泥厂的生产经营情况，我问工厂怎么会有这么好的效益，他回答就是用了我提出的"水泥＋"。原来，他们不仅水泥业务赚了钱，而且石子、机制砂、砂浆、商品混凝土等业务也获得了可观的利润。虽然这个工厂的规模不大，但它用"水泥＋"的模式把业务做出了花，在 700 亩[①]的工厂里，皮带廊交错，这些产品间既有原料生产的配合，又各自独成产品，把"水泥＋"业务做到了极致。

责任

我是那种"干一行爱一行"的人，主张"一生做好一件事"。我做企业并没有三头六臂，而是把别人休息的时间都用于工作了。利益上，我主张先公后私、先人后己，从不和大家争什么。我觉得自己能坚守企业，并做出些成绩，是因为我有责任心。

---

① 1 亩 ≈ 667 平方米。

◆ 家庭的影响

2019 年 11 月，我满 63 岁，正式从中国建材董事长的岗位上退休了，开始做中国上市公司协会和中国企业改革与发展研究会两个协会的会长工作，也继续做企业培训教育的工作，倒也十分充实。这些日子，也有不少媒体经常问我一个问题："如果让您再来一次，您还会选择做国有企业吗?"我说："以我的性格，我还会选择同样的一条人生道路。"回想一下我是如何走到今天的，可能主要因为我的一个特质，那就是负责任。

我的父母都是县城里的干部，他们在抗日战争时期参加过革命，新中国成立初期在青年干部学校学习时相识并结婚，然后被分配到河北的一个县工作，一直工作到退休。我的父亲工作了几十年，就在县里打转转，退休时的职务和他 20 多岁刚工作时的职务相当。我的父亲比较达观，工作很认真，和同事们相处得很好，同事们也都很尊重他。父亲除了工作，还喜欢做家务，家里的不少活儿是他干的。记忆中有个画面令我印象深刻，那时父亲有段时间没在家，他一回家见到我很高兴，骑自行车带着我去副食店买了猪蹄给我吃，我坐在自行车后座，父亲一路上和人热情地打招呼。

母亲是个工作很要强的干部，她在县里服装厂做厂长，那个服装厂是个集体小厂，开始时只有几十个人。母亲在那个厂工作了 10 年，硬是把那个小工厂做成了一个做出口加工业务的有几百名工人的中型工厂。每次我去工厂看她，她都在车间里劳动，每月月底的晚上都噼里啪啦地打算盘，我常在她的算盘声中入睡。母亲获得了很多奖状，家里的一面墙上挂满了她的奖状。父亲常说："你妈真的不简单，带着你们几个孩子，工作还总当模范。"母亲是个有智慧的人，写得一手好字，也会写文章，而且是那种笑容满面、和蔼可亲的人。我从未见父母争执过，也没见他们和别人红过脸。父母的善良、忍耐和敬业精神深深地影响了我。

◆ 当队长是我事业的第一步

我是 1973 年秋天高中毕业的，1974 年 4 月到农村插队，出发那天，县里开了欢送会，我们站在解放牌汽车的车厢上，举着红旗，大街两边是欢送的人。多年后，一位同去插队的女同学说："志平，你还记得当时在汽车上你对我们说什么了吗？你说我们到了村里一定要大干一场。"我不记得这些了，但这个话像我的口气。

插队的村子很照顾我们，给我们安排了一个有大院子的三间大房子，还有专门的食堂。我住在农户家里，他家有三间北屋，两间东屋，一家人对我很好。我们那时每天去村子东边的大队农场工作，虽然干农活儿累点儿，但我们很快乐。那年冬天，我突然被选为生产队队长，那个村子有八个生产队，第八生产队的队长撂挑子，其他队员又不愿意当队长。当时上级驻村工作组和大队支部书记看上了我，提出让我去第八生产队当队长。我当时18岁，也不太懂农活儿，让我去当队长我也没打怵，可能是因为要大干一场的想法吧。

第八生产队有280亩地，150多名队员。我每天给大家派三次活，早晨、上午、下午各出一次工。早晨我常睡不醒，经常是房东大娘在窗口把我叫醒，我跑去队部敲钟。我也学着村里人的叫法，称呼大家"大爷""大婶""大哥""嫂子"等。280亩地的活怎么安排？我找了5位有经验的老人，让他们每天到地里查看，晚上我们在队部里开"诸葛亮小组会"。我用小本子记下第二天要干的农活，再把队员做个分工，这样把工作安排好。村里的队长都是凭自己的经验工作，而我凭"诸葛亮小组"的智慧和在小本子上记录的工作规划，没想到做得更有条理。

当队长不光要派好活，自己也要以身作则，带头干活。一般，队长会不少农业技术，可我不会，但我不认输，套上牲口去耕地、耙地。播种是个技术活，前边牲口拉着，后边我用手端着木制的播种工具，播种深了浅了都不成，关键是要播得均匀、播得直。一天下来，我手上磨得全是血泡。还有一个活我也终生难忘，就是扛麻袋，把100千克一袋的麻袋从场里扛到路边的马车上或拖拉机上。我力气没那么大，但觉得自己是队长不能示弱，扛着麻袋真的是步步千钧。我小时候右腿骨折过，但还是扛了一袋又一袋，后来有个大爷拍拍我的肩膀说，"真是好样的"。

做队长还有项工作就是要决定这280亩地里种什么庄稼。那时要求以粮为纲，但社员们又要种些花生、大豆、芝麻等经济作物，为种这些我们常要冒点险。还有就是种子，往往高产杂交种子种出的粮食不大好吃，而好吃的粮食产量又低。围绕这些问题我费尽心思，和有经验的队员商议，平衡好种粮食和经济作物的关系，平衡好高产的公粮和低产的口粮之间的关系。我当队长那年，生产队收成和分红都很好，我也一下子成了远近闻名的知青队长。那年春节我没回家过年，这把母亲急坏了，我当时的想法是作为队长，我要在村子里过个"革命化"的春节。

那年冬天，我还和村里的共青团干部们一起办了个夜校，主要教大家学习农业技术知识。我也因为个人表现好，在村里入了党，那时村里有 5 个党小组，一致同意我入党。我也被选为省里的先进知青，去省里交流经验。我靠自己的努力入了党并成为先进，迈出了事业的第一步。插队那段时光是我一生难忘的时光。我常回忆起站在土坡上给队员们派活的情景，想起队员们那一张张纯朴的脸庞。插队的 3 年使我理解了农村和农民，并学会了如何与他们相处。所以后来在中国建材做董事长时，我动员了集团的 50 名干部去扶贫县做驻村第一书记。我对大家说，只有了解了农村和农民，才能真正了解中国。

◆ 从事销售工作的 10 年

许多人知道我早年做过销售员，但对我为什么做销售员，以及我做销售工作的人生体会并不清楚。我是 1984 年开始做销售工作的，当时做销售员是因为工厂产品卖不出去。我想起去瑞典实习在沃尔沃公司参观时的情景，那些销售员都是高学历的年轻人，于是我和厂长说，我来做销售员吧。那时我常作为厂里的技术代表去参加与重要客户的谈判，还和船舶总公司一起去四川灌县消防所做不燃性试验，和燕山石化在中科院做岩棉保温测试。我知道，北新建材的产品大多是专家购买，普通销售员很难讲清楚这些技术问题。

在那个时代，大家很难理解一个技术员为什么去做销售员，而且去做销售员还会影响技术职称晋升。尽管如此，我还是下定决心要做销售员，因为产品销不出去，工厂就会垮掉，有技术也没用。但当销售员还有我父亲那一关需要过，父亲要求孩子学技术，他希望我努力成为工程师。那年春节和他谈起我的工作时，我有意避开了"销售员"这个词，说我在做产品推广工作。父亲听后问道："你是不是做了销售员？"我看瞒不下去了，就只好讲了企业产品滞销的情况和企业销售工作的重要性。后来父亲没说话，我知道他伤心极了，也因此，他好几年没有再问过我的工作。

销售工作虽然有不少压力，可我乐此不疲。我既懂技术又善于与人沟通，这使得我和很多客户成了朋友。当然，一开始人们都拒绝我，有的还将我拒之门外，我就在走廊的小板凳上坐着等他们开门，因为我不能千里迢迢来了连人也见不上就回去了。有人问我是怎么熬过那段艰难时光的，我说我有阿Q精神，这也是小时候母亲教导我的，如果碰到不如意的事就多想高兴的事。功夫不负有心人，后来无论设计院还是施工单位，很多人都和我成了朋友。

那时候做销售员很辛苦，很多地方不通公共汽车只能步行，一次我去四川推销，每天走四五十里①路，早出晚归。还有一次去大庆推销，路上遇到大雨，地面泥泞不平，我弄得满身是泥。工作忙碌，对家里的照顾就很少。一次我刚从齐齐哈尔回来，第二天又要去福州，在职工医院工作的爱人那天要值夜班，我只好带着女儿去医院陪她值班。还有一次我从外地回来推开家门，看到爱人在煤气灶边上烧菜，还站不稳的女儿抱着她的腿，我当时难过得一下子蹲了下来。

北新建材的产品当时都是新产品，如石膏板、岩棉等，涉及技术规范和人们的应用习惯，很不好推销。岩棉本来是建筑用的，当时第六机械工业部所属的造船厂开始在造船上采用岩棉，如大连造船厂、求新造船厂、中华造船厂等，我都去过好多次。同时岩棉在燕山石化的工业管道上的保温节能效果也得到了验证，整个测量计算是中科院力学研究所做的，当时中科院院长卢嘉锡宣布向全国无偿转让这项技术，北新建材抓住这个机会一下子把岩棉在工业保温领域推销开，而且卖上了好价钱。岩棉先在工业领域、而后逐渐在建筑领域推销开，为北新建材赚了"第一桶金"，而且为之后的产品陆续在建筑领域打开销路赢得了时间。

石膏板的市场推广则更难。石膏板是1981年投产的，但到1985年库里还堆满了试生产时期的产品，市场上很少有人问津。第一个大规模使用石膏板的是长城饭店，长城饭店是美国公司设计的，室内隔墙和吊顶采用了石膏板和轻钢龙骨体系。当时美国的设计人员说，在美国，设计师如果不用石膏板都不知道怎么设计。美国大使馆的工作人员带着美国设计师来到北新建材，美国设计

---

① 1里 = 500米。

师惊叹，没想到中国有这么好的石膏板厂。后来北京设计院用石膏板墙体节点图设计了昆仑饭店，我把这套节点图印制了几千套发给了各大设计院，让大家推广采用。那时候，大家觉得石膏板墙体不结实，这给我们的推销带来了很大的困难。1988年深圳京鹏大厦起火，消防员发现，除了石膏板隔墙，建筑里的其他物品都被烧毁了。《深圳特区报》发布了这个消息，我们抓住时机让全国各大媒体转载了这个消息，终于打开了石膏板市场。

我做销售工作一做就是10年，本来开始只是想做一阵子，为企业的产品打开市场，然后再回来做技术，没想到很快就喜欢上了销售工作。我也带领销售队伍彻底打开了北新建材的岩棉和石膏板两个主要产品的市场，北新建材得以生存和发展。

◆ 北新建材的起死回生

1992年年初，北新建材的上级单位中新集团的领导把我叫去，希望我出任北新建材的厂长，我委婉地推辞，但领导还是把我在副厂长中的排名从最后一位调到了第一位。那年在厂里干部们的春节联欢会上，我给大家唱了一首童安格的《其实你不懂我的心》，有句歌词是"怕自己不能负担对你的深情，所以不敢靠你太近"，其实，我说的"你"是厂长那个位子。那一年，我既是销售厂长，也是第一副厂长，除了做好销售工作，还要协助厂长处理一些融资困难和财务大检查等问题。厂长经常对人说："有什么复杂的事，让志平去处理，他都会把复杂的事情简单化。"那段时间对我是个历练。

到了1993年年初，工厂更加困难了，主要面临两个问题：一是企业资金断链，难以为继；二是企业管理松懈，员工没有积极性。我是当年1月16日出任厂长的，当时我面对着一个"揭不开锅"的工厂和几千名"嗷嗷待哺"的员工。刚上任不久就是春节，整个假期，我在家里几乎没怎么说话，这可把母亲吓坏了，因为往常我都是家里的活跃分子。母亲对我说："不然把厂长的工作辞掉吧。"我对母亲说："辞不掉的，还有几千人等着吃饭呢。"刚当厂长那阵子，我常常是早上4点就醒了，想企业那些难事，也盼着天快点亮，我好去厂里做事。当时工厂的信用差，还不了本息，还得向银行交滞纳金，多家银行都拒绝给工厂贷款。

在困难时刻我想到了集资自救。那时员工们的收入都很低，让大家集资不容易，我想要集资自己必须带头。我想到爱人和我结婚时带了1万元，那是她的全部积蓄，她从没想到会用来集资。有的员工家里的小朋友还把自己存钱罐里的零钱都交给了厂里，这让我十分感动。我们那次共集资了400万元，用这些钱启动了工厂的生产。

当时工厂的劳动纪律也是很大的问题，员工迟到早退的现象很严重。但开始时我并没有惩罚他们，而是每天早上和人事劳动处的同事在厂门口站着。第一天居然有200多人上班迟到，不过一星期过后就没有迟到的了，因为大家每天都看到新厂长在门口，以为要惩罚大家。之后我说："从下星期开始，无故迟到早退者罚100元，从我做起。"做厂长的10年间，我都是先到后走，要让大家做到，我首先要做到。有一次，工厂出口的产品出了质量事故，我专门召开了厂务会，并写了通报，从自己罚起，那次我被罚得最多，罚了500元，那是我当时一个月的薪水。那时我提出一个口号，"质量和信誉是我们永远的追求"，直到今天，这句话仍是北新建材的质量方针。

在大家共同的努力下，工厂迅速改变了面貌，企业的效益也逐渐好起来了。1997年6月，北新建材在深交所上市，投资者很看好这只股票，股价从每股5元多涨到超过20元。日本有句谚语，"樱花开得最灿烂的时候风就来了"，就在这个时候，跨国公司也开始在中国建石膏板厂，并与北新建材进行激烈的市场竞争，产品价格每况愈下，最后价格降了一半，由每平方米12元降到了每平方米6元左右。随后北新建材的股价也应声而降，股评家说，北新建材将风光不再。这是我在北新建材的至暗时刻。外资企业也撤销了原本和北新建材合资的打算，他们预计用不了多久，北新建材就会被打趴在地上。

那段时间，我的压力很大，双眼得了中心性视网膜炎，但是我知道，市场不相信眼泪。那时候为了鼓励大家，我给员工们背诵了毛主席的两段话："我们的同志在困难的时候，要看到成绩，要看到光明，要提高我们的勇气。""有利的情况和主动的恢复，产生于'再坚持一下'的努力之中。"后来北新建材在市场竞争中一举击败竞争者，赢来了长期稳定的市场。

我在北新建材做一把手的10年间，倡导"以厂为家"的文化，和员工一直相处得很好，从没和大家红过脸，赢得了大家的尊重。我个人也先后得过不少奖励。我把得到的奖金都留在了厂里，用以奖励员工。我把厂里奖励给我的住房也让给了技术骨干，我觉得活儿是大家干的。那些年，我有许多离开工厂去更大的企业工作或从政的机会，但我总觉得工厂需要我。

◆ 顶着压力整合水泥行业

时间到了 2002 年，中央大型企业工作委员会找我谈话，要我出任中新集团的总经理，那时企业还没有董事会，总经理就是一把手。我知道，这次我真的要离开北新建材这个我热爱的工厂了。

刚到中新集团时，我的压力很大，好像 10 年前刚做北新建材厂长的感觉又回来了。中新集团是中央的一级企业，1984 年成立，当时规模小，靠中国建设银行的贷款做了些项目，但项目规模都不大。当时中新集团年销售收入只有约 20 亿元，其中一大半是由北新建材创造的。关键是中新集团身上扛着几十亿元的逾期债务，这些债务引发了不少官司，连办公楼都被法院查封了。我常觉得，自己是为解决问题而来的，我又回到了每天早晨 4 点就醒的时光。当时我想到两件事：一是短期来看，必须解决债务问题；二是长期来看，必须解决企业发展战略的问题。

那时中新集团的债权人主要是中国工商银行、中国建设银行、中国信达资产管理公司等几家大银行和资产管理公司，关键都是逾期债务。由于中新集团没有信用等级，所以不能借新还旧，这就需要和债权人谈。还好，由于我在北新建材做得不错，在银行界有很好的信用，我找债权人一家一家谈，找到了一些化解债务的方案，也筹措了上亿元的现金还债以表示诚意，为和债权人达成和解做了许多前期工作。2002 年，我常往返于各债权人之间，到当年 12 月 20 日，中新集团与最大债权人中国信达资产管理公司达成了债务重组协议。至此，中新集团几十亿元的逾期债务都得到了解决，这样中新集团就可以重新恢复融资了，我终于松了一口气。

在解决债务问题的同时，我也在思考企业战略发展的问题。国务院稽查特派组组长在我的任职会上曾讲到，中新集团作为国家的企业，在行业里必须做到第一，不然就没有存在的价值，这给了我巨大的压力。我知道，以中新集团当时的业务，无论如何也发展不成建材行业的第一名。2002 年 7 月，我召开了中新集团发展战略规划研讨会，请来了原国家建材局的老领导和行业专家，那次会议被我称为"神仙会"。会上，大家说中新集团要想做强做大就得做水泥业务，这确实给我出了难题。一是中新集团的企业宗旨是发展新型建材，做水泥有违初衷；二是做水泥需要大量资金，中新集团这样一家步履维艰的企业，从哪里弄那么多的资金？但我知道这是战略，应先定目标，缺什么找什么。

2003 年春天，我做了一件大事，就是把中新集团的名字改为中国建筑材料集团公司（简称中国建材集团），这招致了行业内外的颇多非议，有人提出中新集团不具有建材行业的代表性。我解释这是因为大家还不习惯。之后我安排每周在《中国建材报》上刊登一整版公司的广告，在到机场的路上也做了大型路牌广告，我说让大家慢慢熟悉、习惯，自然就接受了。更名后不久就遇到了"非典"，无法到外地出差，直到 6 月初，我们才联系好去山东的鲁南水泥厂调研。在那之前，我没去过水泥厂。我在鲁南水泥厂待了 2 天，对水泥厂的矿山、设备、工艺等有了大概的了解。

▲ 中新集团更名为中国建筑材料集团公司，拉开了集团大发展的序幕

我觉得做水泥技术上不难，关键是资金从哪儿来。要解决资金难题只能从资本市场找方法，于是我想到上市；水泥厂也不能自己一家家建，于是我想到收购。所以我当时就提出"资本运营"和"联合重组"两个轮子，但无论上市还是收购，我都面临着巨大压力。上市方面，企业当时规模偏小，许多中介机构不感兴趣；

而收购方面，被收购的大多是民营企业，大家担心被扣上"国有资产流失"的帽子。但我是按逻辑做事的人，我觉得中国建材要做强做大就必须做水泥，要做水泥就必须靠上市融资和收购民营企业，没有别的路径。有想法还得有机遇，那时我们遇到了两个机遇：一是政府支持中央企业赴港上市，二是中国水泥行业由于大部分水泥企业"小散乱"而存在无序竞争。这两大机遇成全了我们做水泥的梦。

后来我们收购民营水泥企业时在行业引起了轩然大波，有人在媒体上质疑我们在浙江联合重组南方水泥，认为"中国建材是不是疯了"。那阵子我的压力很大，好在对南方水泥的重组进行得很顺利，南方水泥在上海浦东挂牌成立时，时任上海市委书记习近平同志还写了贺信，肯定了我们深化国企改革、战略整合和联动发展所做的工作，这给了我极大的鼓励。中国建材整合水泥行业的规模巨大，过程中一直有质疑的声音。直到 2013 年，党的十八大把混合所有制经济作为我国基本经济制度的重要实现形式，中国建材也被国资委确定为混合所有制试点，我心里的一块石头才真正落地。我想起赫胥黎书中的一句话："真理因伟大而能取胜，但真理的取胜要经过漫长的过程。"今天回过头来看，中国建材用市场的方式整合了水泥行业，壮大了自身，也保护和支持了民营企业发展，做到了"国民共进"。当年饱受诟病的南方水泥，经过一系列整合优化，发展成为我国水泥行业转型升级的典范，也成了中国建材经济效益的"台柱子"。

▲ 在哈佛大学商学院讲中国式并购与整合

◆ 国药集团的 5 年是我最忙碌的时光

我在国药集团任董事长共 5 年时间，那时我同时担任中国建材和国药集团董事长，说到这个特殊安排，国资委领导对我说："总经理好找，董事长难找呀。"国资委给我的任务是在中央企业里打造一个医药专业平台。当时中央企业中有几家有医药业务的企业，但整个医药行业分散。

由于肩负着整合医药行业的责任，我在国药集团主要做了三件事：一是先后合并了四家中央企业，进行了"四合一"的大整合，形成了"科工贸"一体化的产业集团；二是用上市和混改打造了覆盖全国的医药分销配送网；三是开展了医疗健康业务，把健康业务加在集团业务中，也就是把国药集团进一步打造成医药健康产业集团。中央企业的合并并不容易，我当时锁定了中国生物技术集团公司、上海医药工业研究院、中国出国人员服务总公司三家企业。那时中央企业重组得先征得国资委同意，而后企业自愿才行，但重组往往意味着被重组企业成为中央企业的二级企业，这个弯不大好转。我那时是一家家去找企业的一把手深谈，往往别的中央企业也在找这些企业谈，没有锲而不舍的精神很难谈下来。当时，我主要用了两个"武器"打动大家：一是重组后的战略前景，二是和谐包容的企业文化。有时我和大家一谈就是几个小时，把重组各方面的细节都解释清楚。大概用了半年的时间，这三家企业陆续和国药集团合并了。

当时我国医药分销也是"小散乱"的行业，全国医药销售商有 2 万多家，而美国医药分销企业只有三大连锁企业，我国这么多小药店遍布全国各地，物流仓储也不完备，很难保证药品的质量。因此，那几年两会的政府工作报告中总会讲到要建设国家医药分销配送网。但谁来建呢？我想只能由国药集团来建，这对国药集团来讲也是重大的机会。国药集团分销配送网的建设借用了中国建材重组水泥行业的模式，先组成一家国药控股公司迅速在香港上市，再拿募集到的资金去与各地的民营医药分销企业混合。用这种方法，国药集团在全国快速重组了 600 多家医药分销企业，形成了遍布全国 290 个地级市的国药分销配送网，2019 年的销售额居然超过了 4000 亿元。

▲ 在国药集团上海生物制品研究所调研

　　为什么我希望国药集团进入医疗健康领域呢？这基于两个考虑：一是医药行业的规模并不大，在美国，整个医疗健康产业的营业额约为 3 万亿美元，其中医药只有约 3000 亿美元，只占医疗健康产业的 10%；二是我国的医疗系统包括公立医院、民营医院、解放军医院和武警医院，但我国人口多、医疗资源欠缺，中央企业的员工和家属同样存在看病难的问题。因此，我提出要重组地方的一些医院，建设中央企业医疗体系，但这个想法遇到了很多困难。尽管如此，我还是顶着压力在河南新乡推动开展第一个重组项目，重组对象是河南床位最多的医院，我们采取了国药集团控股和地方政府合资的办法，比较成功。后来我们又相继与福州、哈尔滨、大同、常州等不少城市谈过合作，地方政府也都有积极性，但由于各种原因这件事推进得不够顺利。但我把这件事看得很重要，我想我对国药集团的贡献不是带领企业进入了世界 500 强，而是在集团发展战略中加上了"健康"两个字。

　　国药集团的制药业务是个短板，我在这方面推动了整合。在化学药品方面，国药集团选择了大同的威奇达药业进行重组，建设了青霉素、头孢等抗生素原料药基地，同时大规模生产阿莫西林等药品，形成了大型的制药基地；在南通建设了生产阿奇霉素等药品的大型药厂。国药集团还在太仓投巨资建设了大规模的生物制药基地。在中药方面，国药集团在香港收购红筹股盈天医药，将其更名为"中国中药",另外,在国内重组整合了一些有一定规模的中药企业。这样就形成了国药集团的化学药品、生物制药、中药的制造平台。

我任中国建材和国药集团"双料董事长"的那5年,正是两家企业快速成长的5年。那5年时间,我没有休过一个周末,国药集团的工作极其繁重,我几乎走遍了集团的所属企业进行调研。我是2014年4月主动向国资委提出离开国药集团的,一方面,因为那年我已58岁,国资委交给我的建设中央企业医药专业平台的任务已经完成;另一方面,随着我国经济发展进入"新常态",经济下行压力加大,中国建材作为基础原材料企业遇到了不少困难,我想回到中国建材全身心地带领企业战胜困难。国资委领导要我对国药集团下一步的发展提些战略性建议,我当时提了三点:一是做好医药的研发,在做好国内研发业务的同时,争取在海外收购发达国家的医药科技企业,建立海外的医药研发中心;二是要注重互联网医药销售,随着互联网、大数据的发展,未来医药销售一定是互联网化的,线下销售方式可能会被逐渐淘汰;三是克服困难,尽快把医疗健康业务做起来,这个业务空间大、成长性强,同时也会为医药销售创造稳定的客户群。

◆ 两材重组是场化学反应

两材重组就是把中国建材和中国中材集团有限公司重组合并,这确实是一项艰巨的任务。中国建材和中国中材均为建材类中央企业,2000年原国家建材局撤销时把一些院所和企业分放在两家企业。这两家企业都经历了快速发展,也都发展得不错,但在十几年的发展过程中,两家企业的业务越来越同质化,所属企业也不停地恶性竞争,从国内"打"到国外,造成了损失。两材重组从2014年下半年开始推动,到2016年8月新公司正式挂牌,整个过程用了2年时间,这场合并是我遇到的最难的一场合并,但也是最成功和最有意义的一场合并,不光改变了中国建材行业的格局,也改变了世界建材行业的格局。我也把两材重组的过程当成我企业生涯中最灿烂的时光。

两家企业的规模都很大,我们要考虑如何让大家真正融为一体,做到"1+1>2",而不是简单地混在一起。两材重组让我懂得一个大道理,就是企业合并能不能做好,关键取决于一把手的胸怀和包容。因而,我对自己的要求是处理重大事项时必须做到"一碗水端平",尤其是在人事安排上,要尽量向原中国中材的干部们倾斜。在合并中，我要求做到"两个不"，就是干部们的职级不降、薪酬不降。尽管如此，合并中精减的力度还是很大的，两个集团总部原有275人，新总部只留下150人；原来部门有27个，合并后精减到10个；原来二级单位有33家，合并后精减到12家。"两材"顺利合并，得益于我多年来倡导的和谐包容的企业文化，干部们也展现了极高的思想境界和大局观。国资委领导在国务院常务会议上做中央企业重组情况汇报时三次提到两材重组，并把两材重组的文化融合作为重点进行汇报，得到了国务院领导的肯定。

▲ 中国建材与中国中材重组是建材行业的里程碑事件

　　两材重组后，集团总部合并，面临一系列战略整合、业务整合和组织整合，集团集中开展了"四大优化"，即战略、机构、平台、制度的优化；"六大整合"，即品牌、组织、水泥、工程、产融、产研的整合。在这些整合过程中，不等人的是业务整合，因此，集团先抓了水泥和工程这两个业务的整合，形成了两个业务整合的联席会议制度。水泥业务共有9个片区公司，而工程业务有11个公司，每个月开一次协调会。对比起来，水泥业务比较好协调，也迅速见了成效；而工程业务相对难一些，尤其是我们的大部分项目在海外。海外同一个招投标项目许多企业去，报的价五花八门，这常让海外业主钻空子，就是反复让中国公司竞争，压低价格，这使得我们很被动。

集团内部也有两种观点：一种是放开让大家去竞争，优胜劣汰，不保护落后；另一种是同一个集团所属的不同企业去竞争同一个项目，出不同的价格。针对国际化工程，我提出两个要求：一是"切西瓜"，就是把全球市场分一分，让企业把各自熟悉的区域作为根据地，进行市场的精耕细作；二是扩展工程服务面，以建材工程为主，同时向其他工程延伸，以扩大业务量。经过这样的调整后，工程业务板块的效益提高了30%。那时，我写了一篇文章《破除谷仓效应》，就是讲集团不能只有垂直的协调，必须打破谷仓，建立集团内横向的合作和协同。一个集团如果集而不团必然效率低下，而重组并购的失败，绝大多数是因为没有做好有效的业务整合。

在组织整合上，我制订了"三步走"的方案，因为我想在抓好企业经营的前提下，推动企业的组织整合。"三步走"的第一步是集团层面的整合，第二步是两家核心企业即两家 H 股上市公司的整合，第三步是业务板块的整合。2016年 8 月至 2017 年 6 月，集团层面的整合完成；2017 年 6 月至 2018 年 6 月，两家 H 股上市公司"小两材"重组完成；"小两材"重组后，我们着手进行业务板块的整合。

围绕"小两材"重组，我们请国际大行做了几种不同的方案。中国建材和中国中材两家 H 股上市公司的业务是高度同质化的，因此必须重组整合。经过认真的研究和对各种方案的可行性进行比较，最后采用的方案是中国建材用换股的方式对中国中材的股份吸收合并，但这样做也有风险，因为要找一个公允的换股比例不太容易，关键是中国建材作为大股东必须退出表决，完全由两个公司各自的小股东分头表决，这就有相当的不确定性，在香港资本市场这种换股的成功率只有40%。要使换股成功，一是要定一个双方小股东都满意的换股比例，经再三测算换股比例定为 1∶0.85，也就是说中国中材的每 1 股换中国建材的 0.85 股；二是要有一个激动人心的发展故事，让投资者向前看。当时我提出了"一个目标、三足鼎立"的发展战略。"一个目标"就是成为世界领先的行业企业，"三足鼎立"就是水泥、新材料、国际工程三项业务同时发展。

不少分析师对"小两材"重组的协同效应做出了良好的预测。"小两材"重组的表决，两家公司的股东赞成票都超过99%，震动了香港资本市场。

在"三足鼎立"中，水泥业务是大头，是中国建材的压舱石，必须用水泥赚的钱去反哺新材料的开发，因而必须全力做好水泥业务。而新材料业务是国家战略，中国建材有很大的创新优势，经历了很长时间的积淀，已有一定的基础，收入有600亿元，利润达到了100亿元。我把中国建材的新材料归纳为六大新材料，分别是光电材料、复合材料、膜材料、石墨材料、先进陶瓷、人造晶体，其中不少材料是西方国家对我们"卡脖子"的材料，这些材料大多已经实现量化生产，而且有了规模效益。在一次展览会上，一位领导同志对我说，中国建材可以更名为"中国材料"了。此外，中国建材的国际工程也是中国在"一带一路"沿线国家的一张名片，"一带一路"沿线国家的大型水泥、玻璃成套技术和装备，包括工厂的EPC，65%是由中国建材提供和建设的。30年前，我国水泥和玻璃生产线大多还是靠进口，而今天连跨国公司也买中国建材的成套装备，真是"三十年河东，三十年河西"啊！

◆ 从"运动员"到"教练员"

2019年11月中旬我正式退休，在退休大会上，我发言感谢了国资委和集团的干部员工，我提到了尤其要感谢我出任国药集团董事长期间大家的坚守和付出，感谢两材重组后干部们的团结和友爱。我也希望大家坚持集团改革、创新、团结的文化，牢记集团底子薄、基础差的客观情况，继续埋头苦干，牢记集团处于充分竞争领域，不能大意。

退休后我的主要工作是任中国上市公司协会和中国企业改革与发展研究会的会长，这两项工作都利于发挥我的长处，也很充实。

2012年，我在国资委支持下经选举当选中国企业改革与发展研究会会长，大家认为这些年我一直致力于国企改革，研究会为国资国企改革做了不少建言献策的工作。2019年5月，我正式出任中国上市公司协会会长，我在企业里先后担任过17年上市公司的董事长，也担任过6年中国上市公司协会的副会长，对上市公司的运作实务和这个群体相当熟悉。中国上市公司的经济效益约占全国的半壁江山，所以这个群体至关重要。

但有的上市公司也存在一些问题，如治理不规范、经济效益不高、责任意识不强等。在我就任会长时，证监会主席在讲话中着重提出了把提高上市公司质量作为今后的重点工作。提高上市公司质量的一项重要工作是培训上市公司的董监高人员，也就是首先要提高关键少数的认识水平和经营水平。我任会长后，协会每个月都分片区进行一次培训，给大家讲规则和案例，讲提高上市公司质量的原则立场和经营理念。

为了普及提高上市公司质量这个概念，中国上市公司协会和中央电视台推出了一期《对话》节目。录制《对话》节目的前一天，我卸任中国建材的董事长，制作组就用"从运动员到教练员"的主题做了这期节目。"上市公司的教练"这个头衔就这样戴在了我头上。出任中国上市公司协会会长后，我先后调研了一些上市公司，和这些上市公司的董事长进行了面对面的交流，也找了一些遇到问题的上市公司的董事长进行长谈。我了解到，这些出问题的公司大多在市场好和市值高时，把股票质押贷款去扩张，而扩张的又往往不是主业，一旦市场下行、市值下降，这些上市公司的股东就会被平仓，给企业的经营带来风险。所以，我的一个重要观点就是企业要坚守主业、稳健经营。除了协会的培训，我也在不少公开场合向上市公司"喊话"，希望大家规范经营、稳健经营。

▲ 在中央电视台财经频道录制《对话》

说到做"教练"，多年来我一直在几所大学给商学院的学生讲课，我是实践教授，其实就是教练，商学院不缺有学问的老师，但缺有实践经验的教练。现在中国有海量的企业家，大家都希望得到经营上的指导，因此有各种线上线下的培训组织。我退休后的这段时间，一方面做好两个协会会长的工作，另一方面也做些企业家培训的工作。好在这两项工作相辅相成，都是与企业家打交道。未来，我会把主要精力用于培训企业家，用于提高我国企业的经营管理水平。

▲ 在岳麓书院向湖南企业家分享经营制胜